W0251182

La maison des enfants

Hetty E. Verolme

La maison des enfants

Traduit de l'anglais par Isabelle Thibaudière

ÉDITIONS
FRANCE
LOISIRS

Titre original : *The Children's House of Belsen*
publié par Fremantle Arts Centre Press.

Éditions France Loisirs,
123, boulevard de Grenelle, Paris
www.franceloisirs.com

Le Code de la propriété intellectuelle n'autorisant, aux termes des paragraphes 2 et 3 de l'article L. 122-5, d'une part, que les « copies ou reproductions strictement réservées à l'usage privé du copiste et non destinées à une utilisation collective » et, d'autre part, sous réserve du nom de l'auteur et de la source, que les « analyses et les courtes citations justifiées par le caractère critique, polémique, pédagogique, scientifique ou d'information », toute représentation ou reproduction intégrale ou partielle, faite sans le consentement de l'auteur ou de ses ayants droit ou ayants cause, est illicite (article L. 122-4). Cette représentation ou reproduction, par quelque procédé que ce soit, constituerait donc une contre-façon sanctionnée par les articles L. 335-2 et suivants du Code de la propriété intellectuelle.

© Hetty E. Verolme, 2000. Tous droits réservés.
© Éditions France Loisirs, 2007, pour la traduction française.

ISBN : 978-2-298-00005-4

Sommaire

Avant-propos

Hetty Esther Verolme est née en Belgique en 1930. Elle a à peine un an lorsque sa famille part s'installer à Amsterdam, aux Pays-Bas. En 1943, elle et les membres de sa famille sont déportés vers les camps de concentration nazis.

Après avoir survécu à la guerre et travaillé pendant quelque temps dans l'industrie de la mode, elle émigre en Australie en 1954. Là-bas, elle s'essaie à différentes carrières : elle devient tour à tour serveuse, chauffeur de bus, VRP ou encore agent immobilier, mais c'est finalement dans la conception de projets de centres commerciaux qu'elle s'illustrera.

En 1972, Hetty Verolme s'est vu décerner le prix de « l'immigrant qui a le mieux réussi ». En 1977, elle devient membre du Conseil australien des Affaires ethniques. Elle a été impliquée pendant de nombreuses années dans un grand nombre d'associations à vocation sociale et caritative.

Je dédie ce livre
à mes deux petits-enfants,
Jacleen Sarah Passman
et Adam Maurice Passman.
Avec tout mon amour,
Votre mamie.

Remerciements

Je souhaite exprimer ma reconnaissance à différentes personnes et organisations.

Tout d'abord à mon avocat et néanmoins ami, James Macdonald, pour m'avoir encouragée à écrire ce livre ; à mon amie Joan Creed, pour son aide et son soutien dans le processus de publication de cet ouvrage ; à mon éditeur Ray Coffey, pour son aide et ses conseils.

Mes sincères remerciements également à tous mes amis, qui, au fil des années, m'ont soutenue et encouragée, lorsque par moments la douleur de revivre le passé était trop grande.

Toute ma gratitude enfin à la BBC, pour avoir eu l'amabilité d'autoriser l'utilisation de la transcription de mes entretiens d'avril 1945 avec Patrick Gordon-Walker, ainsi qu'au département des archives et de la documentation du Musée impérial britannique de la Guerre, pour l'utilisation des photographies qui figurent de la page 432 à la page 438.

Les enfants de la « maison des enfants de Bergen-Belsen ».

Cette photographie a été prise par un de leurs libérateurs, un soldat de l'armée britannique.

Les trois enfants au centre venaient juste d'arriver de Russie.

Hetty, 12 ans, 1942.

Prologue

Septembre 1965

Je vis en Australie, un pays magnifique où l'espace, le soleil, l'égalité et, par-dessus tout, la liberté règnent en maître. Je suis l'heureuse propriétaire d'une confortable maison en banlieue et, bien sûr, comme tout un chacun je subis les aléas de la vie quotidienne. J'ai une adorable fille de treize ans qui prend le bus tous les matins pour aller à l'école avec ses petits camarades, revient à la maison, fait ses devoirs, regarde la télévision et mange à sa faim.

Souvent, je regarde ma fille qui essaie, dans son insouciance, d'imiter les personnages des séries télévisées, alors je me souviens de l'époque où j'avais son âge et où le terme « liberté » était un concept qui n'existait plus que dans les dictionnaires.

Je n'ai pas connu une enfance aussi insouciante. J'ai passé ces années d'innocence en Allemagne dans le camp de concentration de Bergen-Belsen, pendant la Seconde Guerre mondiale, avec mon père, ma mère et mes deux frères.

Si je devais vous raconter toutes les expériences de ma famille, ce livre ne finirait jamais. Je vais donc me contenter de vous exposer, sans artifice, ce que j'ai vécu dans la maison des enfants de Bergen-Belsen.

Chapitre 1

Ma famille vivait à Amsterdam, dans le quartier juif. Cela n'avait jamais été expressément le quartier juif, le concept même de ségrégation étant totalement étranger au peuple hollandais. La religion et les croyances n'étaient pas un problème et chacun était libre de vivre où bon lui semblait. Au début de l'année 1941, quelques mois après avoir occupé les Pays-Bas, les Allemands ont décidé de regrouper tous les Juifs dans l'est d'Amsterdam et de verrouiller le quartier juif. Puis nous avons eu un avant-goût de la façon impitoyable avec laquelle ils briseraient toute résistance à leur plan visant à se débarrasser de la population juive des Pays-Bas.

Lors d'une manifestation de nazis hollandais en février 1941, une bagarre a éclaté devant un salon de thé à Amsterdam. L'un d'entre eux, appartenant à un groupe paramilitaire, a été tué. En guise de représailles, les Allemands ont arrêté le lendemain environ quatre cents hommes lors d'un rassemblement sur la place Waterlooplein. Ils les ont tabassés et poussés dans des camions prévus à cet effet, puis les ont emmenés vers un endroit inconnu. Mauritz, l'un des cousins préférés de mon père, a été arrêté à ce moment-là.

Des semaines ont passé avant que nous ayons finalement des nouvelles de Mauritz en mai 1941. Mon père a reçu une carte préimprimée dont le cachet postal nous a appris qu'elle avait été envoyée d'un endroit du nom de Mauthausen :

Cher Maurice, chère famille,
Je suis à Mauthausen et le travail ici n'est pas si mal.
J'espère que vous allez tous bien.
Passez le bonjour à Dozeman. Spitty est-il toujours vivant ?
Mauritz.

Étrange message, mais puisque nous savions que la carte avait dû être examinée par la censure allemande, nous nous doutions bien qu'elle devait receler une signification secrète.

Pendant deux jours, mon père a erré dans la maison, la carte à la main, pour découvrir le message caché. Finalement, il est venu dans la cuisine et m'a dit : « Je crois savoir maintenant ce que Mauritz a voulu nous dire : il mentionne Dozeman, le boulanger dans notre rue, et Spitty, notre chien. Je pense qu'il a voulu nous faire savoir qu'il souffrait de la faim et qu'il menait une vie de chien à Mauthausen. »

Mon père semblait abattu et inquiet. Mais qu'est-ce que nous pouvions faire? Notre avenir paraissait bien sombre. « Il faut que je fasse tout mon possible pour qu'ils ne nous envoient pas en Allemagne », a-t-il finalement déclaré.

Au cours de l'été 1942, nous vivions au rythme des rafles, dont le quartier était régulièrement le théâtre. Sous nos yeux, des familles entières étaient arrachées à leurs foyers pour ne plus jamais reparaître. Des gens pleuraient alors qu'on les emmenait, d'autres, au contraire, semblaient presque soulagés de ne plus avoir à vivre dans l'incertitude. Cachés derrière les rideaux, nous regardions défiler les longues colonnes d'individus menées par les Allemands, se dirigeant vers la gare où des trains les attendaient pour les emmener loin des choses qu'ils aimaient et qui faisaient leur quotidien. Après chaque rafle, une grande tristesse nous envahissait : nos proches disparaissaient les uns après les autres et Dieu seul savait ce qu'il adviendrait d'eux.

Jusqu'alors nous avions eu beaucoup de chance. Mon père, qui était un riche marchand de tissu, avait appris, au commencement des rafles, qu'il était possible d'acheter sa liberté. En effet, un dirigeant SS du nom d'Auster Funken fournissait, moyennant finances, une exemption de déportation vers les camps de travail. Ce document devait garantir notre transfert vers le Portugal, où nous servirions de monnaie d'échange contre des prisonniers de guerre. Mon père n'a pas hésité une seconde avant de vendre ses objets de valeur et les bijoux de ma mère : il a réuni la somme de cinq cent mille florins. Il ne savait pas si cela suffirait, mais après en avoir discuté avec maman, il a finalement décidé de tenter sa chance. La question était de savoir qui allait approcher Auster Funken et donc se rendre au quartier général SS. C'était dangereux : de nombreuses personnes y étaient allées et n'en étaient jamais revenues. Au terme d'une discussion acharnée, maman est parvenue à convaincre papa de la laisser faire. Son argument massue était qu'une femme aurait plus de chances d'obtenir un entretien avec le dirigeant SS.

Ainsi, en cette matinée radieuse du 22 septembre 1942, alors que les Juifs n'étaient plus autorisés à emprunter les transports en commun, ma mère a entamé une longue marche de treize kilomètres dans le but de sauver sa famille. Cette journée a été un interminable supplice, nous ne cessions d'imaginer le pire pour maman. Les heures se sont étirées jusqu'à ce que, à dix-sept heures, le téléphone sonne finalement. Après une brève hésitation, mon père, en proie à une soudaine angoisse, s'est emparé du combiné. Un sourire est venu transformer son visage : maman allait bien et était sur le chemin du retour. Quelques heures plus tard, notre soulagement a été total lorsqu'elle est rentrée, épuisée mais sauve. Elle était aux anges d'avoir accompli sa mission. De sa rencontre avec Auster Funken, deux choses étaient ressorties : d'une part, elle devait y retourner la semaine suivante avec l'argent et les passeports et, d'autre part, il nous fallait préparer nos bagages et nous tenir prêts à partir à tout instant. Quel bonheur ! Bientôt, nous retrouverions la liberté et le respect dus à chaque être humain ; ce serait alors la fin de notre mise à l'écart et de cette traque incessante.

Le lendemain, après avoir fait des photos d'identité, nous avons apposé nos empreintes sur les passeports. La semaine suivante, maman s'est rendue une fois de plus au quartier général SS. Une nouvelle journée d'attente insupportable s'annonçait. Mais cette fois-ci, elle est rentrée plus tôt avec les copies de nos précieux passeports, tamponnés sur ordre d'Auster Funken : « Le détenteur de ce passeport est exempt de déportation vers les camps de travail. » Cette dispense nous garantissait que nous ne serions pas emmenés au cours des rafles nocturnes désormais quotidiennes. Nous voulions désespérément croire en la parole de ce SS.

Mon grand-père avait déjà été mis au travail forcé dans le camp de Groningen. Avant 1941, date à laquelle les Allemands avaient interdit aux Juifs de pénétrer dans les abattoirs, mon grand-père était négociant dans le secteur de la boucherie. Pour lui permettre de continuer à gagner sa vie, certains de ses collègues non juifs l'aidaient à abattre des bœufs et des moutons dans une ferme près d'Amsterdam. À l'époque, je vivais avec mes grands-parents et j'avais dû libérer ma chambre pour lui permettre de travailler. Ainsi, la nuit, ma chambre de petite fille se transformait en une véritable usine à fabriquer les saucisses. Parfois, la table où nous dînions servait à désosser les carcasses. Un passage dans la clôture permettait aux hommes qui l'aidaient de s'enfuir en cas de rafle.

Pendant cette période, j'ai appris à dépecer la viande, jusqu'à ce qu'une nuit, le malheur s'annonce à notre porte par un simple coup de sonnette. J'ai d'abord entendu mon grand-père aider ses amis à s'échapper par la barrière. Puis ma grand-mère a ouvert la porte à deux inspecteurs hollandais qui sont entrés sans y avoir été invités. Nous n'avions pas eu le temps de dissimuler ni l'équipement ni la chair à saucisse ; il s'agissait donc d'un flagrant délit. Alors que l'un d'eux interrogeait mon grand-père, le second inspecteur s'était adossé à l'embrasure de la porte et balayait la pièce du regard. Ses yeux se sont alors posés sur un morceau de gras de première qualité que mon grand-père avait laissé sécher en haut de ma garde-robe. Les inspecteurs ont dressé un procès-verbal et ont tout confisqué, la viande et l'équipement. À peine une heure plus tard, un camion est venu tout emporter mais, malgré tout, ils ont laissé six salamis et un grand morceau de gras à mes grands-parents pour leur consommation personnelle.

En mai 1942, mon grand-père a été assigné en justice devant le tribunal d'Amsterdam. Il a dû choisir entre une peine de quatre mois d'emprisonnement ou se rendre dans un camp de travail. Un samedi après-midi, il m'a annoncé qu'il allait partir quatre mois en vacances, mais la tristesse de ma grand-mère trahissait ce qu'il se passait réellement et je lui ai dit que je connaissais la vérité. Je n'oublierai jamais son regard chargé de honte. La seule pensée d'aller en prison était presque devenue insupportable à cet homme attaché aux principes de la religion, n'ayant jamais commis de crime. Il nous a donc avisés de sa décision d'aller au camp de travail. Aujourd'hui, toutes ces années plus tard, je sais que s'il avait choisi d'aller en prison, il aurait probablement survécu à la guerre.

Après le départ de mon grand-père pour le camp, ma grand-mère est venue très souvent chez nous puisqu'elle vivait dans notre rue. C'était la mère de ma mère et la personne la plus gentille au monde. Elle était appréciée de tous nos voisins : tout le monde l'appelait Oma (mamie) Judy. Ma merveilleuse grand-mère prenait soin de nous comme personne. Le jour précédant la nuit où les Allemands sont venus la chercher, elle avait eu un pressentiment. Ce soir-là, après nous avoir préparé un délicieux repas, elle a surpris tout le monde en faisant ses adieux. Elle est rentrée chez elle, des larmes plein les yeux, avant même le début du couvre-feu (imposé à l'ensemble de la population hollandaise de huit heures du soir à six heures du matin).

Maman est restée derrière la fenêtre de la chambre pour garder un œil sur la maison d'Oma. Les Allemands sont arrivés à huit heures et quart et la rafle a commencé. À travers les rideaux, nous les avons vus se déplacer de porte en porte et sortir les gens de chez eux. Cette fois-ci, ils avaient décidé de transporter tout le monde dans des camions afin de pouvoir rejoindre la gare plus rapidement. Mes frères et moi nous trouvions dans le salon lorsque papa nous a appelés : « Vite les enfants, venez dans la chambre, ils ont pris Oma. Dépêchez-vous et vous pourrez lui dire au revoir. »

Elle était là dehors avec ses sacs, nous appelant et nous faisant signe. Il était formellement interdit d'ouvrir les fenêtres, mais ma mère n'en a pas tenu compte et s'est écriée : « Maman ! maman ! Dieu, ne les laissez pas prendre ma mère ! »

Elle faisait des signes désespérés dans sa direction et était déjà à moitié passée par la fenêtre du premier étage, lorsque mon père l'a empoignée pour la ramener vers l'intérieur. Les Allemands ont ordonné à Oma d'avancer :

— Au revoir mes enfants, a-t-elle dit alors qu'elle s'exécutait. Au revoir, au revoir.

Ma grand-mère adorée nous a quittés sur ces paroles. Nous avions déjà entendu beaucoup de gens dire au revoir, mais cette fois-ci, les Allemands avaient durement frappé notre foyer et notre famille. Ce vendredi soir restera gravé dans ma mémoire toute ma vie.

Les mois ont passé, mais les Allemands n'ont pas ralenti la cadence des rafles. Le voisinage est progressivement devenu très calme. Les soldats emmenaient les occupants des maisons, puis Puls, un transporteur sous contrat avec les Allemands, venait les vider quelques jours plus tard de tous les meubles et effets personnels. Tous les biens des foyers juifs ont ainsi été envoyés vers l'Allemagne. À cette époque, un nouveau mot a été inventé en néerlandais, « *gepulst* », qui signifie emporter.

Notre école de la rue du Président-Brand s'est également vidée. La plupart des écoliers avaient été déportés vers l'Allemagne et le personnel éducatif non juif avait été remplacé par des enseignants juifs. Nous avons été bien tristes au moment de quitter notre directeur, M. Douwes, ainsi que notre professeur préféré, M. Tettelaar. Tous deux étaient aimés et respectés par tous les élèves. Après le départ forcé de M. Tettelaar, près d'une vingtaine d'entre nous se sont réunis dans le parc du Président-Steyn afin de faire une photo de groupe. Nous la lui avons apportée à son domicile, et bien qu'il ait été interdit de recevoir la visite de Juifs, M. Tettelaar nous a tous invités et nous avons passé un excellent après-midi avec sa femme et lui. Il a même attribué une place de choix à notre photographie sur le mur de son salon.

28 février 1943

Afin d'éviter la déportation vers les camps allemands ou polonais, de nombreuses personnes âgées s'étaient réfugiées dans les hôpitaux de la ville en prétextant être malades. À ce stade, nous soupçonnions que les intentions des Allemands à notre égard n'étaient pas des meilleures, puisque nous n'entendions désormais plus jamais parler de ceux qui avaient reçu l'ordre d'aller travailler en Allemagne. Ni les familles, ni les proches des personnes disparues pendant les rafles de ce dernier mois n'avaient reçu la moindre nouvelle.

Le père de mon père avait été hospitalisé suite à une dangereuse infection qui l'avait rendu malade pendant des semaines. Il était sur la voie de la guérison, mais il fallait changer tous les jours le pansement qui recouvrait sa douloureuse plaie au postérieur. Ma grand-mère paternelle (Oma Hetty) était également à l'hôpital, non pas parce qu'elle était malade, mais parce qu'il était trop dangereux pour elle de rester seule chez elle.

Depuis plusieurs jours, des rumeurs faisant état de l'intention des Allemands d'évacuer les hôpitaux circulaient. Mes parents étaient tellement inquiets qu'ils ont décidé de ramener mes grands-parents à la maison. Ils se sont débrouillés pour louer une charrette à bras à des Hollandais sur le marché qui ont d'ailleurs offert de ramener eux-mêmes mes grands-parents. Mes parents les ont accompagnés à l'hôpital juif et sont parvenus à installer mon grand-père encore très malade sur un matelas dans la charrette avec ma grand-mère assise à ses côtés. Après un trajet d'environ deux heures, mon grand-père a été installé dans un lit afin de lui permettre de récupérer. L'hôpital avait fourni un grand nombre de bandages et de médicaments à ma mère, et les infirmières lui avaient également expliqué comment s'y prendre pour nettoyer la plaie. Une fois l'embarras des premiers instants dissipé, les soins prodigués par maman se sont révélés si efficaces que la rémission de mon grand-père a été totale au bout d'à peine deux semaines. Ma grand-mère a été extrêmement reconnaissante à ma mère de s'être chargée d'une tâche qu'elle n'avait pu se résoudre à accomplir.

Tous les hôpitaux juifs ont finalement été évacués le 1er mars 1943. Les Allemands n'ont fait preuve d'aucune pitié et ont rempli les camions de personnes malades.

J'étais membre d'un club de gymnastique, le club Bato, qui avait décidé d'organiser, le 20 juin 1943, une compétition avec les autres clubs toujours en activité. Je m'étais entraînée des semaines durant sur les anneaux et les barres parallèles de l'aire de jeux la plus proche de notre école, bien décidée à mettre toutes les chances de mon côté pour remporter la victoire. La veille de la compétition, j'ai préparé mon justaucorps et toutes les choses dont j'avais besoin.

Je me suis réveillée tôt ce matin-là, une belle journée d'été s'annonçait devant nous, lorsque soudain j'ai entendu des annonces diffusées par des haut-parleurs mobiles dans les rues, qui sommaient les Juifs de se tenir prêts pour une déportation immédiate. Je me suis précipitée à la fenêtre et j'ai vu un grand nombre de policiers allemands secondés (comme nous l'avons découvert plus tard) par les forces de sécurité du camp de transit de Westerbork et de nombreux nazis hollandais, lesquels se faisaient rémunérer cinq florins par captif. Les alentours ont été cernés et condamnés par les SS afin d'empêcher quiconque de s'évader. Le reste des habitants avait pour instruction de rester chez soi. Sous la contrainte des baïonnettes des soldats allemands, les gens devaient former une immense file au croisement des rues Hofmyer et du Président-Steyn. À travers les rideaux, nous avons vu ces personnes, traumatisées, en état de choc, essayer de rester dignes. Un homme s'est approché d'un soldat allemand, il tenait à la main un document qui était, je suppose, une exemption de déportation. À grand renfort de gestes, il tentait de convaincre le soldat de les laisser partir, lui et sa famille, mais le soldat s'est contenté de jeter un regard au document et l'a déchiré en mille morceaux. L'homme est allé rejoindre sa famille dans la file, conscient pour la première fois que personne ne pourrait l'aider. Cinq heures durant, tous, jeunes et moins jeunes, sont restés debout, regroupés, sans eau ni nourriture, puis ordre leur a été donné de marcher jusqu'à la gare d'Amstel où ils devaient embarquer dans un train pour Westerbork. Toute la ville d'Amsterdam a subi une rafle d'envergure ce jour-là, seules quelques familles ont été autorisées à rester. Notre famille était l'une d'entre elles.

Les parents de mon père ont vécu cachés au cours de l'année 1943. Un homme, qui appartenait à la Résistance, venait de temps en temps pour nous donner de leurs nouvelles. Il nous apportait des lettres et des informations sur la guerre, les actions des Alliés et, notamment, leur réussite contre le général Rommel en Afrique. Il parvenait ainsi à nous remonter le moral et à nous redonner soudainement l'espoir de voir la guerre se terminer.

L'ironie du sort était qu'en dépit de toute cette agitation, mon père était toujours en mesure de conduire ses affaires. Peu de temps après le début de l'occupation allemande, chaque commerçant juif avait reçu l'ordre d'enregistrer son commerce et de demander une licence. À cette époque, mon père était un grossiste en textile bien établi et ses grandes échoppes de magnifiques tissus étaient renommées sur les marchés d'Amsterdam. Il avait fait une demande pour deux licences différentes : une pour les marchés et une autre pour son activité de grossiste. Les Allemands ont épluché ses livres de comptes pendant des jours et des jours à l'aide d'un comptable avant de lui accorder les deux. Ils étaient très méticuleux pour ce genre de choses et chaque détail était enregistré. Pendant un certain temps, tout s'est déroulé comme d'habitude et sans heurt, puis un jour toutes les personnes en possession des deux licences ont été sommées de n'en conserver qu'une seule. Papa et maman se sont disputés pendant des jours à ce propos : papa voulait conserver la licence de grossiste et maman celle des marchés. Maman a fini par avoir gain de cause : papa a rendu sa licence de grossiste et envoyé sa licence de détaillant sur les marchés pour un renouvellement. Un mois plus tard, celle-ci a effectivement été renouvelée, ce qui lui a permis de poursuivre ses activités commerciales.

Ceux qui avaient décidé de conserver leur licence de grossiste ont eu beaucoup moins de chance. Leurs affaires ont été confisquées par les Allemands, au bénéfice des représentants allemands Lipman et Rosenthal. Les infortunés propriétaires se sont vu donner un préavis d'une demi-heure pour quitter leurs locaux. Ces gens n'avaient plus aucun revenu et donc plus d'argent pour nourrir leur famille. Il ne leur restait rien. Un après-midi, certains d'entre eux sont venus rendre visite à mon père pour lui demander d'acheter plus de marchandises qu'il n'en avait besoin afin de leur permettre de vendre le surplus à leurs propres contacts, et ainsi gagner un peu d'argent pour acheter de la nourriture. Bien sûr, il fallait être très prudent car les traîtres étaient toujours aux aguets, prêts à faire leur rapport aux SS. Grâce à l'intervention du résistant que nous connaissions, mon père a été en mesure d'obtenir les timbres textiles nécessaires à l'achat du tissu supplémentaire auprès des distributeurs. Des membres de la Résistance avaient, au cours des mois qui précédaient, perpétré quelques larcins dans les bureaux de l'état civil d'Amsterdam et étaient ainsi entrés en possession de nombreux timbres textiles. Mon père a donc acheté ces timbres auprès de la Résistance, qui avait désespérément besoin d'argent. Ainsi pendant plusieurs mois, il a acheté des marchandises supplémentaires avec son propre argent.

Notre grenier s'est alors rapidement transformé en entrepôt où de nombreux rouleaux de tissu étaient empilés sur des étagères. C'était là-haut que je me réfugiais pour faire mes devoirs très tôt le matin. À l'époque, je révisais pour l'examen d'entrée au lycée. Un jour, aux environs de cinq heures du matin, alors que je grimpais les escaliers, j'ai croisé un homme qui portait des rouleaux de tissu. Je lui ai demandé ce qu'il faisait et il m'a répondu qu'il effectuait une livraison matinale. Quelque chose dans sa manière de me répondre ne m'a pas plu et je lui ai demandé son nom.

— Jan, m'a-t-il lancé en se précipitant en bas des marches.

Il avait éveillé mes soupçons, je suis donc montée sans tarder dans le grenier. Les verrous avaient été forcés et seuls quelques rouleaux de tissu jonchaient le sol. La pièce qui, la veille encore, regorgeait de marchandises, était désormais vide. J'ai couru jusqu'à la chambre de mes parents pour réveiller mon père. Lorsque je lui ai raconté que nous avions été dévalisés, il s'est lancé, en pyjama, à la poursuite du malfrat, malheureusement sans résultat. Mon père et moi sommes ensuite montés dans le grenier pour constater les dégâts et les pertes. Il était hors de lui parce que la plupart des marchandises étaient arrivées à peine deux jours avant. Au bout d'un moment, il a fini par se calmer et nous sommes descendus rejoindre ma mère qui attendait des éclaircissements. Sans un mot, mon père s'est dirigé droit sur le téléphone pour appeler la police. Ma mère a alors imploré mon père de n'en rien faire, elle craignait les retombées que pourrait avoir ce coup de fil. Selon elle, en tant que Juifs, il valait mieux faire profil bas et ne pas attirer l'attention sur nous.

La colère de mon père était telle qu'il ne voulait pas penser aux conséquences. Il a prié ma mère de se tenir tranquille pendant qu'il signalait le vol à la police.

Deux policiers hollandais sont arrivés chez nous une demi-heure plus tard. L'un d'eux était un homme d'âge mûr, tandis que l'autre était un très grand jeune homme aux cheveux blonds et aux yeux d'un bleu scintillant qui s'appelait Henny. Il m'a questionnée sur l'apparence du voleur, ce qu'il m'avait dit, il m'a également demandé d'autres précisions sur ce qui était arrivé. C'était un si gentil policier qu'à la fin de l'interrogatoire je l'ai adoré comme seule une jeune fille pouvait le faire. Maman m'a rappelé alors qu'il était temps pour moi d'aller à l'école. Je me suis empressée de prendre mon petit déjeuner dans la cuisine, j'ai dit au revoir à Henny et à son collègue et je suis partie. Lorsque je suis rentrée à la maison cet après-midi-là, mon père m'a appris qu'ils avaient retrouvé le voleur dans la matinée grâce à ma description et à ses relations sur les marchés. La plupart des marchandises avaient déjà été restituées. Il allait pouvoir ainsi continuer à aider ces pauvres Juifs sans ressource.

Henny est devenu un ami de la famille et il passait souvent nous voir après son service en fin d'après-midi. Si, par hasard, je me trouvais à la maison lors d'une de ses visites, il me souriait en me regardant du haut de son mètre quatre-vingt-dix et me disait : « Comment va la petite Hetty aujourd'hui ? Tu as bien travaillé à l'école ? »

Il était tellement merveilleux : son sourire, son regard franc. Tout le monde l'adorait. Un jour que je rentrais de l'école, je les ai trouvés, lui et mon père, en grande conversation et je l'ai entendu dire la chose suivante :

« Non, Maurice, pas cette fois-ci. Attendons d'abord de voir s'ils arrivent à bon port. Déchire un billet de cent florins en deux, je donnerai une des deux moitiés au médecin qui part avec sa famille en lui demandant de te la renvoyer par voie postale une fois qu'ils seront arrivés en Suisse. Quand la moitié du billet nous parviendra, on verra si elle correspond à la tienne, on saura alors s'ils sont bien sains et saufs, et toi et ta famille vous pourrez faire partie du prochain voyage. »

Avec beaucoup de réticence, mon père a fini par accepter. Il a pris son portefeuille et en a sorti un billet de cent florins qu'il a ensuite déchiré en zigzag. Il lui a tendu l'une des deux moitiés avant de soigneusement replacer l'autre dans son portefeuille. Lorsqu'il s'est levé pour partir, Henny a remarqué ma présence pour la première fois. Il ne m'a pas souri comme à son habitude. Il avait l'air fatigué et tendu. Je n'ai pas dit un mot, mais mon père lui a alors souhaité bonne chance tout en lui serrant la main.

Après son départ, mon père m'a expliqué ce dont il était question. La Résistance, dont notre jeune ami faisait partie, pensait avoir trouvé un moyen de s'enfuir. Dans deux jours, une péniche allait transporter une trentaine de personnes vers la Suisse. Les gens seraient cachés sous le pont. Ils étaient censés partir du golfe du Zuiderzee puis traverser l'Allemagne vers la Suisse. Mon père m'a expliqué qu'il aurait voulu faire partie de cette expédition, mais que, par mesure de précaution, Henny préférait attendre le prochain voyage. J'étais heureuse que Henny ait conseillé à mon père de ne pas prendre cette embarcation et je lui ai fait part de mes inquiétudes quant au fait de traverser l'Allemagne. Puis nous sommes restés silencieux, chacun perdu dans ses pensées.

Quatre jours plus tard, Henny ne s'était toujours pas manifesté. Nous étions tous très inquiets. Le cinquième jour, Dirk, le policier plus âgé qui l'accompagnait le jour du cambriolage de notre grenier, est venu nous trouver. Il nous a alors raconté ce qu'il avait appris au poste de police.

Son jeune collègue avait été arrêté deux jours auparavant et emmené au quartier général SS de la rue Euterpa. À cette nouvelle, la consternation s'est abattue sur nous, car nous avions eu vent des atrocités perpétrées par les SS dans cet endroit. Dirk nous a dit qu'une trentaine de personnes (à peu près cinq familles) avaient embarqué sur la péniche. Ils avaient tous donné de grosses sommes d'argent à l'équipage et la péniche était partie sans heurt tôt dans la nuit. Arrivé au milieu du golfe du Zuiderzee, aux environs de minuit, l'équipage s'était mis à jeter les familles par-dessus bord. Les cris de terreur de ces pauvres gens avaient attiré l'attention d'un bateau de patrouille allemand. Les soldats avaient ensuite interrogé tout le monde, ce qui avait fait peser de lourdes charges sur notre cher Henny. Dirk nous a indiqué que ce dernier se trouvait à l'hôpital de Wilhelmina dans un état critique, sous garde SS.

— Mon Dieu, s'est écriée ma mère, comme ils ont dû le torturer !

En écoutant ce récit, je m'étais figée et il m'était impossible de réagir, mon esprit ne voulant pas accepter la vérité. À vingt et un ans, notre bel ami si merveilleux avait risqué sa vie afin de sauver celle de ces gens désespérés.

— Ma famille et moi-même avons la vie sauve grâce à lui. Il m'avait conseillé de ne pas prendre part à ce voyage et d'attendre. Mon père était blême. Comment pourrais-je le remercier de m'avoir empêché de faire une telle bêtise ? Oh mon Dieu ! faites qu'il aille mieux. Son poing s'est abattu sur la table. Oui, s'il vous plaît, faites qu'il aille mieux.

À ce moment-là, Sonja, la nièce de mon père, est entrée dans la pièce avec son ami Johnny. Nous nous défiions un peu de Johnny car nous ne savions pas si c'était quelqu'un de « sûr ». Il prétendait être inspecteur dans la police hollandaise, mais Dirk s'était renseigné pour nous et n'avait trouvé son nom dans aucun registre. Johnny était follement amoureux de Sonja, mais lorsqu'il était là, nous faisions très attention à ce que nous disions. Voilà pourquoi nous nous sommes contentés de leur dire que Henny se trouvait à l'hôpital Wilhelmina à la suite d'un grave accident et qu'une garde policière campait devant la porte de sa chambre. Johnny nous a répondu qu'il lui rendrait visite le lendemain.

Plus tard dans la soirée, après le départ de Dirk et à l'abri dans la cuisine, maman a raconté toute l'histoire à Sonja, qui décida peu après de partir. Nous étions soulagés de les voir s'en aller, car notre moral était si bas que nous ne nous sentions pas la force de faire bonne figure devant quiconque.

Le lendemain soir, papa m'a appris que Johnny s'était rendu à l'hôpital au chevet de Henny. Son état était très préoccupant. Les SS l'avaient frappé tant de fois au visage qu'il n'en restait plus qu'une bouillie sanglante, et ses reins avaient éclaté sous l'effet des trop nombreux coups de fouet qu'ils lui avaient administrés. Dieu merci ! notre courageux Henny est décédé la nuit suivante.

Les Allemands avaient vérifié nos passeports à plusieurs reprises, mais étaient chaque fois repartis après avoir vu le timbre d'exemption qui avait été apposé dessus. Jusqu'alors, nous n'avions toujours pas de nouvelles de notre départ pour le Portugal, mais nos valises demeuraient prêtes sous nos lits, dans l'attente de l'injonction. Le 29 septembre 1943, à quatre heures du matin, la sonnette a retenti avec insistance, aussitôt accompagnée de lourds coups sur la porte. J'ai entendu mes parents se lever. Depuis ma chambre, je pouvais voir ce qu'il se passait dans le vestibule. J'ai donc regardé ma mère répondre à la porte derrière laquelle se trouvaient un officier SS et un soldat allemand armé d'un fusil à baïonnette.

— Juifs ? s'est contenté de demander l'officier.

Ma mère a acquiescé d'un mouvement de la tête et il a repris, plein de mépris :

— Passeports. Vite.

Pendant ce temps, mon père était arrivé avec les documents en question, sûr que le timbre accomplirait, une fois de plus, son tour de passe-passe. En toute confiance, il les a donc tendus au SS qui, après les avoir minutieusement examinés, nous a ordonné de nous aligner tous les cinq dans l'entrée. Nous étions tous debout en pyjama et ma mère serrait nerveusement sa robe de chambre rose pour essayer de mettre un terme aux tremblements qui la secouaient. Ensuite, tandis que le soldat gardait un œil sur nous, l'officier a inspecté la maison pour s'assurer qu'elle était bien vide. Nous avons tous prié Dieu en silence car, dans la confusion du moment, nous avions totalement oublié que le cousin de ma mère, Morris, ainsi que Sonja, étaient présents. Comble de malchance, Morris, fugitif depuis un an déjà mais arrivé chez nous la veille, n'avait ni papiers ni passeport. Sonja, elle, était juive uniquement par sa mère et avait des papiers pour le prouver. Nous avons retenu notre respiration pendant toute la durée de la fouille. Nous entendions l'officier SS donner de grands coups sur les portes, puis les claquer derrière lui. Le soldat se tenait devant nous avec sa baïonnette. L'officier est revenu avec Sonja. Il l'avait trouvée dans le salon. Nous nous demandions tous ce qu'il était advenu de Morris. Où pouvait-il bien être? Pourquoi l'officier SS ne l'avait-il pas trouvé? Nous nous interrogions tous mutuellement du regard pour essayer de comprendre cette situation incroyable, mais nous n'avons pas pu en « débattre » très longtemps.

L'officier a demandé ses papiers à Sonja, qui les lui a immédiatement tendus.

— Vous êtes donc à moitié juive. Et puis-je vous demander ce que vous faites dans cette maison? Je suppose que vous savez qu'il est interdit de passer la nuit chez quelqu'un d'autre? Puis sa colère est montée d'un cran : Répondez! a-t-il hurlé.

Nous nous sommes tous figés, contemplant Sonja et l'officier. Elle était très pâle, mais gardait toute sa dignité et soutenait le regard du SS. Elle lui a répondu doucement qu'elle nous avait rendu visite la veille mais que, prise d'une soudaine crise de migraine à l'heure du couvre-feu, elle s'était retrouvée dans l'incapacité de rentrer chez elle.

— Vous mentez! a hurlé l'officier. Je vais garder votre passeport et vous allez vous rendre à la gare avec eux. Là-bas, quelqu'un de plus haut gradé que moi s'occupera de votre cas.

Il nous laissait une heure pour nous préparer avant de nous emmener et a ordonné au soldat allemand de nous surveiller de près pendant nos préparatifs.

Ma mère nous a recommandé de nous habiller chaudement, puisque nous ignorions tout de notre destination. Elle a ensuite conduit mes deux frères, Max et Jacky, dans leur chambre pour les aider. J'ai alors pensé qu'elle cherchait à découvrir ce qu'il était advenu de Morris et j'ai fait mon possible pour empêcher mon père et Sonja de les suivre. Mon père semblait abattu, je l'ai encouragé à se vêtir avant notre départ pour qu'il n'attrape pas froid.

— Oui, m'a-t-il répondu, il vaut mieux que j'aille m'habiller. J'espère qu'il s'agit d'une erreur. Nous serons peut-être de retour à la maison demain matin. Je ne comprends pas, ils nous avaient promis que nous partirions pour le Portugal.

Sonja et moi n'avons rien trouvé à lui répondre. Lorsque maman est revenue, l'expression dans ses yeux nous a immédiatement rassurés sur le sort de Morris. Elle nous a tous rassemblés dans la chambre pour nous expliquer dans un murmure que lorsque les Allemands avaient frappé à la porte, Morris s'était caché sous le lit avec les valises. Il avait eu quelques sueurs froides quand l'officier avait inspecté la pièce, heureusement ce dernier n'avait pas regardé sous le lit. Maman lui avait conseillé de rester caché jusqu'à notre départ, puis de remettre aux voisins tous les objets de valeur que nous allions laisser derrière nous. Elle préférait les distribuer plutôt que de les savoir embarqués par Puls. Papa nous a ensuite annoncé que lorsque je serais habillée, il souhaitait s'entretenir avec les garçons et moi avant de partir.

Après m'être habillée, je suis allée trouver Max et Jacky et tous les trois nous sommes allés dans la chambre de mes parents. Ce faisant, nous sommes passés devant le soldat qui, fatigué de tenir la baïonnette en joue, avait fini par la poser et s'était adossé au mur. Papa était assis sur le bord du lit, il avait l'air très préoccupé :

— Mes enfants, je suis profondément désolé de ce qui est en train de se produire. J'ai fait tout ce qui était en mon pouvoir pour nous éviter d'aller en Allemagne. J'ai travaillé très dur pour chacun de vous, afin de vous offrir des choses que je n'avais pas lorsque j'étais moi-même enfant. J'ai donné presque la totalité de mon argent aux nazis pour vous sauver. Je suis tellement navré.

Papa pleurait désormais et nous avons tous essayé de le réconforter en lui assurant que ce n'était pas de sa faute.

Il nous a demandé de le laisser terminer :

— Nous ne savons pas ce qui va arriver maintenant, mais vous devez me promettre que si vous êtes vivants à la fin de cette horrible guerre, peu importe où vous vous trouverez, vous devrez tout faire pour rejoindre Amsterdam et vous rendre chez la famille Pomstra, qui habite juste à côté d'ici. Ils ont quelques actions et des bijoux que je leur ai demandé de garder jusqu'à la fin de la guerre. Même si votre mère et moi nous ne revenons pas, ils ont promis de prendre soin de vous, parce que l'argent, les actions et les bijoux devraient suffire pour payer votre éducation et vos études. Avez-vous bien compris ?

Nous avons tous les trois hoché la tête.

Il nous a ensuite tous pris dans ses bras, comme s'il avait voulu nous prémunir contre les événements à venir. Il répétait sans cesse qu'il était désolé.

Maman est entrée dans la pièce avec Sonja. Elle a posé sa main sur l'épaule de papa pour le rassurer.

— Allons, a-t-elle dit, l'officier SS ne va plus tarder maintenant. Sonja vient juste de préparer un peu de café.

À contrecœur, papa a fini par desserrer son étreinte et nous avons tous suivi maman dans la cuisine.

Il était six heures et demie du matin lorsque le SS est revenu ; le délai initial d'une heure s'était finalement transformé en deux heures et demie.

— Vous êtes prêts ? a-t-il hurlé.

— Oui, lui a répondu mon père.

— Tu ouvres la route, nous te suivons ! a aboyé le SS au soldat.

Accompagnée par l'officier, ma mère a été la dernière à quitter l'appartement, et c'est d'un geste ferme qu'elle a verrouillé la porte d'entrée. Alors que nous descendions les marches qui menaient sur le trottoir, personne ne prononçait un mot. Arrivé en bas, le SS nous a ordonné d'attendre sous le porche. Il devait récupérer d'autres personnes au coin de la rue. À nouveau, le soldat a été chargé de nous surveiller. C'était une belle matinée, le soleil brillait et le square était désert, à l'exception des camions qui attendaient de nous conduire à la gare.

— Psitt !

Ma mère et moi avons toutes les deux entendu ce léger bruit, et nous nous sommes retournées pour voir d'où il provenait. La porte à côté de notre appartement était à peine entrebâillée et notre voisin observait la scène par cette fente.

— Que se passe-t-il ? nous a-t-il demandé. Est-ce que ces salauds sont venus vous chercher ?

Ma mère a fait un léger mouvement de la tête et s'est mise à fouiller dans son sac. Elle en a sorti les clefs de notre maison et les a tendues au voisin.

— Tenez, lorsque nous serons partis, allez à l'intérieur et portez secours à Morris qui se cache à l'étage. Emportez ce que vous voudrez.

— Bien sûr, lui a répondu notre voisin, vous pouvez compter sur moi. De votre côté, prenez soin de vous. Mon amitié vous accompagne tous. Bonne chance. Il a ensuite refermé sa porte en silence.

Lorsqu'il est revenu accompagné d'une autre famille, l'officier nous a ordonné de commencer à marcher et nous nous sommes tous dirigés vers les camions.

Le square, que j'avais tant de fois traversé pour me rendre à l'école, m'est apparu soudainement étranger. Rien ne serait-il jamais plus comme avant ? Lorsque nous avons atteint les camions, nous avons reçu l'ordre d'y grimper sans tarder. Nous avons obéi. Nous nous sommes retrouvés avec le garde à l'arrière d'où nous entendions le SS rire et plaisanter avec le chauffeur à l'avant. Deux petits enfants de l'autre famille pleuraient à chaudes larmes. Leur mère essayait de les faire taire. Elle s'est excusée auprès de nous en nous expliquant qu'ils avaient été tirés de leur sommeil.

Le camion est arrivé à la gare et on nous a fait descendre. Un par un, nous sommes entrés en file indienne dans la gare. Le SS a conduit Sonja loin de nous, vers un comptoir où se trouvaient des officiers de haut rang. Il nous fallait désormais attendre debout avec un groupe de gens. Nous étions près de mille dans ce hall de gare, qui était pourtant anormalement silencieux. Nous nous exprimions uniquement à voix basse. On aurait dit que les derniers Juifs d'Amsterdam avaient été pris dans cette rafle. Nous avons rapidement découvert que même le président du Conseil juif, Abraham Ascher, et le conseiller, Abraham Soep, ainsi que leurs familles, avaient été arrêtés. Bientôt nous avons aperçu quelques-uns de nos amis dans d'autres groupes. De plus en plus de gens arrivaient dans la gare. À huit heures, le hall ressemblait à une véritable fourmilière. Des individus de tous âges, jeunes et vieux, enfants et bébés se serraient les uns contre les autres. Certains s'étaient dirigés vers des membres de leur famille qui se trouvaient dans d'autres groupes. Des rumeurs commençaient à circuler : certains disaient que nous allions tous au Portugal, d'autres que Hitler avait donné l'ordre de liquider tous les Juifs qui restaient à Amsterdam. Déchirés entre l'espoir et le désespoir, nous ne savions pas quoi penser.

Le temps passait. À neuf heures, nous étions toujours dans le hall de la gare, mais personne n'était resté dans son groupe d'origine. Les seuls gardes SS présents se trouvaient à l'extérieur du bâtiment. Près du comptoir, nous pouvions voir Sonja, debout face au mur, les mains derrière le dos. Nous n'osions pas l'approcher de peur de lui attirer des problèmes, alors nous lui faisions signe de loin. La même pensée nous obsédait tous : quand le train allait-il arriver ?

J'ai entendu quelqu'un m'interpeller et, lorsque je me suis retournée, j'ai vu qu'il s'agissait de mon amoureux, Herman. Cela faisait des années que nous allions à l'école ensemble et qu'il portait mon cartable. Au club de gym, nous faisions toujours équipe, puisque nous étions les deux plus jeunes. Apparemment, les Allemands étaient venus les chercher à deux heures la nuit dernière et ils étaient arrivés à la gare vers trois heures :

— Comment se porte ta mère ? Est-ce qu'elle va bien ? lui ai-je demandé.

— Maman va bien, m'a-t-il répondu. C'est mon père qui ne prend pas bien les choses. Tu veux que je te raconte un truc drôle ? Il y a un homme là-bas qui dit à tout le monde que le train ne viendra pas parce qu'il a un pneu crevé.

Nous avons éclaté de rire. C'était tellement bon de rire au milieu de tout ce désespoir.

— Sais-tu où nous allons, Herman ?

— Je n'en sais pas plus que toi, mais si tu veux mon avis, on va à Westerbork. Écoute Hetty, si tu peux, dans le train, demande à ta mère de te couper les cheveux courts, parce que, à notre arrivée à Westerbork, un médecin allemand te fera passer une visite médicale. S'il estime que tes cheveux ne sont pas assez propres, il fera tout raser.

— Oh non, Herman, ce n'est pas vrai !

— Si ma chère, c'est dommage de les couper, mais mieux vaut ne pas prendre de risque.

J'étais désespérée. Avant que j'aie pu répondre, un coup de sifflet a retenti et, dans les haut-parleurs, une voix a exigé le silence. Le hall est soudain devenu très calme, et plus personne ne bougeait. Le moment était venu, la tension montait d'un cran, c'était palpable. Puis la voix a dit : « Juifs, prenez vos bagages et dirigez-vous vers le quai numéro trois, où un train vous attend pour vous conduire à Westerbork. Le groupe A viendra en premier, puis le B suivra. »

Le chaos s'est alors emparé du hall alors que tout le monde tentait de rejoindre son groupe au plus vite. Les mères cherchaient leurs enfants partis vagabonder, les pères se débattaient avec les bagages de toute la famille. Déjà les groupes A et B avaient passé les tourniquets, et les groupes C et D les suivaient. Nous faisions partie du groupe W, nous n'étions pas pressés. Lorsque le groupe S est passé, Herman m'a crié :

— On se voit à Westerbork, Hetty ! Et rappelle-toi ce que je t'ai dit.

Maman m'a demandé de tenir la main de Jacky, afin de ne pas le perdre dans la foule. Elle a insisté sur l'importance de rester ensemble tous les cinq. Puis notre groupe a été appelé.

Malgré la terrible cohue au niveau des tourniquets, nous avons réussi à atteindre le quai tous ensemble. C'était le train le plus long qu'il m'avait été donné de voir : la locomotive était déjà loin sur les rails, hors de l'enceinte de la gare. À chaque wagon supplémentaire rempli, elle avançait encore un peu. Nous avons eu de la chance, car il s'agissait d'un train passager et non d'un train pour le bétail comme ceux dans lesquels ils avaient l'habitude de transporter la plupart des gens. (Westerbork était ce que les Allemands appelaient un « *Vorsuchslager* », ce qui signifie un camp de transit. De là, nous étions acheminés vers différents camps en Allemagne : Oranienburg-Sachsenhausen, Buchenwald, Ravensbrück, Dachau et Neuengamme ; en Autriche : Mauthausen ; ou en Pologne : Auschwitz, Birkenau, Sobibór, Blechhammer, Gleiwitz et Monowitz.) Les Allemands avaient annoncé à la population juive de Hollande qu'elle serait mise au travail dans ces camps où nourriture et logement pour les familles seraient assurés. Nous étions désormais sur la route : lentement le train a quitté la gare d'Amstel. Nous avions de la chance car nous n'étions que trente dans notre compartiment. Ils avaient dû mettre beaucoup plus de gens dans les premières voitures, car certaines personnes étaient obligées de se tenir debout. Au moins, nous, nous avions un siège. En silence, nous regardions défiler le paysage, les champs avec les vaches et les vergers. « Qu'arrivera-t-il ? Qu'arrivera-t-il ? » semblaient marteler les roues du train.

Chapitre 2

Le train s'est brusquement arrêté. La première chose que nous avons aperçue de Westerbork a été un long quai bordé de baraquements. Un groupe d'infirmières était présent à notre descente du train pour nous accueillir. Elles nous ont conduits dans un baraquement où une équipe de médecins, hollandais et allemands, nous attendait pour nous faire passer un examen médical. Nous avons d'abord dû nous faire enregistrer. Nous devions également déclarer si nous étions en possession de bijoux, d'or ou d'argent. Ainsi, nous expérimentions pour la première fois l'efficacité du système de comptabilisation mis en place par les Allemands. Nous avons attendu des heures durant. Près de mille six cents personnes patientaient pendant le processus d'inscription sur les registres et nous faisions partie des derniers. Il était vingt-trois heures et nous étions très fatigués car nous avions largement dépassé l'heure à laquelle nous avions l'habitude de nous coucher, et la nuit précédente n'avait pas été de tout repos. Finalement, des soldats nous ont escortés jusqu'au bloc soixante-dix, où nos bagages nous attendaient déjà dans l'entrée. Le bâtiment se divisait en deux parties distinctes ; les femmes et les enfants étaient hébergés dans la partie de gauche, tandis que le dortoir des hommes se trouvait sur la droite. Les lits étaient très rapprochés les uns des autres et se superposaient sur trois niveaux. Maman, Jacky et moi en avons investi un, Max est resté avec papa à l'autre bout du baraquement. Comme nous avions manqué le repas, qui était servi à dix-huit heures, on nous a apporté du café et des sandwiches. Nous avons mangé rapidement de manière à pouvoir nous coucher sans tarder. Il n'y avait pas de draps dans les lits, juste une couverture grise et un matelas de paille. Exténués, nous nous sommes rapidement endormis.

Le lendemain matin, nous avons été réveillés par le doyen du bloc, Walter, à sept heures. Chaque muscle de mon corps me faisait souffrir, mais il fallait bien se lever car du pain et du café allaient être servis d'ici un quart d'heure. Nous nous sommes donc habillés. Nous avons alors compris qu'il n'y avait pas d'eau dans le baraquement et que pour nous laver, nous devions nous rendre au lavoir qui se trouvait à l'extérieur. Les latrines, qui se situaient encore plus loin, n'avaient pas de siège et n'étaient pas bien entretenues. Elles ne possédaient, de surcroît, ni eau courante ni électricité, si bien que plus tard, afin de pouvoir s'y rendre en pleine nuit, mes frères se sont fabriqué une lanterne de fortune, constituée d'une gamelle trouée à l'intérieur de laquelle on avait placé une bougie. Notre toilette terminée, nous sommes retournés vers notre baraquement où Max et papa nous attendaient avec le petit déjeuner. Nous étions très heureux d'être ainsi réunis tous les cinq, et nous avons pris un repas correct autour du lit de mon père.

Ce jour-là, nous avons décidé d'explorer Westerbork. Nous y avons trouvé un petit hôpital, quelques boutiques et une usine. Cependant, personne ne semblait savoir ce qu'elle produisait. À l'écart du reste du camp se trouvait un baraquement qui regroupait tous les gens qui avaient vécu un temps dans la clandestinité avant d'être capturés. Certains réfugiés juifs allemands étaient là depuis des années et nous étions placés sous leur responsabilité. Ils étaient eux-mêmes supervisés par les commandants SS, qui vivaient dans une jolie maison juste à l'extérieur des limites du camp. La vie à Westerbork restait supportable, mais il fallait s'accommoder de l'absence de douches et du manque total d'intimité et, même si la nourriture n'était pas très appétissante, il était toujours possible de se faire envoyer des colis par nos amis afin de compléter nos rations.

Sonja, qui avait été relâchée par les SS, nous envoyait régulièrement de la nourriture, ce qui nous permettait de manger à notre faim. Elle m'avait également fait parvenir un manteau bien chaud ainsi qu'une salopette en tissu épais pour chacun de nous. Quelque temps après notre arrivée à Westerbork, j'ai retrouvé Herman. Ses parents et lui résidaient dans le baraquement soixante-huit. Nous passions autant de temps que possible ensemble et nous assistions même à des cours de gymnastique donnés par mon oncle Max, le jeune frère de mon père, arrêté la même nuit que nous avec sa femme Clara, ce qui nous permettait de garder la forme et de combattre l'ennui.

Six semaines après notre arrivée à Westerbork, nous avons appris qu'un convoi de personnes allait être envoyé vers l'Allemagne. Qui allait partir, qui allait rester ? Les esprits s'échauffaient. Tôt un matin, une liste de noms a été affichée dans l'entrée de notre baraquement. Ceux dont le nom apparaissait sur la liste devaient se tenir prêts à partir pour dix-neuf heures. Ce soir-là, nous devions tous être confinés dans nos quartiers dès dix-huit heures. Tout au long de cette journée, la confusion et le désordre ont régné dans le camp. Certaines familles étaient déchirées à l'idée d'être séparées. Une note dans l'entrée indiquait que quiconque ayant besoin d'une bénédiction pouvait s'adresser au rabbin Bluhm. Des personnes de tous âges se sont alors organisées afin d'être bénies par cet homme extraordinaire. J'en faisais moi-même partie et toute ma vie je me souviendrais de ce regard plein de gentillesse qui s'est posé sur moi avant que je m'incline pour recevoir sa bénédiction. À dix-neuf heures, deux gardes sont venus chercher les gens qui devaient embarquer. Le train qui devait les emporter était à l'origine destiné au bétail, et sur le toit de chaque wagon des mitraillettes avaient été installées afin de dissuader quiconque de s'échapper pendant le voyage. Je ne sais comment exprimer la peine que nous avons ressentie au moment de dire adieu à ceux qui partaient. Vers vingt heures, un colis m'a été remis. Il contenait une montre à gousset qui renfermait une photographie de Herman ainsi que le stylo à plume Swann si cher à mon amoureux. Je savais qu'il souhaitait me communiquer, à travers ce cadeau d'adieu, sa tristesse et son amour. J'ai beaucoup pleuré : mon cœur se brisait de nous voir séparés d'une manière si cruelle. Maman m'a prise dans ses bras pour apaiser ma souffrance. À une heure du matin, le train est parti pour une destination inconnue, avec à son bord Herman, ses parents et le rabbin Bluhm.

Quelques semaines après cette horrible nuit, un convoi d'une centaine de personnes environ est arrivé à destination du baraquement où étaient détenus les fugitifs. Nous avons très vite eu vent de la présence de mes grands-parents paternels parmi eux. Papa a réussi à obtenir un laissez-passer pour leur rendre visite. À son retour, il nous a raconté ce qu'il leur était arrivé. Mes grands-parents, qui avaient jusqu'alors rémunéré les gens chez qui ils se cachaient, avaient été livrés aux Allemands par ces sordides profiteurs lorsque l'argent était venu à manquer. Après leur capture, ils avaient passé six semaines dans le centre de détention de Scheveningen, un des pires établissements pénitentiaires à l'époque de l'occupation des Pays-Bas par les Allemands. Ma grand-mère, qui était diabétique, avait été privée d'insuline pendant une longue période. À bout de force, elle a dit à mon père :

— Je suis heureuse que cela se termine. J'abandonne. Je suis déjà à moitié morte.

Le dimanche suivant, nous avons eu la permission de rendre visite à nos grands-parents. Les cheveux de ma grand-mère étaient désormais tous blancs. Elle était si amaigrie qu'elle n'était plus que l'ombre d'elle-même. Je portais le même prénom qu'elle et avais toujours été sa petite-fille préférée. Elle m'a prise dans ses bras, de grosses larmes coulaient sur ses joues. Je l'ai suppliée de ne pas pleurer. Opa est alors intervenu afin de détendre un peu l'atmosphère :

— Et moi alors, je n'ai pas droit à un baiser ?

Alors Oma a lâché prise et je me suis précipitée dans les bras de mon grand-père pour l'embrasser. Lui aussi avait perdu beaucoup de poids, mais gardait dans les yeux cette étincelle de vie qui le caractérisait. Il avait toujours été d'un tempérament optimiste et joyeux. Nous avons passé tout l'après-midi avec eux. Nous leur avions apporté de la nourriture et des vêtements car ils n'avaient plus rien. Pendant les semaines qui ont suivi, mes grands-parents sont restés à Westerbork. Nous leur avons rendu visite aussi souvent que possible, c'est-à-dire chaque fois que nous en avons obtenu l'autorisation, jusqu'au 25 janvier 1944, jour où un autre train est arrivé pour les emmener à Auschwitz.

Le 5 décembre est le jour où l'on fête saint Nicolas aux Pays-Bas, le jour où les enfants reçoivent des cadeaux s'ils ont été sages pendant l'année qui vient de s'écouler. Cette année-là, à Westerbork, trois semaines avant la date fatidique, j'avais demandé à Walter, notre doyen, de me trouver du papier coloré et de la colle afin de fabriquer quelques serpentins avec les enfants du bloc. Nous avons également réalisé des trains et des voitures à partir de boîtes d'allumettes. Cela amusait beaucoup les enfants. Leurs mères, qui étaient bien contentes d'avoir chaque jour quelques heures de tranquillité grâce à nous, avaient promis de nous fournir en farine et en sucre pour nous permettre de cuisiner quelques biscuits. Un esprit de bienveillance s'est alors répandu dans notre baraquement : les gens venaient nous voir à la table des petits pour nous donner des conseils et nous aider lorsque nous ne savions plus comment procéder. Nous avons ainsi pu constituer un amas de petits cadeaux suffisant pour que chaque enfant ait le sien. Peu importait qu'ils les aient réalisés eux-mêmes, au moins avaient-ils eu l'esprit occupé pendant le temps de la confection.

Quelques jours avant la Saint-Nicolas, je suis allée trouver Walter pour lui demander s'il pouvait s'arranger pour nous dégoter un piano : il n'était en effet pas envisageable d'organiser une fête sans musique. Il m'a promis de faire son possible et, la veille des réjouissances, un des doyens m'a emmenée voir le commandant allemand afin que je lui demande la permission d'utiliser le seul piano du camp. J'étais terrifiée, mais le doyen a gardé ma main dans la sienne alors qu'il s'adressait en allemand au commandant pour lui expliquer que j'avais organisé une fête sans l'aide des adultes. Visiblement, le commandant était dans un bon jour car, lorsqu'il s'est adressé à moi, il souriait. Je ne comprenais pas un mot d'allemand, alors j'ai interrogé le doyen du regard. Il n'a pas pris la peine de m'expliquer ce qui venait d'être dit, mais il m'a murmuré : « Dis *" Jawohl, mein*

Herr. Danke schön. " » J'ai fait de mon mieux pour répéter ces mots en allemand et à notre départ nous avions obtenu la promesse que le piano pourrait être emprunté le lendemain après-midi. Lorsque nous l'avons informé de notre succès, Walter a été très heureux, puis encore plus surpris par une autre bonne nouvelle : les femmes du baraquement s'étaient mises à l'œuvre afin de confectionner une robe et une mitre d'évêque. L'un des pères devait se déguiser en saint Nicolas. Ce soir-là, tous les enfants étaient couchés à dix-neuf heures, et je suis sûre que nulle part ailleurs aux Pays-Bas, il n'y avait d'enfants plus sages car ils savaient que saint Nicolas n'aimait pas les enfants turbulents qui se couchaient tard.

La matinée du 5 décembre a été très agitée. Pendant que certaines femmes faisaient des biscuits, d'autres préparaient des sucreries. Les hommes aussi se sont joints aux préparatifs en déplaçant les lits afin de faire de la place pour les chaises. L'une d'entre elles a été spécialement décorée à l'attention de saint Nicolas. Tous les serpentins colorés réalisés par les enfants ont été accrochés au plafond. L'effervescence était à son comble, lorsqu'à deux heures le piano est arrivé : six hommes robustes l'avaient transporté à travers le camp. La nouvelle s'était ainsi répandue dans tout Westerbork que le bloc soixante-dix organisait une fête. Ainsi avons-nous eu ce jour-là de nombreux visiteurs venus d'autres baraquements. À dix-huit heures, les enfants étaient tous assis, parés de leurs plus beaux vêtements. Ils étaient prêts à accueillir saint Nicolas, lorsqu'un grand coup à la porte a annoncé son arrivée. Un murmure a alors parcouru l'assemblée :

— C'est saint Nicolas.

Les enfants ont commencé à chanter :

— Bienvenue saint Nicolas.

Les adultes ont fait chœur avec les enfants. Saint Nicolas se tenait dans l'embrasure de la porte, et il avait amené le père Fouettard avec lui. Il portait un grand sac contenant tous les cadeaux. Le simple fait de voir le visage épanoui des enfants et leurs yeux briller ainsi était une récompense bien suffisante aux semaines de travail passées. À vingt heures, les enfants sont allés se coucher. Ils ont tous passé un moment merveilleux, pourtant la fête n'était pas encore terminée. Les adultes se sont réunis autour du piano et se sont mis à chanter. Tout le monde avait l'air heureux pour la première fois depuis bien longtemps. Un peu avant vingt-deux heures, Walter est monté sur une chaise et a demandé à tout le monde de se taire :

— Mesdames et messieurs, a dit-il, je souhaiterais rendre hommage à une jeune fille se trouvant parmi nous et dont l'initiative et la détermination nous ont apporté tellement de bonheur aujourd'hui. Que cette soirée reste gravée dans nos mémoires comme un bon exemple de coopération, car sans l'aide de ces formidables mères, les événements de cette journée n'auraient jamais connu un tel succès, et je suis heureux d'avoir pu y prendre part. Hetty, a-t-il continué en se rapprochant de moi, je suis fier de te connaître et je ne pense pas me tromper en te disant que tous ici nous espérons que toi et ta famille vous survivrez à ces moments difficiles pour que tu aies l'opportunité de grandir et de devenir une belle jeune femme. En souvenir de cette soirée, je voudrais t'offrir, de notre part à tous, ce magnifique miroir en guise de remerciement, afin que tu puisses te voir grandir et embellir avec le temps.

Puis pour conclure, Walter m'a fait la bise et m'a tendu un superbe miroir à main avec un ruban rose. Un tonnerre d'applaudissements a envahi la pièce et tout le monde a entonné « *Car c'est une bonne camarade !* ». Je n'avais encore jamais été acclamée en public et je ne savais pas où regarder, ni comment réagir. Il était alors vingt-deux heures : les lumières se sont éteintes et les festivités ont pris fin.

Noël est passé aussi vite qu'il était arrivé, puis l'année 1944 a commencé. Que nous réservait cette nouvelle année ? Chacun de nous espérait qu'elle verrait la fin de nos souffrances. Aucune déportation n'avait eu lieu pendant la période des fêtes, mais nous savions que ce répit ne durerait pas.

Le 10 janvier 1944, un convoi de huit cents personnes qui avaient toutes une double nationalité est parti pour Bergen-Belsen. Le 1er février 1944, notre nom était sur la liste. Cette nuit-là, c'est avec environ onze cents personnes que nous sommes montés dans le train. Étonnamment, il s'agissait d'un train de voyageurs, mais bien sûr rien à voir avec le Pullman*. Nous avons quitté Westerbork aux environs de vingt-deux heures. Le train a

---

* Le Pullman était le train le plus luxueux reliant Amsterdam à Paris avant la Seconde Guerre mondiale. Le prix des billets était très élevé. (Note de l'auteur)

roulé toute la nuit, marquant tout de même une pause d'une heure et demie dans une très grande gare. Toute l'Allemagne était plongée dans l'obscurité et nous ne pouvions rien distinguer. Lorsque le jour s'est levé, les paysages de la campagne allemande défilaient sous nos yeux hagards. Nous étions tellement préoccupés par le sort qui nous était réservé qu'il nous avait été impossible de trouver le sommeil.

Enfin, le train a ralenti, puis s'est arrêté doucement. La seule information que portaient les panneaux était un nom : « *Celle* ». La curiosité nous a tous poussés à regarder par la fenêtre, et le spectacle que nous avons alors découvert a glacé mon père d'effroi : à l'extérieur, une trentaine de SS nous attendaient sur le quai avec des molosses retenus par des laisses.

Une voix a hurlé : « Sortez ! »

Perplexes, nous sommes descendus du train.

— Laissez vos bagages lourds, ne prenez que vos bagages à main avec vous et mettez-vous en rang, a crié un officier SS.

Une longue file s'est alors formée. Les mères s'accrochaient à leurs enfants. Certains des hommes se sont vu intimer l'ordre de sortir du rang afin de charger les bagages dans des camions. Papa était l'un d'eux. Les gens formaient de longues colonnes qui se sont mises en mouvement. De là où j'étais, j'apercevais un petit pont au-dessus de la voie ferrée sur lequel, malgré l'heure matinale, de nombreuses personnes du voisinage, des hommes pour la plupart, nous regardaient passer. Nous avons marché sans répit durant un long moment. En abandonnant nos bagages derrière nous, nous n'avions aucune certitude de les revoir un jour et, au fur et à mesure de cette interminable marche, les petits sacs que nous avions pris avec nous sont devenus aussi lourds que s'ils avaient été chargés de plomb. Jacky, qui n'avait jamais été très fort, portait un petit sac à dos. Avec l'épuisement, son visage avait pris une teinte d'une inquiétante coloration verte. Lorsque je me suis rendu compte de la gravité de son état, je suis allée trouver un homme qui ne portait rien et qui semblait apprécier la marche :

— Monsieur, s'il vous plaît, auriez-vous la gentillesse de porter le sac à dos de mon petit frère pendant un moment, il n'a que neuf ans ? lui ai-je alors demandé.

— Écoute, tu n'es plus aux Pays-Bas maintenant, tu es dans mon pays, a répondu l'homme du haut de son mètre quatre-vingts. Ici, tu n'as rien à dire. Tu n'as qu'à porter ton sac.

Apparemment, il faisait partie de ces réfugiés allemands qui avaient été accueillis aux Pays-Bas en 1937. (Pauvre homme, ses propres compatriotes ont plus tard provoqué sa mort, il a été l'un des premiers à mourir de faim à Bergen-Belsen.) J'ai dit à Jacky de me donner son sac et maman et moi nous sommes chargées de le porter chacune notre tour. Les colonnes avaient sensiblement ralenti et nous traînions de plus en plus des pieds. Derrière nous, nous entendions les SS crier : « Dépêchez-vous ! Dépêchez-vous ! » Je me suis alors retournée et j'ai aperçu deux personnes âgées tout au bout de la file qui se soutenaient l'une l'autre et se débattaient avec leurs bagages. Tandis que sa femme pleurait, le mari demandait quelque chose à l'officier SS. En guise de réponse, ce dernier s'est emparé de son fusil avec lequel il les a menacés : « Avancez ! Avancez ! ». Alors, un jeune homme s'est approché du couple épuisé et a pris tous leurs sacs pour leur permettre de poursuivre plus aisément leur route.

Vers où nous dirigions-nous ? Allions-nous seulement jamais arriver ? Combien de temps cela allait-il durer encore ? Dieu tout-puissant viens-nous en aide ! Heureusement pour nous, la route était bitumée, ce qui, étant donné les circonstances, était une véritable bénédiction. Nous n'avons pas rencontré âme qui vive, pas une voiture, pas une personne ; seuls nous escortaient les gardes et leurs chiens. Si la situation avait été différente, nous aurions peut-être pu profiter de la beauté de la forêt de pins avoisinante. Nous avons finalement aperçu au loin une haute barrière de barbelés et un portail. De l'autre côté se trouvait un bureau derrière lequel se tenaient des gardes SS. Cinq cents mètres plus à gauche, nous avons franchi une nouvelle porte : nous venions de pénétrer dans le camp de concentration de Bergen-Belsen.

Chapitre 3

À première vue, Bergen-Belsen semblait être un endroit vaste et ouvert. Une trentaine de baraquements avaient été construits et soigneusement disposés en rangs de trois ou quatre, séparés les uns des autres par une voie d'environ six mètres de large. Tout avait l'air propre et rangé. Lorsque nous sommes arrivés, Bergen-Belsen était encore un camp destiné aux prisonniers de guerre et n'avait rien à voir avec le camp de l'horreur qu'il était voué à devenir. Il occupait une superficie d'environ un kilomètre carré, et j'ai appris plus tard qu'il était divisé en différents petits camps : la taille de celui que nous occupions, par exemple, équivalait à celle d'un terrain de football. Nous sommes entrés dans le camp par l'artère principale qui le divisait en deux. Par la suite, nous avons découvert que la partie de droite était occupée par des prisonniers de guerre russes. La partie gauche se subdivisait elle-même en cinq parties dont notamment : le camp SS avec la réserve de nourriture, qui a plus tard été réservé aux *Häftlinge* (travailleurs esclaves allemands), le camp hongrois et le nôtre, aussi connu sous le nom de *Sternlager* (le camp de l'étoile) ou camp d'Albela. Une bande de terrain large de 20 mètres encerclait le camp, des panneaux d'avertissement avec une tête de mort surplombant des tibias entrecroisés y étaient parsemés. Un haut grillage flanqué de miradors délimitait le périmètre.

Enfin, chaque camp était lui-même fractionné en plus petites parties. Dans le nôtre, l'*Appelplatz** et la section des hommes étaient séparés de la section des femmes par une porte. Le jour de notre arrivée, nous avons été accueillis par *Herr* Albela : il s'agissait de notre doyen, il était grec et était arrivé avec quarante autres personnes huit semaines avant nous. À cette époque, à Bergen-Belsen, les seuls prisonniers présents étaient ces Grecs, les personnes ayant une double nationalité et nous. *Herr* Albela s'est exprimé en allemand, l'un des nôtres a servi d'interprète. Il nous a indiqué que la porte qui séparait la section des hommes de celle des femmes fermait à vingt heures : pendant la journée, nous pouvions être ensemble. C'était la même routine qu'à Westerbork.

On nous a ensuite emmenés dans nos baraquements, où une agréable surprise nous attendait. Le nôtre était d'une propreté irréprochable et tout le mobilier avait l'air neuf. Il était divisé en trois parties distinctes : la salle à manger, où se trouvaient de grandes tables avec des chaises tout autour, un dortoir et une buanderie. Le dortoir était équipé de lits superposés à deux étages et comportait de très nombreuses fenêtres pour permettre d'aérer et

---

* L'*Appelplatz* était un endroit central dans le camp où se déroulait quotidiennement l'appel. (NdlT)

de laisser entrer la lumière. La salle d'eau, quant à elle, comportait un sol cimenté avec une dizaine de lavabos, une rangée de lavoirs et dix toilettes.

La première chose que nous avons faite, une fois à l'intérieur du baraquement, a été de nous asseoir et d'enlever nos chaussures. Nous avions extrêmement mal aux pieds, surtout moi, car deux jours avant de quitter Westerbork, je m'étais renversé une casserole d'eau bouillante sur le pied et après cette interminable marche, il était tout rouge et enflé. Après nous être reposés un moment, nous sommes allés choisir un lit. Maman et moi avons chacune opté pour un lit du dessus et Jacky pour un lit du dessous. Depuis notre arrivée, ma mère n'avait pas dit un seul mot à propos de papa, mais je savais qu'elle était inquiète. Il était alors près de seize heures et nous n'avions revu ni lui ni aucun des hommes qui l'avaient accompagné.

Deux hommes grecs nous ont apporté un grand récipient de nourriture. L'odeur qui s'en échappait n'était pas désagréable. On nous a distribué à chacun un bol de soupe, des couverts et un gobelet en émail. La marche avait aiguisé notre appétit et nous n'avions rien mangé depuis la veille, mais, après avoir goûté une cuillerée de cette nourriture, j'ai regardé maman et j'ai tout de suite compris qu'elle n'aimait pas. Ce n'était que de l'eau chaude, avec de fines lamelles de chou qui flottaient ici et là. Nous ne pouvions pas avaler cette mixture et nous n'étions pas les seules dans ce cas-là : une dame près de nous a décidé de se laver les pieds avec, et elle a été imitée par un certain nombre de personnes dans notre baraquement.

Il était presque seize heures trente lorsque le camion transportant les bagages est arrivé, avec à son bord les hommes à qui l'on avait ordonné de rester en gare pour s'occuper des bagages des onze cents personnes arrivées à Celle le matin même. Lorsque la nouvelle de leur retour s'est répandue dans le camp, tout le monde s'est précipité vers ce qui est devenu plus tard l'*Appelplatz*. Nous sommes arrivés juste à temps pour voir mon père et les autres hommes assis sur le tas de bagages à l'arrière du camion. Nous l'avons appelé, il s'est retourné vers nous et nous a souri. Lorsque le camion s'est arrêté, il a sauté à terre et a commencé à décharger les bagages avec l'aide des autres hommes. Tout le monde s'est précipité pour récupérer ses affaires. Nous avons rassemblé suffisamment de forces pour transporter nos valises jusqu'au baraquement vingt-sept où ma mère, Jacky et moi avions élu domicile. Les couvertures que nous avions ramenées des Pays-Bas allaient nous être utiles pour nous préparer pour la nuit. Nous avions également des draps et nous avons placé des pulls dans des taies pour remplacer les oreillers. Nous avons ensuite déposé nos valises avec le reste de nos vêtements sur le lit de Jacky afin de pouvoir garder un œil dessus puisque nous ne disposions pas d'autre endroit pour les ranger.

Plus tôt ce jour-là, deux hommes étaient venus dans notre baraquement à la recherche d'une personne qui parlait allemand. Une maigre femme d'une quarantaine d'années, au visage dur, s'était avancée. Elle faisait partie de ces réfugiés à qui les

Pays-Bas avaient offert un asile en 1937. Elle parlait hollandais avec un très fort accent allemand. Une conversation s'était alors engagée entre elle et les deux hommes. Même si nous n'avons pas compris grand-chose à ce qu'ils se disaient, il nous est rapidement apparu qu'elle avait été nommée doyenne de notre baraquement. À leur départ, elle avait pris les choses en main comme si elle avait fait ça toute sa vie. C'est elle qui nous a autorisés à utiliser un placard le long du mur dans la salle à manger. Cette situation a engendré du ressentiment car nous trouvions injuste de devoir nous référer à cette femme à qui notre pays avait accordé l'asile quelques années auparavant. Lorsque nous avons défait nos bagages, maman a déplacé la nourriture, les ustensiles de cuisine, le fer à repasser et d'autres choses que nous avions apportées avec nous, comme du savon et de la poudre à récurer, pour les mettre dans notre placard. En échange d'un pull, maman avait réussi à obtenir un cadenas pour éviter le vol.

Vers dix-neuf heures, Max et papa ont regagné leurs quartiers, baraquement quatorze, pour la nuit, en emportant avec eux couvertures et vêtements propres pour le lendemain. Notre baraquement avait été le dernier à être investi et ne comptait donc que trente occupants pour soixante lits. Aussi avions-nous pu choisir où dormir. Les constructions étaient neuves, ainsi que les matelas en paille des lits superposés qui devaient, je suppose, être suffisamment confortables pour accueillir des gens censés être échangés contre des prisonniers de guerre allemands. Il n'y avait qu'une seule rangée de lits le long du mur avec les fenêtres, puis deux autres au centre de la pièce. Personne ne nous ayant apporté à manger pour ce premier soir, maman nous a donné quelques biscuits. Nous étions tous tellement fatigués qu'à vingt heures tout le monde dormait.

Le lendemain matin, nous nous sommes réveillés aux premières lueurs du jour et nous avons observé attentivement notre nouvel environnement. Dehors, malgré l'hiver, il faisait un temps sublime, et les rayons du soleil donnaient au dortoir une atmosphère chaleureuse. Des femmes, réveillées plus tôt, étaient déjà revenues du lavoir. Maman, Jacky et moi-même nous sommes mis en route avec des serviettes et du savon afin de nous rafraîchir un peu. Une fois arrivés là-bas, nous avons constaté que l'endroit était presque désert à l'exception d'une vieille femme qui se tenait entièrement nue devant un lavabo. Jusqu'alors je n'avais encore jamais vu d'étranger tout nu et cette vision m'a profondément choquée à l'époque. Mon Dieu ! me suis-je dit, est-ce que toutes les femmes ressemblent à ça lorsqu'elles vieillissent ? La femme était grande et mince, sa peau était jaune et très sèche, ses seins pendaient pareils à des sacs vides jusqu'à son ventre. Ma mère, en lisant la consternation dans mes yeux, m'a murmuré de ne pas la regarder ainsi et de lui laisser un peu d'intimité.

Jacky aussi était visiblement choqué, mais maman lui a fait faire volte-face pour qu'il commence sa toilette. Pourtant, mon frère et moi ne pouvions nous empêcher d'observer cette femme. Nos yeux vagabondaient sur son corps et, après un moment, elle a commencé à s'essuyer. D'un geste vif, elle a soulevé son sein décharné pour se frotter le ventre. À ce stade, même ma mère en a eu assez, et elle nous a pratiquement poussés hors du lavoir avec nos visages et nos mains encore humides. Une fois à l'extérieur, nous avons éclaté de rire tous les trois, et Jacky l'a immédiatement surnommée « *Madame la Vache* ». Cette femme n'avait révélé aucun signe de honte ou de gêne lorsque nous l'avions vue nue et il nous fallait bien accepter que, dans un endroit comme Bergen-Belsen, nos propres inhibitions n'avaient pas lieu d'être. Même si nous ne l'avons pas compris sur le moment, cette rencontre marquait le début de l'effondrement de nos valeurs morales.

Lorsque nous sommes revenus dans notre baraquement, du café venait d'être servi. Nous l'avons goûté, mais il n'était vraiment pas bon : c'était simplement de l'eau marron. Il n'y avait rien à manger et nous avons dû entamer la réserve que nous avions dans l'armoire. Max et papa sont arrivés vers neuf heures. Ils nous ont raconté que leur baraquement était surpeuplé et que le grand rabbin se trouvait parmi eux. Le matin, les gens qui étaient pratiquants avaient organisé un service de prière secret. On leur avait également servi ce café et nous sommes tous tombés d'accord pour dire qu'il était répugnant. Comme par magie, maman a réussi à dégoter de l'eau chaude et nous a fait une bonne tasse de thé. Elle en a profité pour donner quelques biscuits à Max et à papa. Nous avions mangé notre part plus tôt. Papa et maman se sont arrangés avec notre doyenne pour recevoir les rations de nourriture de Max et de papa ici dans notre baraquement. Ainsi, l'unité familiale a été préservée.

Pendant quelques jours, les SS nous ont laissés en paix. À Bergen, tout le monde essayait de s'installer et de s'adapter à notre routine quotidienne. Au bout de trois jours environ, notre doyenne nous a informés que nous devions nous rendre à l'appel le lendemain, à sept heures précises, sur l'*Appelplatz*. À six heures, nous étions tous debout et nous nous sommes lavés rapidement et vêtus aussi chaudement que possible. Puis nous nous sommes rendus dans la salle à manger où un gobelet d'eau chaude et marron, qui était censée être du café ou thé, nous attendait. (Nos rations de pain nous étaient distribuées au déjeuner avec un bol de soupe. Le potage consistait en un demi-litre d'eau marron avec des morceaux de carotte ou de panais qui flottaient dedans.) À six heures et demie, les messagers ont commencé à nous appeler. Toute personne capable de se déplacer seule devait se rendre à l'appel pour être comptée, et la consigne concernait également des bébés âgés d'à peine trois ans. Nous devions rester debout en rangs par cinq, et lorsque le *Scharführer** venait pour nous compter, nous devions nous tenir bien droit, la tête haute, et regarder droit devant nous. Aucun mouvement ou bruit n'étaient tolérés. Ce matin-là, ainsi que les jours qui ont suivi, un chaos indescriptible s'est emparé de l'*Appelplatz* : aucun

* Le terme *Scharführer* est un grade SS équivalent du sergent-chef. (NdlT)

de nous n'avait l'habitude de se mettre au garde-à-vous comme un soldat et d'être compté comme si nous étions des criminels. Malgré tout, ce premier jour, nous avons eu de la chance car, soit les chiffres étaient corrects, soit les SS avaient mieux à faire : ils nous ont laissé partir au bout d'une heure et demie. Le jour suivant, nous n'avons pas été aussi chanceux. Cette fois-là, l'appel a duré deux heures pendant lesquelles nous devions rester debout sans bouger. Nous avons rapidement découvert que si nous ne répondions pas aux « standards » qu'ils nous imposaient, les SS nous laissaient ainsi des heures durant. Les doyens de chaque baraquement essayaient désespérément de nous apprendre comment nous comporter pendant l'appel, mais les heures de torture sur l'*Appelplatz* passaient très lentement. L'épreuve affectait d'abord les personnes âgées, proches de la mort, et les enfants qui tremblaient de froid et de faim, leurs mines devenant de plus en plus pathétiques à mesure que les jours passaient. Certaines fois, les SS ne nous laissaient partir qu'après l'heure du déjeuner. Le coup de sifflet de *Herr* Albela, qui marquait la fin de notre supplice, produisait un son aussi merveilleux pour nous que le concert d'un orchestre philharmonique. Dès que nous étions libres de partir, nous courions aussi vite que nos jambes pouvaient nous porter vers nos baraquements respectifs. Nos lits étaient devenus nos foyers car c'était le seul endroit où nous ressentions un semblant de sécurité.

Nous étions à Bergen-Belsen depuis une semaine environ, lorsque les SS ont ordonné à tous les hommes de quinze ans et plus de se rendre à l'appel à six heures pour former des unités de travail. L'un des travaux les plus pénibles consistait à sortir du camp pour aller dans les bois déterrer des racines de souches d'arbres. C'était un travail dur et cruel. Mon père et le grand rabbin ont été choisis pour travailler dans cette unité. Ils quittaient le camp à six heures et ne rentraient que tard dans l'après-midi. Le premier jour, à son retour, mon père nous a ramené quelques baies qu'il avait cueillies dans les broussailles. Il en avait rempli ses poches et les a déversées dans un de nos bols de soupe. Ce n'était vraiment pas grand-chose mais, à leur vue, nos cœurs se sont réchauffés. J'ai été la première à en goûter une, elle était aigre et amère.

— Peut-être qu'elles ne sont pas encore mûres, a dit maman.

Max et Jacky ont essayé d'en manger à leur tour, mais le résultat n'a pas été plus concluant. C'était vraiment dommage car elles semblaient si appétissantes. Nous avons placé le bol avec les baies sous notre lit : peut-être que si nous les laissions ainsi, elles auraient meilleur goût. Quelques jours plus tard, la faim me rongeant le ventre, j'ai retiré le bol de dessous le lit. Les baies ne semblaient pas avoir changé, mais j'ai décidé d'en goûter une malgré tout. Elles étaient toujours aussi amères. Un homme d'une quarantaine d'années a vu la grimace que je faisais et a remarqué le bol de baies.

— Quel dommage que l'on ne puisse pas les manger, elles sont peut-être vénéneuses, lui ai-je dit.

Il a tendu la main et je lui en ai donné quelques-unes. Il m'a dit qu'effectivement on ne pouvait pas les manger crues, mais qu'on pourrait essayer de les cuire.

— Oui, mais comment ? ai-je demandé.

Mon nouvel ami a répondu qu'il allait trouver un moyen et est parti. Vingt minutes plus tard, il était de retour avec un petit réchaud qui fonctionnait avec de l'alcool, mais nous n'avions pas d'alcool. Nous avons donc retiré la partie avec le brûleur, afin de conserver uniquement la structure du réchaud. J'ai envoyé Jacky chercher quelques brindilles ou du bois et, à son retour, nous avons tout réduit en copeaux. Après plusieurs tentatives infructueuses, j'ai finalement réussi à produire quelques flammes, mais chaque fois que je posais la petite marmite dessus, le feu s'éteignait de lui-même. Il n'y avait pas moyen de faire bouillir ces baies. J'ai réduit de moitié le nombre de baies dans la casserole, sans succès. Mon nouvel ami, Henry, était parti au moment où j'avais commencé à allumer le feu car c'était strictement interdit à l'intérieur des baraquements. Il revenait régulièrement pour s'enquérir de nos progrès. Au bout d'une heure, j'étais sur le point d'abandonner lorsque Henry est revenu avec des allume-feux. Tout est devenu beaucoup plus facile, l'eau bouillait, ainsi que les baies. Je m'imaginais déjà célèbre cuisinière capable de préparer la meilleure des confitures, que l'on pourrait étaler sur nos rations de pain sec, mais les allume-feux se sont consumés très rapidement, et il nous fallait un réapprovisionnement pour terminer notre tâche. J'ai supplié Henry du regard, qui est parti à la recherche d'allume-feux supplémentaires. Il en a trouvé quatre et m'a informée qu'il s'agissait à coup sûr des derniers qu'il avait pu obtenir. Résignée, j'ai allumé le dernier allume-feu, tous les muscles de mon corps tendus vers cette flamme, implorant pour qu'elle donne suffisamment de chaleur afin de rendre les baies comestibles. Lentement la flamme s'est éteinte, jusqu'à ce qu'il ne reste plus une seule étincelle. Avec la plus grande précaution, j'ai goûté le magma gluant au fond de la casserole, mais ce n'était toujours pas mangeable. J'ai donné les baies restantes à Henry et lui ai rendu le réchaud. Je lui ai redit que ce n'était pas bon, mais il les a quand même acceptées avec plaisir. Il est parti en me remerciant chaleureusement et je ne l'ai jamais revu.

Par la suite, toutes les femmes ont été convoquées à l'appel car les SS voulaient constituer des groupes pour aller travailler en cuisine afin de préparer la nourriture pour le camp. Maman a été choisie pour éplucher les légumes. Elle devait se lever à trois heures le matin pour se rendre à l'appel, puis elle commençait son travail à quatre heures. Puisqu'elle ne revenait pas avant dix-huit heures, j'étais chargée de m'occuper de mes deux frères, de laver leurs vêtements, de faire leurs lits et d'aller chercher nos rations de nourriture quotidiennes.

Cela faisait désormais trois semaines que nous étions arrivés à Bergen-Belsen. Les brûlures sur mon pied ne guérissaient pas et la plaie semblait infectée. Le médecin du camp m'a conseillé de me reposer pendant une semaine et m'a donné une lettre m'exemptant d'assister à l'appel. Notre baraquement était étincelant de propreté, ce qui était agréable, et j'étais plutôt contente de pouvoir rester au lit, ce qui me permettait de lire un livre que l'on m'avait prêté. Le baraquement était calme puisque presque tout le monde se trouvait à l'appel.

À l'autre bout du dortoir, une femme, qui gardait également le lit car elle était malade, était assoupie. Après environ deux heures, les femmes et les enfants sont revenus de l'appel, puis l'heure du déjeuner a sonné. Ma mère n'était pas surchargée de travail, elle était donc restée quelques heures en cuisine puis était revenue au baraquement. J'ai décidé de me lever et de la rejoindre dans le réfectoire. Maman était assise à discuter avec d'autres femmes autour d'une des tables. J'ai tiré une chaise pour m'asseoir avec elles. Au loin, des avions semblaient se rapprocher. Soudain, nous avons entendu les mitrailleuses des miradors entrer en action. Tout le monde s'est mis à crier. J'ai paniqué et je suis retournée à mon lit en courant. Des balles sifflaient tout autour de moi.

— Hetty, arrête-toi, arrête-toi, couche-toi par terre ! a hurlé ma mère.

J'ai entendu ses cris au milieu du vacarme. Je me suis jetée au sol, mais, avant de l'atteindre, j'ai vu la femme souffrante se lever de son lit et se diriger vers nous. Une balle l'a touchée et, comme dans un rêve, je l'ai vue tomber à terre, son corps tressaillant et du sang s'écoulant de ses blessures.

— Elle est blessée ! Elle est blessée ! ai-je sangloté en rampant vers ma mère.

Pendant cinq minutes, les avions ont mitraillé en rase-mottes. Lorsqu'ils sont enfin partis, quelqu'un est allé s'enquérir de l'état de la pauvre femme. On l'a mise sur un brancard pour la transporter à l'infirmerie, où elle est morte pendant la nuit. Elle n'avait que trente-deux ans. Elle a été la première personne de notre baraquement à mourir. Je suis restée auprès de ma mère tout au long de la journée, puis, lorsque je suis allée me coucher le soir, j'ai trouvé deux balles dans mon lit. L'une d'entre elles avait fait un gros trou dans mon livre.

D'autres groupes de gens ont ensuite débarqué dans notre camp : des gitans venus de Hongrie et des familles juives d'Italie. La place manquait pour héberger ces nouveaux arrivants. Des camions sont arrivés avec des baraquements en pièces détachées venus d'autres camps en Allemagne. Des hommes de notre camp ont reçu l'ordre de les ériger, mais puisque la plupart de ces hommes n'avaient aucune compétence manuelle, les travaux progressaient très lentement. On construisait ces nouveaux baraquements à proximité de l'*Appelplatz* et, pour accélérer un peu les choses, les SS ont fait venir des détenus du camp annexe au nôtre. C'était la première fois que nous avions l'opportunité de voir ces pauvres créatures de près. Ils portaient tous un uniforme de coton blanc et bleu, l'uniforme des camps de concentration. Tôt le matin, ils entraient au pas dans notre camp. Ils avaient été parfaitement entraînés. Lorsqu'ils s'apprêtaient à franchir la porte, le *Kapo** criait : « Têtes nues, tournez à droite », pour qu'ils saluent le SS *Scharführer*, alors que ce dernier les comptait. Leurs têtes dégarnies révélaient des crânes tondus. Ils étaient maigres et avaient les traits tirés. Dès que le *Kapo* avait hurlé ses ordres, ces hommes se mettaient à l'ouvrage en un temps record. Afin de bâtir les baraquements, ils ont dû travailler activement. Ils savaient comment échapper au fouet cruel avec lequel le *Kapo* les battait s'ils ne s'activaient pas assez. Ils venaient d'Europe centrale et je pense qu'ils devaient parler polonais ou estonien. Nous ne les comprenions pas. Avec d'autres enfants, j'observais la scène de loin. Après une heure, je suis repartie vers notre baraquement car je ne pouvais pas contempler ce spectacle plus longtemps et je repensais au sourire que m'avait donné l'un d'entre eux lorsqu'il m'avait vue alors qu'il soulevait une grosse pièce de bois avec un autre détenu. Les traits tirés de son visage s'étaient animés d'un sourire, comme pour me dire : « Je n'ai pas encore abandonné. »

Notre baraquement était désormais surpeuplé. Jacky avait dû céder son lit, je partageais donc ma couche avec lui. Heureusement je n'étais pas grande et nous pouvions dormir tête-bêche. Nous avions installé nos valises au pied du lit de maman. Elle continuait de travailler en cuisine tous les matins à trois heures. Papa, quant à lui, quittait son baraquement à six heures et nous ne le

---

* Le terme *Kapo* désigne des personnes recrutées parmi les prisonniers et chargées d'encadrer les autres prisonniers. (NdlT)

voyions qu'à midi et le soir pendant une heure. J'avais pris l'habitude de l'attendre près de la porte, et lorsqu'il rentrait mort de fatigue, souvent il me disait : « Je n'en peux plus. Combien de temps encore avant d'être à nouveau libres ? Pourquoi est-ce que ça prend aussi longtemps ? »

Alors, je prenais mon père par la main pour le réconforter. Mon cœur saignait de le voir si déprimé.

— Allez papa, tu peux le faire. Ne perds pas espoir. Je suis sûre que ce ne sera plus très long maintenant.

— Tu crois, répondait-il alors.

— Non, j'en suis sûre. Rappelle-toi le proverbe qui dit que les derniers mètres sont souvent les plus longs à parcourir.

Ensuite, nous marchions en silence vers notre baraquement où Jacky et Max l'attendaient sur nos lits. À la fin de la journée, papa et les garçons retrouvaient maman à la porte qui séparait nos deux camps. Pour travailler, elle mettait de grandes bottes en cuir, qu'elle avait ramenées des Pays-Bas. À l'intérieur de ces bottes recouvertes par son pantalon, elle glissait des petits morceaux de carottes, qu'elle rapportait en cachette dans notre camp. Elle risquait doublement sa vie en faisant cela, d'abord lorsqu'elle mettait la nourriture dans ses bottes, puis lorsqu'elle franchissait les portes sous les yeux vigilants des SS. Elle mettait cependant un point d'honneur à apporter un peu de nourriture à son mari et à ses enfants affamés.

La qualité de la nourriture qu'ils nous donnaient empirait de jour en jour. À midi, nous avions droit à un morceau de pain sec de quatre centimètres d'épaisseur. La tâche de couper les morceaux de pain incombait à la doyenne du baraquement, à qui une règle avait été confiée pour en calculer l'épaisseur. Par ailleurs, un groupe de gens observait minutieusement ce qu'elle faisait pour s'assurer que personne n'aurait une ration plus avantageuse. Parfois nous avions droit à un tout petit morceau de beurre, ou à une cuillerée de confiture pour accompagner notre pain, mais la plupart du temps, ce n'était que du pain sec. Nous avions également de la soupe, cette eau colorée avec du panais ou un morceau de carotte qui flottait dedans. Nous avions tous terriblement faim et nous sommes devenus maîtres dans l'art de diviser nos rations de nourriture afin de les répartir sur vingt-quatre heures.

La nouvelle s'est répandue que le rabbin allait tenir une réunion pour discuter de différentes choses à l'arrière du baraquement dix-sept aux environs de seize heures. J'ai décidé de m'y rendre. Lorsque je suis arrivée à l'heure dite, seuls huit hommes étaient présents, aucune femme n'était venue à part moi. Les hommes se tenaient proches les uns des autres et posaient des questions au rabbin, qui les réconfortait du mieux qu'il pouvait.

— Que devons-nous faire ? Nous avons faim et la nourriture qui nous est distribuée n'est pas kasher, a demandé l'un des hommes.

— Dieu nous a dit de ne manger que de la nourriture kasher, mais il a créé la vie et je vous dis donc que ceci est une situation exceptionnelle où la vie doit passer en premier. En tant que serviteur du Dieu tout-puissant, je déclare aujourd'hui que vous pouvez manger tout ce que vous voulez, même s'il s'agit de nourriture *taref*. Votre premier devoir est de rester en vie, a répondu le rabbin.

J'ai été profondément choquée lorsque j'ai entendu ces mots, tout comme l'homme qui avait posé la question. Il a alors confessé avoir déjà brisé son engagement envers la volonté divine, mais cela le tracassait beaucoup.

— Aux yeux de Dieu, tu n'as rien fait de mal, il ne faut plus t'inquiéter pour ça, l'a rassuré le rabbin.

Après cette réunion, je suis revenue dans notre baraquement, et même si nous n'avions jamais vécu dans un foyer pratiquant, je ne pouvais pas ignorer l'impact des mots du rabbin. Je me suis sentie trahie en quelque sorte par ses paroles qui nous incitaient à abandonner les croyances et les règles qui régissent la vie de tous les Juifs. En effet, même ceux qui se sont égarés gardent en eux cette lumière qui ne s'éteint jamais. Une lumière qui nous indique que nous sommes tous membres d'une même communauté.

Les gens de notre baraquement étaient en colère. Pendant la nuit quelqu'un avait forcé les placards privés situés dans la salle à manger et volé des rations de pain et autre nourriture. Les spéculations sur l'identité du criminel allaient bon train. Jacky et Max ont même été soupçonnés d'avoir perpétré cet acte. Mon père a donc interrogé Jacky et a été rapidement convaincu qu'il était innocent.

Max n'aurait rien pu faire puisqu'il dormait dans la section D avec lui. Toutes les nuits, les vols continuaient. Une vieille femme pleurait, parce que le peu de nourriture qu'elle possédait avait été dérobé.

Certains des hommes ont décidé d'établir un tour de garde pendant la nuit afin de confondre le voleur. Le jour suivant, dans tout le camp on ne parlait plus que de leur réussite. Le voleur était en fait un garçon âgé de douze ans, Émile. Les doyens de notre camp avaient déjà formé une sorte de tribunal car ils pensaient qu'il valait mieux s'occuper nous-mêmes des contrevenants plutôt que de les livrer aux SS. Chaque fois que cela s'avérait nécessaire, une cour siégeait près du bureau d'Albela. Un tréteau avait été installé et cinq hommes, ayant une expérience du milieu judiciaire, jugeaient chacun des cas qui leur étaient présentés. Un « avocat » était commis d'office à l'accusé afin de plaider en sa faveur. L'audience n'était jamais très longue, pour ne pas trop attirer l'attention des SS. Joseph Weiss, un homme d'une grande sagesse et respecté dans le camp, assistait aux audiences. Émile a été présenté devant la cour et condamné à faire le ménage dans le baraquement pendant un mois.

Un jour, ma mère m'a dit que si nous ne prenions pas les choses en mains, nous allions perdre papa. Elle m'a alors proposé de partager un bol de soupe à deux, afin qu'il dispose de deux bols par jour au lieu d'un seul. *A priori* j'étais d'accord, mais je m'inquiétais également pour sa santé à elle. Elle m'a répondu que nous les femmes nous avions besoin de moins de nourriture que les hommes. Après quelques instants de réflexion, j'ai donc accepté sa proposition. Me prenant dans ses bras, elle m'a alors murmuré qu'elle me rapporterait des carottes crues tous les jours.

« Hetty, la doyenne du baraquement veut te voir », a dit un jour un vieil homme alors que j'étais sur mon lit.

Je l'ai interrogé pour savoir ce qu'il se passait, mais il s'est contenté d'ajouter que je ferais mieux de me rendre rapidement dans la salle à manger.

Je suis descendue de mon lit et suis allée directement dans le réfectoire. *Frau* Müller, la doyenne du baraquement, que je n'aimais vraiment pas, m'a fait signe d'approcher :

— Je veux que tu débarrasses votre placard immédiatement.

— Pour quoi faire? Nous avons besoin de ce placard, ai-je protesté.

— Fais ce qu'on te demande. J'ai donné votre placard à Mme X.

Une vague de dégoût m'a envahie. Mme X faisait partie d'un groupe de personnes répugnantes qui se battaient pour avoir les faveurs de la doyenne du baraquement. Cette peste allemande, ai-je pensé, dire qu'elle était venue se réfugier aux Pays-Bas. Et maintenant, simplement parce qu'elle savait parler la langue, elle avait des pouvoirs qui lui permettaient d'humilier les Hollandais qui l'avaient accueillie. Je suis retournée dans le dortoir pour récupérer la clef du cadenas. Max est arrivé à ce moment-là.

— Qu'est-ce qu'il se passe ? m'a-t-il demandé lorsqu'il a vu la contrariété sur mon visage.

— Cette doyenne à la noix vient de m'ordonner de débarrasser notre placard. Tu ferais mieux de me donner un coup de main.

Nous sommes donc retournés dans la salle à manger pour vider le placard de nos maigres possessions : nos rations pour la journée, quelques boîtes de vitamines et de calcium, des casseroles, nos bols de soupe, nos cuillères et nos fourchettes, quelques sachets de thé ainsi que nos brosses à dents. Nous avons tout jeté sur le lit. J'ai dissimulé nos rations de pain dans l'une de nos valises en me cachant. Trois autres familles se sont vu retirer leurs placards ce jour-là. À leur retour d'une vadrouille dans le camp, j'ai demandé à Max et à Jacky de surveiller nos affaires sur le lit parce que je voulais aller récupérer les sous-vêtements que nous avions mis à sécher avant qu'ils aient disparu.

Lorsque je suis revenue avec le linge propre, le lit était vide, Max et Jacky n'étaient nulle part. Une femme est venue me trouver pour me raconter ce qu'il s'était passé. Visiblement mon père était revenu plus tôt du travail et les garçons lui avaient donc expliqué la situation. L'épisode avait attisé la colère de mon père qui, d'un tempérament très impulsif, s'était alors précipité dans la salle à manger pour trouver la doyenne et lui dire ses quatre vérités. Cette dernière était ensuite allée se plaindre auprès d'Albela, qui avait convoqué mon père dans son bureau. Alors entouré de ses « lieutenants », Albela avait annoncé à mon père qu'il ne serait plus autorisé à se rendre dans notre baraquement et qu'il serait privé de nourriture pendant deux jours. L'annonce de la sentence avait suffi à faire sortir mon père de ses gonds. Il avait donc attrapé Albela par sa cravate et était juste sur le point de le frapper lorsque le *Scharführer* Lubbe était entré dans la pièce.

— Que se passe-t-il ? avait-il crié. Enfermez-moi ce criminel !

Quatre hommes forts s'étaient alors saisis de mon père et l'avaient traîné de force vers l'*Appelplatz* jusque dans le petit bunker.

Alors que ces événements se déroulaient dans le bureau d'Albela, j'attendais le retour de mon père et de mes frères. Soudain, un coup a été frappé à la fenêtre près de nos lits. C'était le même homme qui était venu me trouver pour me dire d'aller voir la doyenne un peu plus tôt dans la journée. Il avait l'air très agité, à court d'haleine et me faisait signe d'ouvrir la fenêtre.

— Ton père s'est battu avec Albela et maintenant ils l'ont mis dans le bunker, a-t-il dit.

À cette nouvelle, je suis restée tétanisée.

— Oh mon Dieu ! que va-t-il lui arriver ?

J'ai commencé à pleurer. L'homme a essayé de me réconforter.

— Je suis sûr que M. Weiss lui apportera toute son aide.

— Je ferais mieux d'aller attendre ma mère à la porte, ai-je dit. Je ne tiens pas à ce qu'elle l'apprenne par quelqu'un d'autre.

J'ai retrouvé maman à la porte. Max et Jacky étaient là aussi. Après nous avoir tous embrassés, elle nous a demandé où était papa :

— Il n'est pas encore revenu du travail?

Les garçons ont baissé la tête pour éviter de la regarder. Il ne me restait plus qu'à lui raconter tout ce qu'il s'était passé cet après-midi. La chose n'était pas aisée. Comment dire à sa mère que l'homme qu'elle aime est enfermé dans un bunker? J'ai pris la parole mais me suis rapidement retrouvée à court de mots. Maman s'est alors mise à paniquer.

— Que se passe-t-il Hetty? Qu'est-ce qui ne va pas? a-t-elle demandé plus empressée.

J'ai donc déballé toute la misérable histoire et, à mesure que je parlais, l'horreur et l'effarement se sont succédé sur son visage.

— Rentrons, il commence à faire froid, a-t-elle dit après avoir repris ses esprits. Ensuite, nous irons trouver M. Weiss pour découvrir ce qu'il s'est passé et voir si nous pouvons apporter des couvertures et de la nourriture à votre père.

Après s'être un peu arrangée, maman, accompagnée de Max, est allée voir M. Weiss. Ils se sont absentés plus d'une heure et il était presque dix-neuf heures lorsqu'ils sont rentrés.

— Hetty, dépêche-toi, donne-moi deux couvertures et un oreiller. Je dois les apporter à M. Weiss dès que possible, a dit maman. Le couvre-feu commence à vingt heures. Je reviens vite et pendant que je suis partie, fais de la place pour Max, il va dormir avec nous ce soir.

— Attends maman, prends une ration de pain pour papa, ai-je dit.

J'ai rapidement ouvert une des valises où nous rangions notre nourriture pour y prendre un morceau de pain que j'ai enveloppé dans le premier vêtement propre que j'ai trouvé (une des longues culottes de maman) et le lui ai tendu. Elle est repartie avec Max, et j'ai prié pour les voir de retour avant le couvre-feu.

Ils sont revenus à peine quelques minutes avant vingt heures, et même si elle était proche de l'épuisement, je voyais bien que maman était un peu rassurée. Nous nous sommes tous les quatre installés sur le lit pour écouter maman nous raconter son aventure. M. Weiss lui avait dit que l'infraction commise par mon père lorsqu'il s'était attaqué au doyen du camp avait été prise très au sérieux par les SS et qu'il risquait d'être condamné et envoyé dans un camp de concentration. Cependant, Albela et M. Weiss avaient réussi à convaincre le *Scharführer* Lubbe que notre chef allait juger mon père lui-même et qu'il serait convenablement puni. Lubbe avait accepté, mais avait précisé qu'il allait également réfléchir à une punition supplémentaire.

Cette nuit-là, maman et moi n'arrivions pas à trouver le sommeil et ce n'était pas uniquement dû au manque de place causé par la présence de mon frère Max parmi nous, mais essentiellement parce que toutes nos pensées allaient vers mon père. Le vent soufflait sur le camp et il faisait très froid. Je priais pour mon père et me réjouissais de savoir qu'il avait des couvertures avec lui. Maman et moi parlions doucement de sorte à ne réveiller personne dans le dortoir.

— Demain j'irai voir Lubbe, a-t-elle annoncé.

— Pourquoi ça ? C'est trop dangereux, s'il te plaît n'y va pas ! Attends de voir ce qu'il se passe demain, donne-toi un peu de temps pour réfléchir. Il faut que tu essaies de dormir, tu dois te réveiller à trois heures.

Maman s'est rangée à mon avis, puis a tenté de s'installer un peu plus confortablement.

— Essaie de dormir aussi Hetty, a-t-elle dit en fermant les yeux.

J'ai observé le visage de ma mère : la peau blanche, presque transparente, de ses paupières laissait apparaître le bleu de ses veines. Son visage s'était émacié, la couleur blanche de sa peau contrastait avec le noir de ses cheveux. En dépit de tous ces changements, elle demeurait à mes yeux la plus jolie des mamans. Sa respiration s'est faite plus forte, m'indiquant qu'elle s'était endormie. Je me suis penchée lentement et j'ai déposé un baiser sur sa joue, que mes lèvres ont senti bien creuse.

— Oh mon Dieu ! priais-je. Aide-nous, fais que tout ceci se termine vite.

Je me suis tournée de mon côté pour essayer de dormir aussi. Quelqu'un ronflait, je ne parvenais pas à trouver le sommeil. Je fixais le profil de ceux qui dormaient dans le dortoir pendant que les heures s'écoulaient lentement.

Lorsque la montre de Herman, qui n'avait jamais quitté mon poignet depuis qu'il avait été envoyé à Treblinka, a indiqué trois heures. J'ai réveillé ma mère en douceur en lui disant qu'il était temps d'aller travailler. Elle était si fatiguée. Elle s'est habillée sur le lit, puis en est descendue pour enfiler ses bottes.

— J'essaierai de revenir pour déjeuner, m'a-t-elle chuchoté à l'oreille en prenant garde de ne pas réveiller Max et Jacky. Je ferai semblant d'être malade et je suis sûre que Koch (l'officier SS en charge de l'arrière-cuisine) me laissera partir. C'est le SS le plus raisonnable du camp. Une fois que ce sera réglé, j'irai trouver Lubbe ou Rau quand tout le monde retournera travailler après la pause déjeuner.

Je ne pouvais rien faire pour l'en dissuader. Elle avait pris sa décision. On disait souvent qu'une mère yiddish combattrait jusqu'à la mort pour sauver sa famille, et j'en avais la preuve vivante sous les yeux. Sans tenir compte de sa propre sécurité, elle allait plaider la cause de son homme.

— Prends soin des garçons, a-t-elle dit juste avant d'attirer ma tête vers elle pour m'embrasser. Je ferais mieux d'y aller, je vais être en retard. Essaie de dormir.

Puis elle est partie. Comme je l'aimais, ma petite maman si soignée !

J'avais finalement dû m'endormir, puisque c'est l'appel qui m'a réveillée. J'ai rapidement enfilé mes vêtements et j'ai averti Max et Jacky. Je leur ai conseillé de s'habiller chaudement car il faisait beau mais très froid dehors. J'ai enroulé une écharpe autour de la tête de Jacky et j'ai fait de même pour moi. Max portait un passe-montagne : celui que Oma Hetty lui avait tricoté lorsqu'elle était cachée. C'était un résistant qui nous avait apporté le paquet dans lequel se trouvait une paire de grosses chaussettes pour moi. Je les portais tous les jours depuis notre arrivée à Bergen-Belsen. Ces merveilleuses chaussettes gardaient mes pieds au chaud et au sec pendant les longues heures que nous passions à l'*Appelplatz*. J'ai dit aux garçons de se dépêcher car la plupart des gens avaient déjà quitté le baraquement pour se rendre à l'appel.

Lorsque nous sommes arrivés sur l'*Appelplatz*, les gens de notre baraquement étaient en ligne à cinq mètres seulement du bunker où se trouvait mon père. Je ne m'en étais jusqu'alors jamais préoccupée, mais tout était différent maintenant que papa était à l'intérieur. Sous les rayons du soleil, il apparaissait comme une bâtisse de briques de quatre mètres sur deux équipée d'une lourde porte cadenassée. Il y avait une ouverture en forme de carré dans l'un des murs, sûrement une fenêtre, sur laquelle on avait cloué une fine planche de contreplaqué. Les SS n'étaient pas encore arrivés, j'avais donc l'opportunité de me rapprocher du mur à la fenêtre condamnée sans éveiller de soupçons.

— Papa ? ai-je appelé doucement. Comment te sens-tu ?

— C'est toi Hetty ? a répondu la voix de mon père.

— Oui. Comment vas-tu ?

— Je vais bien. Il n'y a pas beaucoup de lumière. Ils ont bouché la fenêtre.

— Je vois ça. As-tu suffisamment chaud ? Il faisait si froid la nuit dernière.

— Oui, oui, ne t'inquiète pas, j'ai assez chaud. J'entendais les doyens des différents baraquements dire aux gens de s'aligner correctement.

— Je dois y aller maintenant, papa. Je reviendrai plus tard.

Les SS étaient toujours en train de compter. Ils nous avaient déjà comptés trois fois et avaient découvert que deux personnes manquaient à l'appel. Ils hurlaient que nous n'étions pas correctement alignés et frappaient, sans faire de distinction, la personne qui se trouvait devant eux. Comment des gens pouvaient-ils disparaître ? Il n'y avait aucune issue et partout des gardes en faction.

Tandis que nous nous faisions à l'idée de passer beaucoup de temps à l'appel, un petit groupe d'hommes s'était approché. Lubbe, le *Scharführer* responsable de l'appel, Albela et deux de ses lieutenants sont passés près de nous alors qu'ils se dirigeaient vers le bunker. Mon cœur s'est mis à battre à tout rompre. Quel sort réservaient-ils à mon père ? Ils ont ouvert la porte du bâtiment et lui ont ordonné de sortir. Je me suis efforcée d'apercevoir ce qu'il se passait à travers la foule, mais je ne voyais rien, j'entendais seulement la voix de Lubbe qui s'adressait à mon père. Je me sentais impuissante. Que pouvais-je faire ? Puis, tout s'est arrêté. Nous avons entendu la porte du bunker se fermer et le groupe est retourné vers le bureau d'Albela.

Ce matin-là, il a fallu attendre plus de trois heures avant d'entendre le coup de sifflet salvateur d'Albela indiquant la fin de notre calvaire. D'ordinaire, après l'appel, je retournais immédiatement au baraquement, mais cette fois, je n'étais pas si pressée. Max était également à la traîne. Ensemble, nous nous sommes dirigés lentement vers le bunker. Nous nous sommes arrêtés à un mètre du bâtiment, mon frère s'est tourné vers moi comme s'il était en train de me parler et a appelé papa, qui a aussitôt répondu. Max l'a interrogé sur la venue d'Albela et de Lubbe pendant l'appel.

— Lubbe voulait que je présente des excuses à Albela, a expliqué mon père. Quand je l'ai fait, il m'a donné deux bons coups sur la tête.

— Tu vas bien ? s'est inquiété Max.

— Oui, oui, a-t-il assuré avant de me demander de lui ramener à manger.

Je lui promis de demander à M. Weiss si nous pouvions lui apporter une de nos rations de nourriture et un peu d'eau.

Max et moi sommes repartis vers notre baraquement. Je suis allée récupérer nos rations de nourriture auprès de *Frau* Müller. Elle ne m'a donné que quatre rations car papa n'avait droit à rien pendant deux jours. Puisque nous avions décidé de donner une de nos rations à papa, nous devions partager les trois rations de pain restantes entre nous quatre. Pour ce qui était de la soupe, maman et moi devions partager un bol pour pouvoir en donner un à papa. Vers treize heures, maman est revenue comme elle l'avait prévu. Nous lui avons raconté les événements de la matinée à l'*Appelplatz* et l'avons rassurée sur l'état de santé de son mari.

Elle était déjà au courant car elle était également passée le voir avant de revenir au baraquement. Elle avait l'intention d'aller trouver le médecin du camp pour obtenir un certificat médical pour un mal de ventre, puis de se rendre auprès de Lubbe.

Je voulais l'accompagner. Au début, elle n'était pas d'accord, mais lorsqu'elle a vu ma détermination, elle a fini par accepter. Elle a fait promettre à Max et à Jacky de rester loin de l'*Appelplatz*, et nous sommes parties quérir le certificat. Ensuite, maman et moi nous sommes rendues sur l'*Appelplatz*. Nous sommes arrivées au moment même où la dernière équipe de travail partait. Lubbe était en pleine conversation avec Albela et semblait être de bonne humeur.

— Souhaite-moi bonne chance, m'a dit maman en me serrant la main.

Elle s'est avancée lentement vers Albela et Lubbe. Arrivée à une distance respectable, elle s'est arrêtée et a attendu. Albela a été le premier à la voir et à lui parler. Il a dit quelque chose à Lubbe, qui s'est tourné vers ma mère et je les ai vus discuter. Comme elle était courageuse, pensais-je.

Elle était obligée de lever la tête pour regarder l'immense SS. Après environ deux minutes de conversation, ma mère est revenue vers moi.

— Allons voir les garçons, a-t-elle dit en souriant.

Sur le chemin du retour, elle m'a raconté leur échange. D'abord, elle avait flatté son ego : elle s'était adressée à lui en utilisant la désignation « *Hauptsturmführer* » sachant pertinemment qu'il n'était que « *Scharführer* * ». Ensuite, elle s'était excusée auprès de lui avec un allemand incertain pour ce que mon père avait fait et l'avait décrit comme un père dévoué : ses enfants demeuraient sans surveillance tous les jours de la semaine car elle travaillait sept jours sur sept et ne pouvait

---

* Le terme *Hauptsturmführer* est l'équivalent de capitaine. (NdlT)

donc pas s'en occuper. Lubbe avait semblé en mesure de comprendre cet argument en lui affirmant que les enfants avaient besoin de discipline. L'affaire était déjà remontée jusqu'à Berlin, mais Lubbe lui avait affirmé qu'il repenserait à la question. Même si rien ne nous assurait que papa ne serait pas envoyé vers un autre camp, nous avions quand même espoir que la démarche de maman porterait ses fruits. Dans l'après-midi, la cour a condamné mon père à quatre jours de bunker, ce qui signifiait qu'il pourrait sortir dans deux jours. Le soir, nous sommes tous allés nous coucher tôt car la pression émotionnelle était si forte que nous étions véritablement épuisés.

À trois heures, j'ai réveillé maman pour sa journée de travail. Après son départ, je me suis rendormie jusqu'au matin. Max et Jacky étaient partis voir papa tôt le matin et, à l'heure de l'appel, ils n'étaient toujours pas revenus. Je m'y suis donc rendue seule et j'ai été soulagée de les voir déjà sur place avec les gens de notre baraquement. Les garçons m'ont raconté qu'ils avaient parlé avec papa et que celui-ci leur avait appris que M. Weiss lui avait apporté à manger la veille au soir. Je n'ai pas eu le temps de me rendre près du bunker pour parler à papa, parce que le moment était venu de nous mettre en rang. Le *Scharführer* avait déjà commencé à compter les groupes des autres baraquements. Ils étaient toujours deux pour cette opération, sans compter Albela qui les suivait à distance respectable. Il régnait alors un silence de mort. Lentement, les hommes qui comptaient se rapprochaient. Soudain, un grand bruit en provenance du bunker est venu troubler l'*Appelplatz*. Je me suis vite retournée et j'ai vu mon père regarder par le trou dans le mur. À mains nues, il était parvenu à enlever la plaque de bois afin d'apercevoir la lumière du jour. Le *Scharführer* s'approchait du groupe de notre baraquement et, du coin de l'œil, j'ai vu mon père s'éloigner de l'ouverture pour ne pas être repéré. J'ai poussé un soupir de soulagement lorsque le *Scharführer* est passé au groupe suivant sans remarquer le trou dans le mur du bunker.

Il faisait très froid en cette matinée de la fin du mois d'avril 1944. Même si nous étions tous chaudement vêtus, le vent nous faisait frissonner. Les Hongrois, dans le groupe à côté du nôtre, poussaient des râles et pleuraient « Oi, joi joi joi ». Ils tapaient du pied pour tenter de stimuler leur circulation sanguine. Certains d'entre eux, âgés d'une cinquantaine d'années, avaient mis des couvertures sur leurs épaules. Nous aussi, nous avions froid, mais nous ne pleurions pas. Pendant quatre interminables heures nous sommes restés sur l'*Appelplatz*, quatre heures destinées à briser notre volonté. Je me suis approchée d'Athena, une jeune Italienne. Elle et sa mère étaient arrivées quelques semaines auparavant. J'avais essayé de sympathiser avec elle puisqu'elle avait le même âge que moi, mais la barrière de la langue ne favorisait pas le rapprochement. J'avais tout de même compris qu'elle s'était retrouvée enterrée pendant trois jours sous les ruines de sa maison à Milan, lorsque la ville avait été bombardée.

Athena était très belle, mais je ne pouvais m'empêcher de remarquer sa maigreur. Son visage ressemblait à celui d'une Madone et son air serein m'évoquait une statue de porcelaine de Sachsen. J'avais le sentiment qu'elle vivait dans un univers bien à elle. Peut-être était-ce sa terrible expérience du bombardement qui l'avait ainsi meurtrie. J'avais cependant eu le loisir de découvrir la beauté de sa voix. Ce matin-là, j'ai posé ma main sur son bras pour lui demander de chanter pour nous, mais elle demeurait perdue dans ses pensées et je n'ai pas obtenu de réponse de sa part. Elle est restée là, sans bouger un muscle, indifférente à tout ce qui l'entourait. J'ai secoué son bras.

— Athena, chante pour nous, s'il te plaît.

Toujours pas de réaction. J'ai doucement entonné l'air de *Santa Lucia*. Alors, comme sous l'effet d'un coup de baguette magique, Athena s'est animée. Elle a commencé timidement d'abord, puis s'est totalement investie dans la chanson qui est montée telle une prière et nous a permis d'oublier un peu de notre malheur. Elle a rempli nos cœurs d'espoir et lorsque je me suis retournée vers le groupe de Hongrois, j'ai vu qu'ils écoutaient et que leurs plaintes avaient cessé. Finalement, après quatre heures et demie, Albela a fait retentir son sifflet. L'*Appelplatz* s'est vidée, et les gens se sont dépêchés de rentrer dans leurs baraquements. Le groupe de Hongrois était parmi les derniers à se disperser et j'ai vu les jeunes enfants soutenir les personnes âgées qui pouvaient à peine marcher. J'ai envoyé Max et

Jacky chercher nos rations de nourriture et je suis restée en retrait pour parler à papa. Je me suis dirigée vers le bunker où j'ai vu le visage de mon père à travers le trou dans le mur.

Je suis allée saluer mon père et prendre de ses nouvelles. Il m'a assuré qu'il allait bien, qu'il n'avait pas trop froid grâce aux couvertures et il m'a taquinée en me disant que pendant l'appel il en avait profité pour faire une petite sieste. Je n'en ai bien sûr pas cru un mot. Papa ne pouvait tout simplement pas dormir pendant que ses enfants mouraient de froid dehors. À cet instant, j'ai perçu un mouvement près de la barrière. Une petite porte s'était ouverte et Lubbe se tenait là. Il était accompagné d'un *Häftling*, un prisonnier du camp voisin du nôtre, mais j'ai constaté avec effroi que cet homme était un *Kapo*. Lubbe lui a donné l'ordre d'ouvrir la porte du bunker. Mon père a alors dû sortir le seau, qui lui avait apparemment servi pour ses besoins, ensuite Lubbe lui a intimé l'ordre de se tenir au garde-à-vous, dos au mur. Je suis restée immobile, comme clouée au sol. « Oh mon Dieu ! mais que va-t-il lui faire ? » La peur s'est emparée de tout mon être.

— Toi, scélérat, pourquoi es-tu consigné dans le bunker ? a crié Lubbe à mon père.

— Je me suis mal comporté envers *Herr* Albela et me suis excusé de ma conduite auprès de lui.

— Tu mérites d'être fusillé, a poursuivi Lubbe.

J'ai dû faire un mouvement involontaire, parce que Lubbe a remarqué ma présence.

— Enfermez-moi ce criminel ! a-t-il ordonné au *Kapo*, qui a brutalement poussé mon père vers l'intérieur du bunker.

— Eh bien ! s'est exclamé Lubbe en se tournant vers moi. Toi aussi tu veux aller dans le bunker ?

— Non, *Herr Scharführer*, ai-je répondu après une petite hésitation, terrifiée de ce qui allait se passer maintenant.

Lubbe m'a souri.

— Eh bien, moi non plus ! a-t-il dit.

Sur cette surprenante réponse, il a tourné les talons et est reparti par où il était venu. J'ai laissé échapper un soupir de soulagement. Mes jambes tremblaient encore sous l'effet de la peur. J'ai aperçu M. Weiss qui se dirigeait vers moi, il avait assisté à toute la scène.

— Tu as eu beaucoup de chance, jeune fille ! m'a-t-il dit. Tu sais pourtant que tu n'as pas le droit de t'approcher du bunker. Je te l'ai dit, Hetty, ton père sortira dans quelques jours et je ne veux plus te revoir près d'ici. Non seulement tu mets ta propre vie en danger, mais également celle de ton père.

Je n'y avais pas du tout pensé, mais ses paroles m'ont permis de prendre conscience du danger. Je lui ai promis de faire plus attention à l'avenir.

— Tu es une brave fille, m'a-t-il répondu. Il a posé son bras autour de mes épaules et nous avons traversé l'*Appelplatz*, maintenant déserte, en direction des baraquements.

Le jour suivant, M. Weiss nous a dit que les SS avaient condamné mon père à quatre jours supplémentaires de bunker sur ordre de Berlin. Nous étions cependant soulagés d'apprendre qu'il ne serait pas envoyé au camp de Sachsenhausen.

De plus en plus de gens arrivaient à Bergen-Belsen. Le camp hongrois à côté du nôtre était désormais vide car les SS avaient transporté ses occupants ailleurs. Ce camp s'est accolé à ce que nous appelions le nouveau camp, pour finalement s'appeler *Häftlingcamp*, le camp des détenus. Dans ce camp, les hommes avaient les cheveux tondus et portaient des pyjamas rayés gris et blanc. Certains d'entre eux n'avaient pas de chaussures. Le temps se rafraîchissait et parfois il pleuvait, ce qui transformait les rues et l'*Appelplatz* en un véritable bourbier. Les SS nous laissaient debout dans le froid pendant des heures au moment de l'appel. De là où nous étions, nous avions tout le loisir d'observer le sort similaire qui était réservé aux détenus dans le camp voisin. Parfois, longtemps après avoir été autorisés à revenir dans nos baraquements respectifs, nous pouvions voir ces pauvres créatures toujours debout à endurer l'appel, sans nourriture. Leurs visages étaient gris, leurs joues creuses, leurs yeux enfoncés dans leurs orbites ; certains d'entre eux ressemblaient à des animaux pris au piège.

Cela faisait maintenant treize semaines que nous étions à Bergen-Belsen et que nous mangions cette infâme soupe. Ses effets néfastes sur notre santé commençaient à se faire sentir. Les hommes étaient les premiers à mourir de faim, en particulier les plus grands. Un matin de février, le premier mois de notre arrivée au camp, pendant l'appel, le *Scharführer* Rau a choisi deux jeunes hommes pour accomplir un travail particulier. En dépit de mon jeune âge, j'avais remarqué que c'étaient de beaux jeunes hommes : grands, blonds, aux yeux bleus, ils étaient frais et semblaient en bonne condition physique. Ils ont dû immédiatement quitter le camp sous escorte sans même récupérer leurs affaires. Ils ne sont pas allés vers la sortie, mais dans la direction opposée. Nous étions inquiets pour eux, imaginant le pire. Puis quatre jours plus tard, nous avons aperçu l'un d'eux sur l'artère principale qui se dirigeait vers la cuisine pour récupérer ses rations quotidiennes de nourriture. Quelques hommes près de la barrière l'ont interpellé et lui ont demandé ce qu'il leur était arrivé et surtout pourquoi ils avaient été isolés, mais il ne leur a pas répondu et s'est contenté de regarder droit devant lui. Il était clair qu'il lui était interdit d'entrer en contact avec nous. La journée, nous les apercevions au loin à l'autre bout du camp. Apparemment, ils travaillaient à la fabrication de balais à l'extérieur de leur petite cabane. Chaque jour, ils déposaient ces petits fagots de brindilles près de leur porte afin qu'ils soient ramassés. Au bout d'une semaine, une rumeur disait qu'ils étaient en fait responsables du petit crématorium à l'autre bout du camp.

— Comment en être sûr ? ai-je demandé à mon père lorsqu'il m'a appris la nouvelle. Ils ne sont pas autorisés à nous parler.

— Eh bien, lorsque l'un d'eux est allé à la cuisine, il a mimé à quelqu'un ce qu'ils faisaient. Au début, il n'y avait pas trop de travail mais aujourd'hui, ils sont à l'ouvrage jour et nuit, car de plus en plus de gens meurent chaque jour.

La dysenterie faisait rage dans le camp, et la nuit, ceux qui se levaient pour aller aux toilettes nous empêchaient de trouver le sommeil. Il arrivait parfois à quelqu'un de ne pas pouvoir atteindre les toilettes à temps et la sordide odeur rance avait raison de nos narines quand bien même nous dormions. Notre famille avait de la chance parce qu'aucun de nous n'était malade. Était-ce dû à notre constitution ou à notre alimentation antérieure à notre enfermement ? Je me rappelle encore les délicieuses poitrines de bœuf que nous préparait ma grand-mère. Opa les ramenait des abattoirs et je la revois encore couper la viande en épaisses tranches avec un long couteau bien aiguisé. Il servait une bonne part à chacun avant de se servir lui-même. Il commençait toujours son repas par la viande, qu'il prenait soin de couper minutieusement en petits dés avant de les recouvrir d'un morceau de gras. Il savourait ensuite chaque bouchée. Il m'avait appris à manger le gras juteux car, disait-il, c'était bon pour mes os et ma cervelle. Opa ne mélangeait jamais sa viande avec aucune autre nourriture. Lorsqu'il avait terminé, Oma lui donnait une assiette et des couverts propres pour ses légumes.

Opa avait été un membre respecté de l'industrie de la viande aux Pays-Bas. À dix ans à peine, il se rendait sur les marchés de bétail dans le pays avec son père qui lui avait appris toutes les ficelles du métier. Il connaissait tout depuis l'achat, la vente, l'abattage, la fabrication de mets raffinés jusqu'à leur commercialisation. Alors que j'étais assise sur mon lit à Bergen-Belsen, je repensais au salon de mes grands-parents et aux visages heureux autour de la table, souvenirs d'une époque qui me paraissait tellement lointaine. Je visualisais l'étalage de nourriture et le sourire de ma grand-mère, et je pleurais de savoir ces précieux moments disparus à jamais.

Mon estomac s'est remis à crier famine. J'ai posé mes deux mains sur mon ventre pour calmer les douleurs causées par la faim. Au bout d'un moment, elles se sont apaisées. J'ai décidé de changer de vêtements. Depuis des mois maintenant je portais le même pull-over et je ne me sentais pas à l'aise. Lorsque je l'ai retiré, il s'est retrouvé à l'envers. J'étais en train de le remettre à l'endroit lorsque j'ai remarqué dans le textile quelque chose qui grouillait. Des poux ! Sur le pull-over, la zone autour de mes aisselles était putride, infestée de lentes. J'ai commencé à les écraser entre mes ongles, mais cela ne servait à rien. J'ai regardé dans la valise à la recherche d'un autre pull. J'en ai trouvé un qui n'était pas aussi chaud mais je l'ai tout de même enfilé. J'ai placé l'infect vêtement dans la valise en espérant que les poux allaient mourir. Je n'en ai parlé à personne tellement j'avais honte. Les conditions d'hygiène dans lesquelles nous vivions étaient de pire en pire – et au-delà de l'entendement : nous n'avions ni eau, ni savon. Cela faisait des mois que je portais la même tenue. Mes sous-vêtements non plus n'étaient pas très reluisants. La seule partie de mon corps que je protégeais de la crasse était la blessure sur mon pied, le résultat de l'incident avec l'eau bouillante à Westerbork. Combien de temps cela faisait-il ? Cinq mois, et il y avait toujours une large plaie ouverte. Je pouvais même voir mon os. Je changeais régulièrement le pansement, j'obtenais des compresses auprès du médecin du camp, mais je ne disposais d'aucun médicament ou antiseptique. Je recouvrais donc la lésion avec une compresse propre et je réutilisais à l'infini la bande dont je me servais pour la faire tenir. Un jour, la plaie a cessé de secréter du pus et j'ai observé le lent processus de rétablissement de mon pied tandis que la blessure petit à petit se refermait.

31 mai 1944

Un convoi de huit cents personnes est arrivé en provenance de Westerbork. Le groupe était constitué de personnes issues de l'industrie du diamant. Des baraquements avaient spécialement été érigés pour les accueillir près de l'hôpital. Ces gens bénéficiaient d'un traitement de faveur. Ils ne se joignaient pas aux autres pour travailler et recevaient une double ration de nourriture. Les beaux jours étaient de retour et, durant la journée, il n'était pas rare de les voir se prélasser au soleil près des fils à linge ou se promener dans le camp, toujours très bien habillés. Quelques semaines après leur arrivée, deux baraquements spéciaux avaient été construits juste de l'autre côté de la barrière délimitant notre camp sous les arbres. Nous avons rapidement appris par l'intermédiaire du bouche-à-oreille qu'elles abriteraient une usine de diamants. Papa, qui était revenu du travail porteur de cette nouvelle, nous a informés qu'il allait se rendre dans le bureau d'Albela afin d'essayer de s'inscrire sur la liste avec le « groupe des diamantaires ». Papa était un ouvrier qualifié dans le domaine des diamants. Son père et son frère étaient d'excellents polisseurs et tailleurs de diamants. Avant d'entreprendre la moindre démarche, il est d'abord allé voir oncle Max pour discuter avec lui de la situation. Ils sont tombés d'accord pour tenter leur chance car la perspective de ne pas être obligé de se lever à six heures tous les matins pour aller travailler était des plus attrayantes. Après plusieurs jours, papa nous a appris que nous faisions tous partie du groupe, mais les choses n'ont pas évolué comme nous l'espérions : papa et oncle Max devaient toujours se lever le matin pour aller travailler et ne recevaient pas de doubles rations de nourriture.

La conversation qu'avait eue maman avec Lubbe lorsque papa avait été enfermé dans le bunker avait eu un plaisant résultat. À partir de la fin du mois de mai, les femmes qui travaillaient en cuisine ont eu droit à une demi-journée de travail en moins par semaine afin de pouvoir s'occuper de leur famille. Comme nous étions heureux de l'avoir à nos côtés pendant ce temps libre ! Maman et moi nous acquittions de tâches telles que le lavage de nos uniques draps et autre nettoyage. Lorsque maman travaillait tous les jours de la semaine, je m'étais occupée seule des lessives, mais désormais elle était en mesure de m'enseigner comment essorer les draps de sorte à en extraire le plus d'eau possible. Nous n'avions plus de savon depuis longtemps ; nous avions donc pris l'habitude de tremper le linge dans du sel. Lorsque nous le mettions à sécher sur les fils, je restais à proximité pour m'assurer que personne ne nous le volerait.

La zone qui jouxtait tous les fils à linge était désertique. J'étais toute seule. Les gens ne se préoccupaient plus des choses essentielles, pensais-je. Assise par terre adossée à un poteau à une dizaine de mètres du panneau d'avertissement affichant une tête de mort sur des tibias entrecroisés, je voyais les SS dans leurs miradors, qui s'étaient contentés de me jeter un regard et m'ignoraient complètement depuis. De temps à autre, je les entendais s'interpeller d'un mirador à l'autre. C'était le seul bruit qui rompait le silence alentour.

L'endroit était calme. Je regardais le ciel bleu lorsque j'y ai vu un petit nuage blanc, et alors que mes yeux balayaient du regard les chatoyantes landes du Lunebourg au-delà des barrières, j'ai vu un oiseau haut dans le ciel et j'ai soudain eu soif de liberté. La douleur d'être enfermée était presque insupportable. Finalement, j'ai rassemblé mes forces pour me lever et ai vérifié si notre linge était sec. Il n'en était rien. Je me suis à nouveau assise et ai observé l'autre fil où une lessive avait été étendue. Il n'y avait que trois vêtements : un soutien-gorge, un maillot et une culotte. Les sous-vêtements portaient des taches de menstruation. C'était étrange, parce que toutes les femmes avaient cessé d'avoir leurs règles peu après leur arrivée à Bergen-Belsen. Maman et moi étions plutôt contentes de ne plus les avoir, car comment aurions-nous fait sans protection ni savon pour rester propres ? Je n'arrivais pas à m'imaginer gérer une telle situation et éprouvais une grande pitié pour cette femme qui devait faire face à ce problème supplémentaire dans de telles circonstances. La rumeur disait que les SS mettaient du camphre dans notre nourriture pour inhiber toutes les envies sexuelles chez les hommes et les femmes.

Quand le linge a été sec, je l'ai décroché du fil et m'en suis retournée vers le baraquement. Les draps n'étaient pas vraiment propres, mais au moins ils étaient frais. Maman et moi avons refait nos lits avec et, le soir venu, nous avons donné ses draps à papa.

Un jour, nous avons été informés que des SS haut gradés de Berlin allaient visiter le camp. *Frau* Müller, notre doyenne, nous l'a plus tard confirmé. Un nettoyage de printemps a alors été imposé dans tout le camp. Red Müller était le *Scharführer* responsable de l'opération. Une inspection devait avoir lieu dans notre baraquement dans quelques jours. On nous a montré comment nos lits devaient être faits tous les matins : les draps bien lisses et plats à la tête et sans aucune ondulation au niveau des couvertures. Nous n'étions pas autorisés à ranger ou à cacher quoi que ce fût à l'intérieur. Pour ceux qui avaient une armoire, ce n'était pas un problème, mais pour nous la situation était différente. Nous avions pris l'habitude de poser les valises contenant nos affaires au pied du lit de maman, où nous pouvions constamment les surveiller. Désormais, il fallait les mettre sous le lit, ce qui permettait à n'importe qui de les voler la nuit. J'ai rangé tous nos vêtements dans une valise et dans l'autre j'y ai mis nos bols de soupe et autres maigres possessions. Le baraquement a été récuré et nettoyé du sol au plafond. Ceux qui ne partaient pas travailler ont dû s'atteler à cette tâche.

Comme par miracle, notre alimentation s'est nettement améliorée : de petits cubes de beurre nous étaient distribués avec nos rations quotidiennes de pain et, une fois par semaine, nous avions droit à un fromage de Limbourg. Il empestait et, d'ailleurs, nous n'en avions jamais consommé à la maison, mais le simple fait de savoir qu'il venait des Pays-Bas me donnait l'impression que nous n'avions pas été totalement oubliés. C'était incroyable ce que ce morceau de fromage m'apportait alors comme réconfort. La soupe qui était servie à la mi-journée aussi était meilleure : elle était plus épaisse, on y trouvait même des morceaux de viande et de pommes de terre. Nous avons très vite fait preuve d'ingéniosité en n'allant chercher notre soupe que lorsque les récipients étaient aux deux tiers vides, ainsi la mixture était encore plus épaisse. Nous prenions notre repas dans la salle à manger avec papa, qui avait été autorisé à revenir dans notre baraquement après s'être excusé auprès de *Frau* Müller. Un jour, j'ai trouvé ce que j'ai d'abord pris pour un très grand morceau de viande, car cela nous était déjà arrivé d'en découvrir, mais en y regardant de plus près, nous nous sommes aperçus, horrifiés, qu'il s'agissait en fait d'un chiffon sale qui avait été cuit avec le potage. Il avait pris la même teinte marron, et cela ne faisait aucun doute qu'il avait baigné dedans pendant des heures. Nous avons délibéré un moment avant de prendre une décision. La question était de savoir comment nous pouvions boire cette soupe maintenant que nous avions connaissance de cela ? Cela allait à l'encontre de tous les principes d'hygiène. Plus de la moitié du baraquement était en train d'en ingérer en ce moment et le pire était que le volume de soupe dans mon bol avait considérablement diminué depuis le retrait du chiffon. J'ai donc décidé d'aller trouver *Frau* Müller. J'ai remis le chiffon dans le bol et le lui ai montré. Elle a retiré le chiffon du bol et a complété ma ration :

— Ne t'inquiète pas, a-t-elle dit, ça ne te tuera pas !

J'ai donné la moitié de mon bol à papa, ainsi que je l'avais promis à maman. Nos regards se sont croisés, chacun de nous savait ce que l'autre pensait : nous allions manger cette soupe pour rester en vie. Voilà à quelles extrémités notre faim nous avait réduits. J'ai chassé de mon esprit l'image de ce chiffon sale et des conséquences que pouvait engendrer son ingestion, j'ai pris ma cuillère et me suis remise à manger.

C'est à la mi-juin que le *Scharführer* Red Müller est venu contrôler notre baraquement pour la première fois. L'inspection a eu lieu pendant que nous étions à l'appel. À notre retour, la doyenne nous a informés que tout s'était bien déroulé. Nous étions soulagés et en quelques jours le désordre est revenu et nos valises siégeaient de nouveau sur le lit de maman.

Le plus jeune frère de mon père, oncle Max, et sa femme, Clara, étaient arrivés à Bergen-Belsen dans le même convoi que nous. Il avait toujours été mon oncle préféré. Clara dormait à quelques mètres de nous, contre le mur du réfectoire. Nous ne les voyions pas beaucoup, parce que oncle Max travaillait en cuisine, parfois pendant dix-huit heures d'affilée. Ceux qui comme lui travaillaient en cuisine étaient bien nourris. Clara travaillait avec maman en arrière-cuisine, mais elle n'était pas obligée de manger de carottes crues, car oncle Max volait beaucoup de nourriture.

Les jours où oncle Max ne travaillait pas, ils prenaient leur « dîner » lorsque Clara rentrait. Ils accrochaient une couverture aux chevrons pour avoir un peu d'intimité. Depuis notre lit, nous les voyions se cacher derrière leur couverture et nous savions qu'ils allaient manger et qu'ils n'auraient plus aussi faim. Pas une seule fois ils ne nous ont offert de nourriture. C'était ça, la vie à Bergen-Belsen. Les gens devenaient mesquins, et ne pensaient plus qu'à une seule chose : leur propre survie. C'était la loi de la jungle, ou pire encore, car au moins un animal laisse-t-il à manger à son congénère lorsqu'il est rassasié. C'était désormais évident qu'oncle Max et Clara nous évitaient depuis plusieurs mois, parce qu'ils avaient peur que nous leur demandions de la nourriture. Mes frères, Max et Jacky, souffraient beaucoup de cette situation, mais maman leur avait interdit d'aller mendier. Ils étaient encore si jeunes, ils n'étaient pas en mesure de comprendre les changements qui s'étaient opérés chez leur oncle.

Des milliers et des milliers de vieilles chaussures sont arrivées par camion et ont été déversées pour former un énorme tas juste à côté de notre camp. Mon père a été choisi pour constituer une nouvelle équipe de travail : le commando des chaussures. Il partait travailler à six heures, rentrait pour déjeuner et y retournait jusqu'à dix-huit heures. La seule raison pour laquelle une pause déjeuner leur avait été accordée, c'était parce que les SS voulaient également s'en octroyer une. Parfois, ils les obligeaient à travailler jusqu'à vingt heures, tout dépendait de leur humeur. Le travail en lui-même n'était pas fatigant, mais très salissant. Les travailleurs devaient séparer le cuir des semelles avec un couteau aiguisé. Le commando était constitué de deux cents hommes, dont certains étaient des universitaires, des hommes d'affaires qui avaient travaillé pour des organisations mondiales, des rabbins et des ingénieurs. Afin de combattre la monotonie du travail, les professeurs donnaient des cours magistraux sur différents sujets pendant qu'ils travaillaient. Les rabbins les occupaient également avec leurs enseignements. Le grand rabbin Dashberg était souvent assis à côté de papa et ils ont sympathisé. Ils formaient un drôle de couple, puisque mon père était athée.

Les SS détestaient les quelques rabbins qui étaient dans le camp : leurs barbes avaient le même effet sur eux que le rouge sur des taureaux. Ils prenaient un grand plaisir à leur trouver des châtiments sadiques, mais rien ne semblait ébranler la foi de ces hommes au physique frêle.

Juillet 1944

Il faisait beau et un vent d'optimisme soufflait sur notre camp. Nous recevions quelques nouvelles du monde extérieur lorsque de nouveaux convois arrivaient de Westerbork. En dehors de cela, nous étions totalement isolés. Est-ce que les gens aux Pays-Bas ou quiconque dans le reste du monde se souvenaient de nous ? Certaines personnes venant d'autres pays recevaient des colis alimentaires de la part de la Croix-Rouge, mais ceux d'entre nous qui venaient des Pays-Bas ne recevaient jamais rien. Je me suis alors jurée que si je sortais vivante de tout cela, je ne donnerais pas un sou à la Croix-Rouge hollandaise.

Le 22 juillet, c'était le douzième anniversaire de Max. Pendant des jours, il avait insisté auprès de maman pour obtenir l'autorisation d'aller demander un peu de nourriture auprès de l'oncle Max pour l'occasion. Elle avait fini par céder.

— Comment pourrais-je empêcher mon fils de trouver quelque chose à manger ? avait-elle dit.

La faim me tenaillait autant que Max ou n'importe qui d'autre, mais je n'étais pas d'accord. Je ne pouvais me résoudre à aller mendier une chose auprès de cet oncle que j'avais tant chéri jadis et qui, aujourd'hui, ne semblait pas enclin à offrir de lui-même. Chaque fibre de mon être s'y opposait. Je n'étais pas encore prête à me rabaisser pour quémander de la nourriture.

Maman s'était arrangée pour ne pas travailler le jour de l'anniversaire de Max. Au cours de la pause déjeuner, Max est allé jusqu'au lit de Clara, où dormait oncle Max. Il l'a appelé avec hésitation. Nous observions la scène de loin et avons vu la couverture se soulever et le visage de notre oncle apparaître. Après quelques instants, Max a été invité à grimper sur le lit et il a disparu derrière la couverture pendant dix minutes. Lorsqu'il est redescendu, il avait dans la main une épaisse tartine de pain blanc beurrée avec du sucre. Son visage rayonnait de bonheur. À son retour, il a tendu son cadeau à maman, en proposant de le partager avec nous. Maman a coupé un petit morceau pour Jacky, et lorsque j'ai refusé d'en prendre une part, elle a autorisé Max à tout manger puisque c'était son anniversaire. Il s'est délecté de petites bouchées de cette friandise inattendue.

Peut-être qu'après cet épisode, la conscience d'oncle Max a commencé à se rappeler à lui, parce que le jour suivant, à l'heure du déjeuner, il a invité Max à le rejoindre près du lit de Clara, et lorsque celui-ci est revenu, il y avait deux autres tranches de pain « pour Hetty et Jacky ». Je les ai partagées entre nous cinq, en mettant de côté la part de maman pour son retour du travail. Comme il était bon de pouvoir plonger ses dents dans ce cadeau du ciel ! Je suis sûre qu'aucune pâtisserie au monde n'aurait été meilleure.

Nous n'avons plus rien reçu de la part d'oncle Max après cela.

Nous étions au mois d'août et il faisait si chaud qu'il était impossible de dormir. Malgré la chaleur, nous devions encore et toujours assister à l'appel qui durait de longues heures. Un jour, les SS nous ont laissés ainsi pendant huit heures d'affilée. Selon eux, nous n'avions pas nettoyé notre baraquement comme il fallait et Red Müller n'était pas d'humeur à supporter la crasse. Peut-être étaient-ils en train de perdre la guerre et cela signifiait-il la fin de leur rêve millénaire ? Ces jours-là, Red Müller entrait en trombe dans le baraquement et hurlait comme un fou en arrachant les couvertures des lits qui n'étaient pas faits selon les standards qui nous avaient été imposés. Il ouvrait les armoires, et si des bols de soupe avaient été conservés par leurs propriétaires pour combattre les crampes d'estomac causées par la faim, il les jetait à l'autre bout de la pièce, en criant de toutes ses forces. Il était courant qu'il nous prive de nos rations de pain pendant un ou deux jours après une telle démonstration. Cela faisait tellement longtemps que nous avions faim maintenant que nous en avions pris l'habitude. Nous devenions de plus en plus apathiques et notre élocution était plus lente. Des gens mouraient chaque jour.

Müller était une brute, qui adorait s'en prendre aux personnes âgées. Ces pauvres gens, dont la peur se lisait sur leurs visages et dont les jambes tremblaient, savaient que sa rage allait s'abattre sur eux. Il les cognait avec ses poings et les punissait en les obligeant à se tenir debout pendant des heures, à la porte, avec leurs couvre-chefs dans les mains, exposés au vent, à la pluie ou à un soleil brûlant. Il les privait également de leurs rations quotidiennes pendant deux, voire quatre jours. Müller était un monstre sadique.

Scharführer Hertzoch était responsable de l'égout, ou de ce qui en portait tout du moins le nom. Il avait pour habitude de parcourir le camp avec un garçon âgé d'une douzaine d'années qui portait un long bâton et un seau. Hertzoch lui ordonnait de soulever le couvercle du point de contrôle, après quoi il enfonçait le bâton dedans, et si le résultat était satisfaisant, ils poursuivaient leur route vers le point de contrôle suivant. Nous le surnommions le « Roi de la Merde ». Si un tuyau d'évacuation était bouché, il proférait tout un chapelet de jurons, son visage devenait rouge et les veines de son cou semblaient sur le point d'exploser, ce que nous espérions secrètement, mais, malheureusement, cela ne s'est jamais produit. À d'autres occasions, il se montrait amical, il souriait et parlait aux enfants et aux personnes âgées. J'avais le sentiment qu'il n'avait pas sa place au sein du régime SS.

À mesure que le temps passait, la nourriture nous parvenait de plus en plus tard. Les cuisines fonctionnaient jour et nuit pour faire face à l'afflux de nouvelles personnes à Bergen-Belsen.

Ceux qui étaient en charge d'apporter la nourriture ne parvenaient plus à gérer la situation et les récipients n'arrivaient jamais avant vingt heures. Nous attendions désespérément notre misérable bol de soupe car cette piètre et chaude concoction était ce qui nous permettait de tenir pendant un temps.

Il faisait très chaud. La température était plus clémente à l'extérieur qu'à l'intérieur, nous passions donc le plus clair de notre temps dehors. Lorsque des chaises étaient vacantes, il était possible de s'installer confortablement, sinon il fallait se contenter du sol sec et poussiéreux. Il n'y avait pas une seule once de verdure en vue. L'herbe ne poussait pas et tout était recouvert d'une poussière grise et terne.

Un jour, papa avait appris par le biais de rumeurs que notre oncle Max était dans le bunker. Il ne s'agissait pas du petit bunker dans lequel papa avait été lui-même détenu, mais d'un autre qui se trouvait à l'intérieur de la partie du camp où résidaient les SS.

— Que s'est-il passé ? ai-je demandé.

— Je ne sais pas trop, a répondu mon père, mais on m'a dit qu'il avait volé du beurre et qu'il avait été pris sur le fait.

Je n'ai pas réussi à trouver le sommeil cette nuit-là. Qu'allait-il arriver à mon oncle ? Je savais à quel point les SS pouvaient se montrer vicieux et cruels. Les deux jours suivants ont été insupportables car nous n'avions pas la moindre nouvelle, mais, le troisième jour, j'ai vu oncle Max entrer dans le baraquement. Il était blême et avait perdu du poids. Papa, qui s'était fait porter pâle ce jour-là, se reposait sur le lit de maman. Lorsque je lui ai dit qu'oncle Max était de retour, il s'est immédiatement levé pour aller à sa rencontre. Ils se sont tous deux dirigés vers les lits que nous occupions. De près, oncle Max avait l'air en piteux état. Nos regards se sont croisés et malgré le ressentiment que j'éprouvais pour lui à cause de son égoïsme, j'ai jeté mes bras autour de son cou et je l'ai embrassé. J'étais tellement heureuse de le revoir. Pendant un instant, l'oncle que j'aimais est réapparu et ses yeux m'ont souri lorsqu'il m'a dit qu'il trouvait que j'avais grandi. Il nous a raconté qu'il avait effectivement été pris avec un kilo de beurre qu'il voulait faire entrer clandestinement dans le camp. Il avait ensuite été placé en isolement pendant deux jours et les SS venaient le battre toutes les deux heures. Il ne devait sa survie qu'à sa robuste constitution et il avait eu de la chance de ne pas être envoyé à Auschwitz. Il n'avait rien avalé pendant ces deux jours et était terriblement fatigué.

— Tu ferais mieux d'aller te coucher et de te reposer avant le retour de Clara, tu en as besoin, lui a conseillé mon père.

Oncle Max a acquiescé puis il a passé sa main dans mes cheveux et s'est dirigé lentement vers le lit de Clara. Il s'est hissé avec difficulté en haut, et nous l'avons vu disparaître sous la couverture. J'étais heureuse de voir les liens familiaux se resserrer et, lorsque je me suis couchée ce soir-là, j'ai remercié Dieu d'avoir épargné mon oncle et de lui avoir permis de redevenir un membre de notre famille. Le jour suivant, oncle Max a été assigné au commando des chaussures, car il n'était plus autorisé à retourner en cuisine. Cela a donné l'opportunité au *Scharführer* responsable du commando de hurler après « les frères criminels », car c'était ainsi qu'il surnommait mon père et mon oncle, et il en a également profité pour leur assigner des tâches supplémentaires, ingrates et pénibles.

Août 1944

La chaleur était oppressante dans le baraquement et l'air étouffant, si bien que la nuit personne ne dormait. L'eau restait coupée pendant de longues périodes aussi, et dès que les robinets se remettaient à couler, il y avait une grande agitation autour car tous voulaient remplir des bouteilles ou des seaux. Certains, parmi les plus chanceux, parvenaient même à se laver rapidement.

Il y avait un robinet à côté du quartier des hommes sur l'*Appelplatz*. Des Gitans tout juste arrivés d'Italie, qui revenaient d'une dure journée de labeur consistant à déterrer des souches d'arbres sans pouvoir boire ni manger, se battaient entre eux pour atteindre le robinet. C'est à cette occasion que j'ai appris la signification de l'expression « *aqua finito* », qu'ils ne cessaient de se répéter les uns aux autres lorsque le flux d'eau s'interrompait. Le rationnement délibéré de l'eau et le chaos engendré par celui-ci amusaient grandement les SS. Ils souriaient et observaient de loin la misère humaine.

La chaleur affectait également le système d'évacuation des eaux usées, qui n'avait pas été construit pour un si grand nombre de personnes. Hertzoch devenait fou furieux et distribuait des punitions à tour de bras : des baraquements entiers se retrouvaient privés de nourriture pendant deux jours ou plus.

Durant la vague de chaleur, un soir, maman m'a demandé de l'accompagner jusqu'au lavoir. À l'expression crispée qui se lisait sur son visage, j'ai compris que quelque chose n'allait pas bien du tout. Lorsque nous sommes entrées, j'ai vu mon père qui portait le seul pantalon qu'il possédait, couvert d'excrément des chaussures jusqu'aux aisselles. Son visage était également souillé et il sentait à un kilomètre à la ronde.

— Que s'est-il passé ? ai-je demandé suffoquée.

Papa m'a alors raconté que Red Müller s'était rendu auprès du commando des chaussures et avait exigé l'aide de quatre hommes pour nettoyer les latrines. Le grand rabbin Dashberg avait été choisi en premier et ce, dans le seul but de l'humilier. Ensuite, avaient été désignés « les frères criminels » et enfin Myer, un homme un peu lent et au faible QI qui avait écopé du sobriquet de « Myer le chanceux ». Il avait l'habitude d'avaler de grandes bouffées d'air avant de parler. Il était aussi maigre qu'une brindille mais il avait la volonté de vivre. Ordre leur a donc été donné à tous les quatre de vider l'énorme cuve remplie d'excréments à l'aide d'un seau.

— Est-ce que le rabbin s'est retrouvé les pieds dans les excréments ? ai-je demandé.

— Non, a répondu mon père, nous ne l'avons pas permis. Nous lui tendions les seaux afin qu'il puisse les vider après. Bien sûr, il s'est sali mais nous ne l'avons pas laissé debout dans les excréments.

— Allez, maintenant enlève ces vêtements répugnants, a dit ma mère à mon père.

Par chance, nous étions seuls tous les trois dans le lavoir. Je me suis retournée discrètement pour donner un peu d'intimité à mon père alors qu'il se déshabillait. J'en ai profité pour remplir le bac d'eau. Par miracle, celle-ci n'avait pas été coupée. Maman m'a tendu le pantalon de papa. Quelle odeur épouvantable ! Quelle vision répugnante ! Je l'ai vite jeté dans l'eau qui s'est rapidement transformée ainsi en toilettes. J'ai laissé s'écouler l'eau sale et ai répété l'opération à plusieurs reprises. Les sous-vêtements et le maillot de papa ont subi le même traitement. Le résultat était dérisoire, il était impossible de nettoyer ce pantalon. Comment le pouvais-je ? Je ne disposais ni de savon, ni de détergent pour m'aider. J'ai demandé à maman de me donner la brosse à récurer, mais sans plus de succès. Il était désormais impossible de connaître la couleur d'origine de son pantalon. Alors que papa faisait sa toilette, maman a tenté d'enlever la crasse de ses chaussures à l'aide de la brosse.

Dans notre malheur, je n'ai pas pu réprimer un fou rire lorsque j'ai vu mon père dans ses vêtements propres. Maman avait emprunté un pantalon à quelqu'un, mais il était bien trop court. Il avait vraiment l'air ridicule. Il valait mieux en rire, parce que le pantalon qui trempait dans le bac d'eau m'aurait plutôt donné envie de pleurer. Maman et moi avons envisagé différentes manières de récupérer le pantalon car il était impensable de le jeter. Les vêtements étaient une denrée rare à Bergen-Belsen, il nous fallait donc nous contenter de ce que nous avions ou être nus. Nous avons finalement décidé de laisser le pantalon, le maillot et les sous-vêtements tremper pendant toute la nuit et de faire une nouvelle tentative le lendemain matin. Nous étions sûres d'une chose : personne n'essaierait de les voler.

Le jour suivant, après l'appel, je suis retournée au lavoir et je n'ai pas arrêté de rincer les vêtements encore et encore pendant une heure. Pendant que je m'attelais à ma tâche, un homme est entré, il était à la recherche de sa femme. Lorsqu'il m'a vue m'activer devant le bac, il m'a demandé ce que je faisais. Sans m'interrompre, je lui ai raconté ce qu'il s'était passé. Le maillot et les sous-vêtements, bien que tachés, étaient relativement propres, mais sentaient toujours aussi mauvais. Après m'avoir observée pendant une dizaine de minutes, l'homme m'a félicitée pour mon courage avant de disparaître. J'ai décidé de laisser le pantalon à tremper pendant une autre journée et je suis allée étendre le maillot et les sous-vêtements sur les fils.

Pendant deux jours encore, j'ai trempé, rincé et brossé le pantalon et lorsque je l'ai finalement mis à sécher, il était toujours imprégné de cette odeur d'excréments. J'espérais que le soleil et le vent pourraient y remédier. En dépit de sa piteuse apparence, papa a été reconnaissant lorsque je lui ai tendu son pantalon ce soir-là et qu'il a pu rendre le pantalon qu'il avait emprunté. J'espérais qu'il ne serait pas à nouveau obligé de nettoyer les latrines parce que je me sentais incapable d'affronter une nouvelle fois cette pénible épreuve.

Chapitre 4

Nous étions en septembre 1944 et, Dieu merci ! la canicule était terminée. Il faisait un temps superbe. Tous les jours de nouveaux convois arrivaient dans notre camp. Le réfectoire avait disparu au bénéfice d'un nouveau dortoir. Un petit coin était toujours réservé à *Frau* Müller et une longue table avec des tréteaux servait de comptoir où l'on allait chercher nos rations quotidiennes.

Le baraquement en face du nôtre a été investi par des Françaises, et je n'aurais su dire exactement de quelles régions elles étaient originaires. Elles n'avaient rien des petites brunes typiquement parisiennes. Elles étaient au contraire grandes et fortes. Dans mon esprit, elles ressemblaient à des Amazones, même si je n'en avais jamais vu de ma vie. Elles ne se mêlaient pas à nous, préférant rester entre elles. Le soir après le travail, elles se rassemblaient dehors et chantaient la *Marseillaise* et des chansons françaises romantiques. Elles n'affichaient en outre aucune pudeur. Lorsqu'elles se lavaient, elles s'accroupissaient au-dessus d'un sceau rempli d'eau et se nettoyaient l'entrejambe devant tout le monde (y compris les hommes et les enfants) à l'extérieur du baraquement. Elles étaient souvent à deux dans ces moments-là, la seconde tenant la serviette ; puis elles inversaient les rôles.

Au cours des premières semaines de septembre, un petit convoi de femmes est arrivé de Westerbork et parmi elles se trouvait Sonja. Nos retrouvailles ont apporté beaucoup de bonheur à nos vies ternes, mais également une grande tristesse car jusqu'alors nous la pensions saine et sauve à Amsterdam. Nous avons finalement appris ce qu'il lui était arrivé à la gare après notre départ pour Westerbork. Apparemment les SS l'avaient laissée face au mur jusqu'à vingt-deux heures, après quoi ils lui avaient fait la leçon et administré quelques claques avant de la laisser partir. Elle nous a également raconté qu'elle avait croisé le frère de ma mère avec sa famille à Westerbork et que, malheureusement, ils faisaient partie du dernier convoi pour Auschwitz. Cette nouvelle a anéanti ma mère, qui a posé toutes sortes de questions à Sonja. Que s'était-il passé ? Cela faisait pourtant trois ans qu'ils se cachaient à Drenthe. Ils étaient en sécurité là-bas ! Comment s'étaient-ils fait prendre ? Sonja n'avait pas de réponse à ses questions. Nous avons tous été très tristes d'apprendre la chose. Après avoir longuement pleuré, maman a relevé la tête et a dit qu'ils étaient peut-être en bonne santé. L'espoir illuminait son visage. Nous n'en étions pas aussi sûrs, mais nous nous sommes bien gardés de le lui dire.

Nous étions assis autour de la table à l'extérieur du baraquement avec Sonja. La conversation tournait toujours autour de nos anciens amis et de la famille, lorsque le soleil s'est reflété sur la bague que Sonja portait à son doigt.

— Quelle belle bague Sonja ! Montre-la-moi que je la voie de plus près, a dit maman.

Lorsque Sonja a tendu la main, ma mère l'a immédiatement reconnue. « C'est ma bague ! »

— C'est vrai, lui a répondu Sonja, je l'ai trouvée coincée entre plusieurs serviettes dans l'armoire où tu rangeais le linge, après votre départ pour Westerbork, mais si tu veux la récupérer, je peux te la rendre. Elle l'a retirée de son doigt et la lui a tendue.

Le visage de ma mère s'est éclairé. La valeur de la bague, sertie seulement de cinq petits diamants, était surtout sentimentale : elle lui rappelait des jours meilleurs, une époque où nous menions une existence normale. C'était un souvenir d'un de leurs premiers anniversaires de mariage avec papa. Elle a passé la bague, mais elle était devenue trop large, puisque maman, comme nous tous dans le camp, avait perdu beaucoup de poids. Elle l'a enlevée de peur de la perdre et l'a cachée dans une poche de sa salopette.

Ce soir-là, en haut de notre lit, maman m'a laissée tenir la bague un moment. J'ai admiré les éclairs de lumière qui se reflétaient à l'intérieur des petits diamants. Je l'ai rendue à ma mère, qui l'a enveloppée dans un mouchoir avant de la placer dans son soutien-gorge. Il y avait largement assez de place, à présent. Elle a été obligée de prendre un second mouchoir qu'elle a placé de l'autre côté pour qu'on ne voie pas la différence.

Le plus sûr pour dissimuler un objet dans le camp était encore de le garder sur soi.

Le beau temps a persisté et, les jours où maman ne travaillait pas, nous nous asseyions autour des tables à l'extérieur du baraquement. Comme d'habitude, nous faisions les lessives tôt le matin, s'il y avait de l'eau dans le lavoir, puis nous pouvions surveiller le linge, pendant qu'il séchait, de là où nous étions assises.

De vieilles dames et quelques vieux messieurs étaient également assis en cercle et discutaient entre eux. Ils parlaient de celui d'entre eux, membre de la famille ou ami, qui était mort le plus récemment. Ils parlaient de la guerre, de la maladie et, par-dessus tout, de nourriture. Ils évoquaient des gros gâteaux à la crème, des steaks juteux et tous les délices qui leur venaient à l'esprit, au point où nous parvenions à en sentir les effluves !

Parmi nous se trouvait une femme d'une trentaine d'années, prénommée Sheila, qui était un peu étrange. Elle se proclamait médium. Elle tirait les cartes et était, ainsi que me l'a dit ma mère plus tard, témoin de Jéhovah. Elle refusait catégoriquement de travailler car, disait-elle, Dieu lui interdisait de travailler pour l'ennemi. Un jour, elle a proposé à ma mère de lui tirer les cartes et celle-ci a accepté.

— Mais si c'est quelque chose de négatif, je ne veux rien savoir ! a prévenu maman.

Après avoir disposé les cartes sur la table, elle a médité pendant un moment. Puis elle a levé la tête et a regardé ma mère en face. Une lumière brillait dans ses yeux lorsqu'elle lui a dit la chose suivante :

— Je ne te dirai pas tout ce que je vois, mais je vais t'apprendre que, tous les cinq, vous survivrez à cette guerre et que vous rentrerez sains et saufs chez vous. Je vois, a-t-elle poursuivi, que vous ne resterez pas longtemps chez vous et que vous voguerez au-delà des eaux profondes vers un pays lointain.

Même si les prédictions de Sheila étaient réconfortantes, nous ne les avons pas prises au sérieux.

Sheila a été blessée par notre réaction.

— Mais je dis la vérité. Vous pouvez me croire. Vous rentrerez chez vous tous les cinq, a-t-elle répété.

Un matin, tout en coiffant mes longs cheveux noirs, je contemplais mon image dans le miroir que j'avais reçu en cadeau à Westerbork. Depuis que ma mère les avait coupés dans le train la nuit de la rafle, ils avaient repoussé et étaient à nouveau d'une belle longueur. J'ai souri à mon reflet dans la glace et j'ai remarqué qu'un petit trou était apparu dans l'une de mes dents de devant. J'ai donc décidé d'aller voir le dentiste. Un petit centre médical avait été installé à côté du bureau d'Albela. À certaines heures, il était possible de consulter un dentiste. Au départ, le centre médical avait été conçu à l'usage des SS, mais parfois le dentiste était autorisé à nous recevoir. J'y suis allée après l'appel, mais l'infirmière m'a demandé de revenir à quinze heures. Lorsque j'y suis retournée, deux personnes se trouvaient avant moi et j'ai dû attendre. Lorsque mon tour est venu, l'infirmière m'a demandé d'entrer dans une pièce où m'attendait un vieux monsieur âgé d'une soixantaine d'années. Il devait mesurer environ 1,60 mètre et ses yeux me faisaient penser à ceux du rabbin qui m'avait bénie à Westerbork. La pièce était entièrement équipée de matériel de chirurgie dentaire haut de gamme. Tout étincelait de propreté. Le dentiste portait une blouse d'un blanc immaculé et j'avais l'impression de me retrouver chez moi aux Pays-Bas. Après m'avoir installée dans le fauteuil, il m'a demandé quel était mon problème.

— J'ai un trou dans l'une de mes dents de devant.

— Très bien, voyons un peu ça, jeune fille. Ouvrez la bouche.

J'ai ouvert la bouche et il a fait un examen rapide de ma dent.

— Eh bien, a-t-il dit, vous avez également de grands trous dans deux de vos molaires, mademoiselle. Nous allons y remédier dans les meilleurs délais.

Après avoir donné ses instructions à l'infirmière, il a commencé à travailler sur mes molaires avec la fraise, sans produit anesthésiant. J'ai attrapé les bras du fauteuil afin de m'aider à supporter la douleur. Il m'a dit qu'il allait remplir mes dents avec du ciment dentaire blanc.

— Ainsi, nous pourrons les préserver jusqu'à ce qu'on rentre chez nous.

Quand il en a eu fini avec mes molaires, il s'est attaqué à mon incisive sur laquelle il a mis un plombage temporaire. Le tout avait duré plus de deux heures et j'étais heureuse d'en voir la fin. Je devais revenir la semaine suivante.

Lorsque j'ai quitté le cabinet, il commençait à faire sombre dehors. Le camp était désert et c'est donc d'un pas rapide que j'ai regagné notre baraquement. À mon arrivée, toute la famille était installée en haut des lits. Nous avions de la chance d'avoir des lits en hauteur, ainsi nous avions quelque part où nous installer. Cela était d'ailleurs source de tension dans tous les baraquements. En effet, l'espace entre les lits du haut et ceux du bas ne permettait pas à ceux qui avaient hérité du niveau inférieur de s'asseoir correctement. Cela engendrait donc beaucoup de jalousie et la colère se manifestait parfois lorsque les gens du haut montaient ou descendaient de leurs lits.

— Où étais-tu ? m'a demandé maman.

— Je suis allée voir le dentiste ! ai-je répondu en ouvrant la bouche pour lui montrer le travail qu'il avait accompli.

— C'est très bien fait ! a dit maman. Allez viens manger quelques carottes, Max est allé te chercher une tasse de thé mais il est froid maintenant, c'est dommage.

Je me suis empressée de boire le thé et ai donné mes carottes à Max et à Jacky car je n'avais pas le droit de manger jusqu'à ce que le plombage ait suffisamment durci.

Max et Jacky étaient ravis de cette aubaine inattendue et ils ont dévoré les carottes en quelques secondes.

Je suis donc retournée chez le dentiste la semaine suivante à dix-sept heures.

— Ah ! vous voilà, a dit le dentiste lorsque je suis entrée dans son cabinet. Je vous attendais, je ne me sens pas très bien et dès que j'en aurai terminé avec vous, j'irai me coucher.

Je me suis assise dans le fauteuil et le dentiste s'est rapidement affairé à enlever le plombage temporaire sur ma dent de devant, puis il a soigné cette dernière pour y poser le plombage définitif. Il a demandé à l'infirmière de préparer le mélange en céramique, mais n'a obtenu aucune réponse.

— Pourquoi ne faites-vous pas ce que je vous ai demandé ? a-t-il dit.

— La céramique, c'est uniquement pour les SS. Ils le remarqueront si vous en utilisez, a-t-elle répondu.

— Faites ce que je vous demande et vite avant que le plombage ne sèche.

Le dentiste parlait doucement, mais avec insistance. L'infirmière s'est exécutée à contrecœur et le dentiste a pu achever d'une main d'expert son travail sur mon incisive.

— Voilà, Hetty, a-t-il dit. Regardez-vous un peu.

Il m'a tendu le miroir. Il avait fait un très beau travail : mes dents se reflétaient dans le miroir pareilles à des perles blanches.

— Bien, maintenant, a continué le dentiste, prenez bien soin de vos quenottes. Vous êtes une très jolie demoiselle. Je ne pouvais pas mettre du ciment blanc sur cette dent de devant, cela aurait été dommage. Donc, ma chère petite, rentrez dans votre baraquement et souvenez-vous de ne rien avaler pendant quatre heures. Dieu que je suis fatigué ! a-t-il conclu.

J'ai commencé à m'inquiéter lorsque j'ai vu à quel point il avait l'air malade.

— Est-ce que tout va bien, monsieur ? ai-je demandé.

— Oui, mais je pense que je vais aller m'allonger un peu lorsque vous serez partie, jeune fille.

J'ai dit au revoir à cet homme charmant et l'ai remercié une nouvelle fois avant de quitter son cabinet.

Le lendemain, la nouvelle s'est répandue dans tout le camp que le dentiste était mort dans son sommeil. J'ai été très affectée par sa disparition. La signification de la phrase avec laquelle il m'avait accueillie la veille, « Je vous attendais », a soudain pris tout son sens. Je comprenais également mieux pourquoi cela lui avait été égal de dérober un peu de céramique blanche aux SS. Il savait que je serais sa dernière patiente.

Tous les jours, à seize heures, les cadavres étaient collectés pour être ensuite incinérés dans le petit crématorium. Lorsque le chariot avec le corps du dentiste a passé la porte, j'étais présente pour lui faire mes adieux. Je ne pouvais pas suivre le chariot, alors j'ai avancé autant que j'ai pu tout en restant derrière les barrières qui délimitaient notre camp, car il était parallèle à la route qui menait au crématorium. Lorsque j'ai été bloquée, j'ai regardé le chariot s'éloigner puis disparaître au loin. J'avais le cœur serré car je venais de perdre un ami. Je me suis rappelé son regard plein de gentillesse, ses mains douces, son sourire rassurant lorsque, parfois, il avait été obligé de me faire mal. C'était un homme bon. Il ne méritait pas de mourir, ni même d'avoir une fin aussi indigne. Je pleurais à chaudes larmes lorsque je suis retournée vers mon baraquement.

Deux familles dominaient le groupe des diamantaires : les Ascher et les Soep. À Amsterdam, Abraham Asher était le président du Conseil juif, et Abraham Soep, un de ses principaux membres. Le Conseil juif avait été fondé le 12 février 1941 à la demande des Allemands, sous prétexte d'aider la population juive aux Pays-Bas. Sous couvert de ces bonnes intentions, les SS avaient en fait organisé une déportation déguisée des Juifs vers l'Allemagne.

Un matin d'octobre, alors qu'il était encore tôt, Asher et Soep ont été amenés vers le quartier général des SS. Toute la journée, nous nous sommes perdus en conjectures pour essayer de deviner ce qu'il allait arriver. Les heures passaient les unes après les autres, alors que les rumeurs circulaient dans le camp. Le jour touchait lentement à sa fin et à l'heure du couvre-feu, Ascher et Soep n'étaient toujours pas revenus. Le jour suivant, nous avons appris qu'ils étaient rentrés vers vingt-deux heures. Par le bouche-à-oreille nous avons su que les SS exigeaient d'eux une importante livraison de diamants en provenance d'Amsterdam. Les SS voulaient traiter ces pierres précieuses dans l'usine nouvellement construite juste à l'extérieur de notre camp. Nous pensions que Ascher et Soep avaient dû entrer en contact avec des négociants mais que leur demande était restée sans réponse. Nulle personne en pleine possession de ses facultés mentales ne livrerait des diamants à l'ennemi. Les rumeurs fusaient de toutes parts dans le camp.

Le jour suivant, Ascher et Soep ont de nouveau été appelés au quartier général des SS dont ils sont revenus vers quinze heures. La même histoire que la veille se répétait. Aucun diamant en provenance d'Amsterdam n'avait pu être obtenu. Depuis ce jour, les choses ont changé pour le groupe des diamantaires. Les doubles rations ont été annulées et ils devaient également rejoindre les différentes équipes de travail, exception faite des familles Ascher et Soep. Apparemment, une négociation privée avait eu lieu en ce qui concernait le sort de ces deux familles.

Novembre 1944

Une grande tente a été érigée sur un terrain plat à cinquante mètres de notre camp, juste à côté de la pile de chaussures. Peu de temps après, nous avons vu passer devant nous de longues colonnes de femmes. Elles étaient très pauvrement vêtues ; certaines ne portaient pas de chaussures du tout et avaient recouvert leurs pieds de haillons. La plupart d'entre elles avaient placé un tissu sur leurs têtes pour cacher leurs crânes chauves. C'était une vision très angoissante. Leurs pieds n'émettaient aucun son tandis qu'elles se déplaçaient. Elles ont été logées dans la grande tente. Quelques jours plus tôt, des balles de paille étaient arrivées pour leur servir de literie. Bon nombre de ces femmes étaient atteintes de dysenterie, et les conditions de vie dans cet endroit étaient indescriptibles après quelques jours.

Nos hommes avaient été chargés de creuser les latrines, qui se trouvaient donc au grand air. Mais la détérioration des conditions de vie de ces femmes était telle qu'elles ne s'en préoccupaient même pas. Je pouvais observer tout cela très facilement puisque notre baraquement était vraiment tout proche de cette tente. Nous les entendions perpétuellement se battre entre elles et crier. Parfois, un *Kapo* entrait dans la tente avec un fouet et donnait une correction à ces pauvres créatures afin de restaurer un peu d'ordre.

Le soir du deuxième jour après leur arrivée, un petit groupe de ces femmes était venu parler à la barrière à certains d'entre nous. Nous avons rapidement découvert que certaines d'entre elles étaient hollandaises. Mon père et ma mère s'étaient rendus à la barrière par curiosité. Après un moment, ma mère est venue me rejoindre sur le lit dans le baraquement. Je n'avais aucune intention d'aller près de ces femmes. La vision de leur marche silencieuse de la veille m'avait glacé le sang.

— Tante Beth et la mère de Sonja sont là-bas ! a-t-elle dit. Papa parle avec elles en ce moment même. Je suis venue chercher quelques vêtements pour elles, elles n'ont absolument rien. Regarde dans la valise, Hetty, pour voir ce que nous pouvons leur donner.

J'ai sorti un gilet rouge appartenant à maman et une chemise de pyjama en flanelle de papa.

— C'est à peu près tout ce que nous avons qui pourrait leur aller, ai-je dit.

J'ai également trouvé le pull en laine noir que j'avais rangé à cause des poux.

— Tu penses que nous pouvons leur donner aussi ce pull ? Il n'est pas très propre.

— Ça ira très bien, a dit ma mère. Elles pourront l'échanger contre un peu de nourriture si elles ne veulent pas le garder. Je le leur dirai, mais étant donné l'état dans lequel elles se trouvent, je pense que n'importe quoi leur conviendra.

J'ai tendu le tout à maman et elle est vite repartie. Alors que j'étais en train de remettre les affaires dans la valise, j'ai entendu Eva, une de nos voisines de chambre, m'appeler.

— Hetty ? Est-ce que je peux venir te voir ?

— Bien sûr, ai-je répondu.

Quelques secondes plus tard, Eva a grimpé dans notre lit. Elle avait quelques années de plus que moi. Nous bavardions de temps à autre lorsque nous nous croisions dans le baraquement ou pendant l'appel.

— Je suis allée à la barrière avec ma mère et ces femmes nous ont dit qu'elles venaient d'Auschwitz et qu'ils brûlaient les gens là-bas.

— Que veux-tu dire par « brûler les gens » ? ai-je demandé.

— Eh bien, ils les mettent dans un four et ils les brûlent, a répondu Eva.

— Tu es folle ! Je ne te crois pas. C'est comme l'histoire de Hansel et Gretel.

Eva demeurait inflexible.

— Je n'invente rien, a-t-elle rétorqué. C'est la vérité vraie.

Alors que je regardais Eva et que je tentais de saisir ce qu'elle venait de me dire, sa mère l'a appelée et lui a demandé de revenir vers son lit.

— À plus tard Hetty, a dit Eva alors qu'elle sautait au bas du lit.

Après son départ, je suis restée assise sans bouger, essayant de digérer ce qu'elle venait de me révéler. De nombreuses questions m'ont traversé l'esprit. Comment les SS étaient-ils parvenus à faire cela ? Personne ne se laisserait mettre dans un four sans protester et, bien sûr, l'image que j'avais à l'esprit était celle d'un four de cuisine. J'en ai donc conclu qu'Eva devait être complètement folle.

Lorsque mes parents sont revenus de la barrière, la première question que j'ai posée à ma mère était la suivante : « Est-ce que c'est vrai qu'ils brûlent des gens à Auschwitz ? »

Elle a regardé mon père, incapable de répondre.

— Oui, Hetty, m'a-t-il dit.

— Mais comment s'y prennent-ils ?

— Lorsque les trains arrivent à Auschwitz, les mères et les enfants sont séparés des pères, puis ils sont orientés vers un bâtiment où on leur annonce qu'ils vont pouvoir prendre un bain, a répondu mon père. Tous ont avec eux une serviette et du savon qui leur ont été distribués, mais au lieu d'eau, c'est du gaz qui sort des douches. Ils gazent d'abord ceux de notre peuple avant de les brûler dans de gigantesques crématoriums.

J'étais littéralement pétrifiée. J'ai ouvert la bouche pour dire quelque chose, mais il m'était impossible de formuler quoi que ce soit. Un kaléidoscope d'images venait me hanter. J'ai vu mon adorable grand-mère suffoquer. J'ai vu des gens se précipiter vers les portes et tenter, en vain, de les ouvrir. Lorsque finalement la terrible réalité a trouvé un point d'ancrage dans mon cerveau, j'ai su que jamais plus nos vies ne seraient les mêmes. J'ai su qu'il n'y avait plus aucun espoir de revoir mes grands-parents vivants, ni aucun des membres de notre grande famille qui en comptait pourtant plus de trois cents. Ma mère pleurait sur l'épaule de mon père. Elle aussi savait qu'elle ne reverrait plus ses parents. Papa essayait de la réconforter comme il pouvait, mais lui aussi pleurait à chaudes larmes. Nous étions désespérés. Que pouvions-nous faire ? Personne ne pouvait rien pour nous. J'ai commencé à prier Dieu de nous donner la force nécessaire pour nous sortir de cette horrible situation. Mes larmes coulaient abondamment. Maman s'était ressaisie et me caressait les cheveux pour essayer de me calmer. Papa a annoncé que Max et lui devaient partir, parce qu'il était presque l'heure du couvre-feu.

Longtemps après l'extinction des feux cette nuit-là, les gens ont continué à discuter de l'épouvantable nouvelle dont nous venions d'avoir connaissance. Comme la plupart des gens de notre baraquement, je n'ai pas beaucoup dormi. Maintenant, je savais pourquoi je n'avais pas voulu aller jusqu'à la barrière tout à l'heure à la rencontre de ces femmes. J'avais senti le mal qui les entourait lorsqu'elles avaient traversé notre camp l'autre jour. J'avais senti leur douleur et leur peine et, maintenant, j'avais encore plus peur.

Lorsque maman est partie à trois heures, j'étais réveillée, fixant l'obscurité. Comment allions-nous sortir de cet endroit ? Allions-nous même en sortir un jour ? Pourquoi personne ne nous venait en aide ? J'ai été heureuse lorsque la lumière du jour a commencé à percer. Je me suis levée et habillée. Je suis passée aux toilettes. Puis je me suis lavé le visage et les mains. Je n'avais pas de serviette pour m'essuyer, j'ai donc utilisé le revers de ma manche. Lorsque je suis retournée à notre baraquement, Jacky était réveillé et je l'ai envoyé au lavoir. Je lui ai donné une serviette qui commençait à être bien élimée. Il ne restait plus grand-chose de notre linge. Nos chaussures étaient usées jusqu'à la corde à force de passer des heures sous la pluie pendant l'appel. J'imagine qu'en comparaison de ces femmes venues d'Auschwitz, nous avions de la chance de toujours avoir quelque chose de chaud à porter.

Le camp est rapidement devenu surpeuplé. De plus en plus de baraquements avaient été construits sur l'*Appelplatz*. Ces nouvelles constructions avaient un air sombre et inquiétant. Elles ne comportaient quasiment pas de fenêtres et leurs charpentes étaient des plus sommaires. À l'intérieur, les lits superposés à trois étages étaient placés très près les uns des autres, pour loger plus de monde.

Un orage a soufflé la grande tente qui abritait les femmes d'Auschwitz. Ces pauvres créatures étaient ainsi exposées au vent et à une pluie battante, rien ne les protégeait de la force brutale des éléments. La plupart d'entre elles ne portaient ni vêtements ni chaussures; elles étaient trempées jusqu'aux os. Elles ressemblaient à des fantômes blancs dans le déluge. Dans l'après-midi, l'équipe de travail détachée aux chaussures a été renvoyée vers notre camp; le bâtiment ainsi libéré permit à ces femmes de s'y réfugier. Quelques jours plus tard, elles ont été déplacées vers une autre partie de Bergen-Belsen. Nous étions soulagés d'être débarrassés de leurs cris.

Le commando des chaussures avait alors repris du service. Le travail avait été suspendu le temps de trouver une autre solution de logement pour les femmes. Papa nous manquait après ces quelques jours passés près de nous. Le temps était maussade et la pluie rendait les heures de l'appel de plus en plus éprouvantes. Au moins avions-nous les pieds au sec, car papa avait réussi à récupérer des chaussures pour Max, Jacky et moi, en les cachant sous son épais manteau. Constituées d'un épais cuir noir et de semelles de bois, ces chaussures ressemblaient à des sabots hollandais. Celles de Max et de Jacky ne leur posaient aucun problème, mais les miennes me faisaient mal à cause de ma blessure au pied. C'était toutefois mieux que de ne rien avoir du tout. Papa avait pris un risque énorme en passant la porte du camp avec ces chaussures, car les SS les surveillaient en permanence. De nombreux hommes avaient été pris en flagrant délit de contrebande et le prix à payer était élevé : une correction musclée à laquelle s'ajoutaient des heures d'attente debout sous la pluie et le vent, près des portes, sous l'œil vigilant des SS. Leurs rations de nourriture pouvaient être supprimées des jours durant. Heureusement, papa, qui a réussi à passer à travers les mailles du filet, y a échappé.

La dernière semaine de novembre, maman nous a annoncé que pour les quatre prochaines semaines, nous pouvions nous rendre dans le baraquement vingt-six à seize heures tous les jours pour boire un verre de lait distribué par la sœur de *Frau* Albela. Lorsque j'ai demandé ce qui avait pu la convaincre, maman m'a répondu qu'elle lui avait vendu sa bague sertie de diamants. En échange, elle avait reçu vingt très grosses pommes de terre, trois pots remplis de sucre et deux de sel. Tout en me donnant les détails de la transaction, maman a sorti un pot de sucre de notre valise, le dissimulant aux regards indiscrets avec son corps. Tout le monde était tellement affamé que quiconque apprenant que l'on possédait un peu de nourriture aurait peut-être tenté de la voler. Il fallait donc soit la manger rapidement, soit l'échanger contre autre chose. Nous n'avions pas vu de sucre depuis plus d'un an. Maman a ouvert le pot et nous en a donné à mes frères et moi une pleine cuillerée à café. J'ai savouré cette friandise tandis qu'elle fondait dans ma bouche.

— Vous prendrez tous les jours une cuillerée de sucre pour garder vos forces, a dit maman.

Elle nous a ensuite montré les grosses pommes de terre. Chacune faisait une vingtaine de centimètres de longueur. Elle les avait cachées entre nos vêtements dans la valise. Mais que faire avec des pommes de terre crues ? À l'aide d'un couteau, j'en ai découpé un morceau que j'ai ensuite divisé en petits cubes. J'ai distribué un morceau de patate crue à chacun d'entre nous. Nous étions en permanence affamés, alors nous avons commencé à manger. Mais le goût était abominable et malgré la faim qui me tenaillait le ventre, je ne parvenais pas à avaler le morceau de patate. Que faire avec ces pommes de terre si nous ne pouvions pas les faire cuire ?

— À partir de maintenant, a dit maman en refermant la valise, il faut que quelqu'un surveille constamment la valise. Il doit toujours y avoir quelqu'un ici, non seulement pour éviter qu'on ne nous vole, mais aussi pour être prêts s'il y a une inspection de Red Müller. Hetty, je te laisse organiser les tours de garde entre vous trois.

— D'accord, maman.

Comme nous étions heureux ! Nous avions le sentiment d'être millionnaires et lorsque papa est rentré du travail ce soir-là, nous lui avons montré nos trésors. En dépit de ses protestations, maman lui a donné une cuillerée à café de sucre. Il disait que le sucre devait être réservé à ses enfants.

Ce soir-là, papa nous a raconté que Red Müller avait rendu visite au commando des chaussures et que le *Scharführer* et lui leur avaient donné du fil à retordre. Lorsqu'il avait repéré oncle Max et papa, Müller s'était mis à hurler : « Ah ! voilà les frères criminels ! Levez-vous ! » Mon père et son frère s'étaient donc exécutés et mis au garde-à-vous. Müller avait commencé avec oncle Max.

— Toi, espèce de sale cochon paresseux. Tu ne peux pas travailler plus vite ? avait-il braillé. Fais attention ! Parce que si ça continue, je vais faire un rapport sur toi pour dénoncer ton sabotage. Je te ferai fusiller.

Pour impressionner Müller, le *Scharführer* avait frappé oncle Max à la tête. Müller s'était ensuite tourné vers mon père et, ayant remarqué l'écharpe de laine qu'il portait autour du cou pour lui tenir chaud, avait hurlé :

— À quoi ça te sert ?

— J'ai mal à la gorge, *Herr Oberscharführer**, avait répondu mon père.

— Vraiment ? avait dit Müller. Je connais un meilleur moyen d'utiliser cette écharpe. Venez par ici, et aidez-moi à montrer à ce porc comment nous préférons utiliser cette écharpe, avait-il dit au *Scharführer* en désignant mon père.

Müller avait attrapé l'écharpe à un bout et avait tendu l'autre au *Scharführer*. Ils avaient ensuite soulevé mon père du sol à l'aide de son écharpe, laquelle s'était dangereusement resserrée autour de son cou.

— Tu vois, criminel, avait crié Müller. Voilà ce que nous faisons avec les porcs de ton espèce !

Müller avait fini par lâcher prise et mon père était retombé sur le sol en produisant un bruit sourd. Il l'avait échappé belle ! Des étoiles blanches s'étaient mises à danser devant ses yeux. Müller était parti après cet incident et il avait fallu cinq bonnes minutes à mon père pour retrouver son souffle et un rythme cardiaque normal.

---

* Le terme *Oberscharführer* est un grade SS équivalent à adjudant. (NdlT)

— Oh mon Dieu ! s'est exclamé ma mère. Te pendre avec ta propre écharpe ! Mais quel genre de bêtes immondes sont-ils ?

Nous sommes restés assis, abasourdis, à regarder papa. Nous avions bien failli le perdre ce jour-là.

— Il vaut mieux ne plus mettre d'écharpe, ai-je dit à papa. Ou alors, cache-la sous ta chemise pour ne pas qu'ils la remarquent.

Des choses terribles arrivaient dans notre camp. Ces derniers jours, des résidents du camp devaient permuter d'un baraquement à un autre avec toutes leurs affaires. L'ordre arrivait généralement en fin de journée, lorsque les différentes équipes de travail venaient de rentrer et que tout le monde était très fatigué. Les déménagements pouvaient durer jusque tard dans la nuit et cette tâche abrutissante s'effectuait dans l'obscurité. Les gens paniquaient à l'idée de ne pas trouver de lit dans les sinistres baraquements qui avaient été construits sur l'*Appelplatz*. Les lits étaient si proches les uns des autres que certains se bousculaient et se battaient entre eux pour trouver une couche dans le noir et découvrir, après coup, qu'il n'y avait pas de matelas, ni même de planche pour soutenir un matelas. Tout cela engendrait un véritable chaos. Jusqu'alors notre baraquement avait échappé à toute cette agitation, mais nous savions que tôt ou tard, notre tour viendrait.

Nous étions vendredi soir et une pluie froide tombait dehors lorsque quelqu'un est entré pour demander aux hommes valides de venir aider les vieilles personnes à partir de leur baraquement. Ordre venait de leur être donné de déménager.

— Je n'arrive pas à croire au sadisme de ces gens-là, a dit papa, lorsqu'il est parti avec d'autres hommes vers l'hôpital. Tout le monde était visiblement très attristé.

À notre arrivée en février, alors que Bergen-Belsen était encore tout neuf, Albela avait désigné deux baraquements, avec la permission des SS, pour les personnes âgées et fragiles. Un des deux baraquements regroupait les personnes atteintes de maladies infectieuses. Les SS craignaient ces maladies car elles pouvaient se répandre jusque dans leurs quartiers. Un infirmier et quelques femmes s'occupaient des gens âgés. Une barrière entourait les deux baraquements qui constituaient l'hôpital et nous n'étions pas autorisés à nous en approcher. Lorsque quelqu'un tombait sérieusement malade, il y était transporté et rares étaient ceux qui en revenaient. Tous les jours, un ou deux corps étaient transférés de l'hôpital au crématorium. Je me rappelais d'une adorable jeune femme avec son beau bébé. J'aimais beaucoup le petit et avais joué pendant des heures avec lui. La femme, tombée rapidement malade après notre arrivée, était morte deux jours plus tard à l'hôpital. Des femmes s'étaient occupées du bébé, mais il était également tombé malade et son père l'avait amené à l'hôpital où il s'était occupé de lui. J'avais entendu dire que le bébé était mort aussi, mais que son père était resté là-bas en tant qu'infirmier. Je voyais parfois le père derrière la barrière de l'hôpital; il n'était pas difficile de le reconnaître car il avait une barbe rousse* qu'il avait laissé pousser après la mort de sa femme et de son fils.

Papa est parti des heures durant. En fait, il n'est pas revenu ce soir-là : il est rentré directement dans son baraquement après avoir quitté l'hôpital. Le jour suivant, papa nous a décrit les terribles conditions du baraquement nouvellement désigné pour abriter les personnes âgées et souffrantes. C'était toujours la même histoire, il n'y avait pas assez de matelas. Ils avaient dû abandonner de vieilles personnes épuisées et terrifiées, couchées à même le sol glacé. D'autres, trop malades pour quitter l'hôpital, n'avaient pas été déplacées car il n'y avait plus de place. Nous avons été très affectés par cette triste histoire, mais quelque chose de bon en est ressorti, du moins pour nous. Dans le baraquement des personnes âgées, des poêles brûlaient pour donner un peu de chaleur. Papa s'était arrangé avec l'infirmier pour faire cuire nos pommes de terre. Le prix était de cinq grosses patates pour le cuisinier. Le jour suivant, papa n'est pas allé travailler le matin, il s'est caché dans le lavoir des femmes. Il est venu me voir vers sept heures et demie, j'étais éveillée et habillée, prête à me rendre à l'appel.

— Que fais-tu ici papa ? ai-je demandé, surprise de le voir.

— Je reste ici, a-t-il répondu. Je suis rentré me coucher à une heure et je n'ai pas pu dormir. Je n'arrivais pas à sortir de mon esprit la vision de ces pauvres gens traumatisés.

---

* Signe de deuil dans la religion juive. (NdlT)

— Ne vont-ils pas se rendre compte de ton absence ?

— Je ne pense pas. Les choses sont plutôt chaotiques en ce moment avec les gens qui vont de baraquement en baraquement, et tous ces nouveaux gardes SS ne sont pas encore familiers avec les visages de ceux qui composent les divers groupes de travail.

Les nouveaux gardes SS étaient arrivés d'Auschwitz avec les récents convois. Nous avions remarqué que le camp russe, situé en face du nôtre de l'autre côté de l'artère principale, avait récemment vu sa population augmenter.

Les prisonniers de guerre russes avaient disparu depuis un moment. Nous ignorions où, et nous ne pouvions que prier qu'ils soient en sécurité. Mes pensées vagabondaient, mais j'ai été brusquement ramenée à la réalité lorsque papa m'a dit :

— Je vais faire un somme dans ton lit Hetty. Je suis très fatigué.

— Et l'appel ? Les chiffres ne seront pas bons si tu n'y participes pas !

— Ne t'inquiète pas, j'ai parlé avec la doyenne, elle sait que j'ai aidé les personnes âgées la nuit dernière et a accepté de m'inscrire comme malade pour l'appel.

J'étais rassurée et je préférais ne pas penser à ce qu'il se passerait sur l'*Appelplatz* si quelqu'un venait à manquer.

— Ne t'inquiète pas ma chérie, a insisté papa, j'ai tout arrangé. Maintenant, tu ferais mieux de te préparer pour l'appel. Les garçons sont déjà partis. Je te verrai tout à l'heure quand tu reviendras.

Je suis descendue du lit et papa s'est couché tout habillé avec la couverture sur la tête pour que personne ne voie qu'un homme dormait dans le baraquement des femmes. Avant même que je n'aie quitté le bâtiment, mon père dormait profondément. Pauvre papa, ai-je pensé, il était si fatigué à force de travail et de manque de nourriture. J'ai levé les yeux vers le ciel gris et j'ai prié pour que quelqu'un, un jour, nous vienne en aide.

Nous sommes revenus de l'*Appelplatz* vers onze heures et demie. Papa s'est réveillé lorsqu'il a entendu nos voix.

— Ils vous ont encore gardés longtemps aujourd'hui. Venez dans le lit vous réchauffer avant la soupe, a-t-il dit.

Nous sommes montés tous les trois. Nous avons enlevé nos chaussures avant de nous blottir sous la couverture. Nous ne pouvions laisser nos chaussures par terre car elles seraient immédiatement volées. Voilà pourquoi nous devions attendre d'être en haut du lit pour les enlever et les garder près de nous. L'hygiène venait en second plan. Désormais, seule importait la survie.

Chapitre 5

2 décembre 1944

Le temps était venu pour nous aussi de changer de baraquement. Tout le monde a rangé ses maigres possessions et, lentement, le bâtiment dans lequel nous avions vécu pendant dix mois s'est vidé. C'était une expérience très troublante. Le baraquement était devenu notre maison, avec notre lit si familier où nous avions dormi, mangé, parlé, où nous avions pu nous asseoir tous ensemble, en famille unie. Désormais, l'incertitude était de retour, ce sentiment que nous avions ressenti si souvent à Amsterdam lorsque les SS frappaient de porte en porte pour sortir les gens de chez eux. Nous entendions les coups sur les autres portes et nous n'étions soulagés que lorsque le bruit des bottes s'éloignait loin de chez nous. Ici, à Bergen-Belsen, rien n'avait changé. Déraciner les gens en masse était une façon rusée et sadique d'engendrer la panique; l'impact sur notre moral était énorme.

Maman, papa, Jacky et Max étaient partis inspecter les lieux de notre nouveau baraquement afin de nous trouver un lit. Je suis restée pour garder les valises et nos couvertures. Assise sur notre lit, je balayais du regard notre baraquement presque vide. Ici et là traînaient des choses oubliées ou abandonnées. Je savais qu'elles ne le resteraient pas très longtemps, quelqu'un trouverait rapidement un moyen de les utiliser. Non loin de moi, un couple de personnes âgées se préparait à partir, et l'homme disait à la femme de se dépêcher, sans quoi ils ne trouveraient pas de lit pour dormir. La femme pleurait et ses mouvements étaient lents et laborieux.

— Allez ! disait l'homme pour la presser, laisse-moi porter cette valise, ce sera plus facile.

Les yeux pleins de tristesse, je les ai regardés partir. « Elle n'en a plus pour très longtemps à vivre », ai-je pensé. Quel dommage, c'était une si jolie vieille femme. Lorsque nous étions arrivés, dix mois auparavant, elle arborait toujours un très beau sourire, mais désormais elle était maigre, vieille et usée d'être constamment privée de nourriture.

Papa et maman sont revenus au bout d'environ deux heures.

— Mais enfin qu'est-ce qui vous a pris si longtemps ? ai-je demandé.

— Du calme, j'ai une surprise pour toi, a répondu maman.

Ils ont grimpé sur le lit et maman a ouvert un petit paquet enveloppé dans un vieux chiffon.

— Voilà, tu peux tout manger ! a-t-elle dit alors qu'elle me tendait de grosses pommes de terre cuites, leur peau encore brûlante.

— Comment avez-vous fait ?

— Eh bien, a expliqué mon père, ta mère a pensé qu'on pourrait profiter du chaos qui règne dans notre camp en ce moment pour nous rendre à l'hôpital avec les patates. Comme ils sont tous occupés à traîner valises et baluchons, personne n'a rien remarqué.

Pendant que les pommes de terre cuisaient à l'hôpital, mes parents avaient choisi des lits dans le nouveau baraquement. Ils avaient trouvé deux matelas mais avaient dû aussi chercher des planches à installer en dessous. Max et Jacky étaient restés surveiller les lits et mes parents avaient récupéré les pommes de terre. J'avais terminé de peler celle qu'ils m'avaient rapportée et en avais coupé un morceau durant leur récit. Je me suis mise à manger lentement car c'était encore très chaud. Papa et maman ont avalé leurs pommes de terre avec un peu de sel que maman avait conservé dans notre valise. Aucun d'entre nous ne prononçait un mot, assis sur le lit du haut, dans le baraquement désert. Tout à coup, j'ai lancé un regard de surprise à ma mère. Que m'arrivait-il ? J'avais à peine fini la moitié de la pomme de terre et je ne pouvais plus rien avaler. J'étais rassasiée ! Mon estomac ne pouvait plus accueillir davantage de nourriture. J'aurais cru pouvoir avaler un bœuf entier tellement j'étais affamée avant d'entamer cette pomme de terre.

— Je ne peux plus rien manger.

— Vas-y doucement, a conseillé ma mère. Ton estomac a rétréci. Mieux vaut garder le reste pour le petit déjeuner demain matin.

Elle a ouvert le vieux vêtement qui contenait toujours les deux pommes de terre pour Max et Jacky.

— Voilà, mets-la ici. Elle sera encore bonne demain.

J'ai déposé ma moitié de patate avec les deux autres et ma mère a soigneusement enveloppé le tout avant de le ranger dans la valise.

— Alors, c'était bon ? a-t-elle demandé.

Si c'était bon ? Bien sûr que ça l'était. Pour la première fois depuis des mois, mon estomac était plein et je n'avais pas faim. Papa et maman ont terminé leur pomme de terre peu de temps après.

— Nous ferions mieux d'y aller, il commence à se faire tard, a dit papa.

Nous sommes descendus de notre lit pour la dernière fois. Papa a pris les deux valises et maman et moi portions chacune plusieurs couvertures.

Il faisait noir lorsque nous avons quitté le baraquement. Le temps était doux pour la saison. Il y avait encore quelques personnes qui erraient, mais la plupart des gens avaient déjà rejoint leurs baraquements. Nous avons traversé l'*Appelplatz*. Lorsque nous sommes arrivés dans notre nouveau baraquement, ce n'était pas aussi terrible que ce que j'avais imaginé. Certains faisaient brûler une bougie qu'ils avaient dû rapporter des Pays-Bas, il y avait bien longtemps. La pièce était ainsi un peu éclairée, cc qui nous a permis de trouver nos lits plus facilement. Max et Jacky ont été soulagés de nous voir arriver car ils commençaient à avoir un peu peur dans ce nouvel environnement. Maman leur a donné à chacun une pomme de terre, avant de faire nos lits aussi bien que possible dans de telles circonstances. La vue de la nourriture a bien vite mis fin aux plaintes que formulaient les garçons quant à leur longue attente. Cependant, avant même d'avoir pu finir sa pomme de terre, Max a dû partir avec papa afin de ne pas dépasser l'heure du couvre-feu. Nous leur avons souhaité une bonne nuit, puis ils nous ont tous deux quittés.

Maman avait réussi à nous trouver un lit sur le troisième niveau, le plus haut. Juste en dessous, Jacky devait partager le sien avec une autre femme à cause du manque de lits pour tout le monde. Enfin, sur l'étage le plus bas dormaient deux sœurs. L'extinction des feux était imminente et rapidement le baraquement a été plongé dans l'obscurité la plus totale. Maman s'est endormie dès que sa tête a touché l'oreiller, mais je ne parvenais pas à trouver le sommeil. Je scrutais la pénombre et écoutais les sons que produisaient tant de gens endormis, épuisés, dans cet endroit lugubre. Je me suis tournée de mon côté, et ai regardé par la fenêtre près de notre lit. Je voyais l'*Appelplatz* faiblement éclairée par la grande lumière placée au-dessus de la porte et sur laquelle se projetaient les ombres des baraquements. Je ne savais même pas où se trouvaient les toilettes par ici. Mieux valait ne pas y penser, sinon j'allais avoir envie d'y aller à coup sûr. Je me suis penchée par-dessus la rambarde du lit. Mes yeux avaient apprivoisé l'obscurité et je pouvais voir Jacky dormir paisiblement sur le lit du dessous. J'ai finalement dû m'assoupir car je ne me suis réveillée que lorsque maman s'est doucement dépêtrée de la couverture pour aller travailler. Nous nous étions tous couchés tout habillés, car nous nous sentions plus en sécurité avec nos vêtements sur nous dans cet endroit inconnu.

— Maman, ai-je murmuré, où sont les toilettes ?

Elle m'a expliqué comment m'y rendre, m'a embrassée et est partie travailler. Il faisait encore sombre dehors et, en regardant par la fenêtre, je distinguais une quarantaine de femmes debout en formation sur l'*Appelplatz* pour permettre aux SS qui les accompagnaient de les compter avant leur départ.

Le matin, Max est venu tôt à notre baraquement. Il nous a demandé nos gobelets pour nous rapporter un peu de ce liquide marronnasse qui était censé être du café. Il est revenu sans tarder et m'a tendu les timbales pour ne pas les renverser, tandis qu'il grimpait pour se glisser sous la couverture avec moi et Jacky qui m'avait déjà rejointe. La proximité de nos corps nous gardait bien au chaud. Jacky et moi sirotions la boisson chaude tout en observant les environs. Dans la lumière du matin, nous ne reconnaissions que très peu de visages de notre précédent baraquement. À notre grande surprise, nous avons constaté que des hommes dormaient également dans ce dortoir. Comment cela avait-il été possible, nous n'en savions rien, et en fait cela nous était bien égal. Les femmes n'étaient plus aussi prudes, elles s'habillaient, se déshabillaient, se lavaient, parfois entièrement nues, devant de parfaits étrangers. Qui pouvait bien s'en soucier ? Qui regarderait ces femmes si maigres ? La seule pensée qui nous motivait tous, c'était de trouver de la nourriture pour survivre. Ce jour-là, nous sommes restés dans le baraquement toute la journée ; nous sommes sortis uniquement pour assister à l'appel. Avant de partir, nous avions pris soin de dissimuler sous la couverture la valise contenant le précieux sucre, en nous assurant bien que le lit était fait selon les standards SS.

Les heures s'égrenaient lentement alors que nous attendions le retour de nos parents. Le matin, j'ai mangé le reste de ma pomme de terre après en avoir donné un petit morceau à chacun de mes frères. Ils avaient dévoré la leur la veille au soir, mais je ne pouvais pas me résoudre à manger seule. Nous ne nous sentions pas encore chez nous dans ce baraquement, car nous ne connaissions pas grand monde. Il hébergeait deux fois plus de personnes que le précédent. Max est allé nous chercher notre soupe, et comme nous en avions pris l'habitude, nous avons gardé un bol entier pour papa. Il avait tellement faim lorsqu'il revenait du travail. L'heure venue, les garçons sont allés l'attendre près de la porte. À son retour, il demandait chaque fois si maman était rentrée car, ces derniers mois, son nombre d'heures de travail journalières n'avait cessé d'augmenter. Il n'y avait que deux cuisines dans le camp pour nourrir l'incroyable afflux de personnes à Bergen-Belsen. Maman est rentrée une heure après papa. La journée avait été très longue pour elle. Papa et Max étaient allés à sa rencontre et lorsqu'ils sont revenus tous les trois, j'étais très heureuse de la revoir. Ils sont tous montés nous rejoindre sur le lit. C'était plus difficile car il était plus haut et nous n'avions pas beaucoup de place pour nous asseoir. La plupart des gens s'installaient également sur leur lit, et il était fréquent de piétiner quelqu'un par inadvertance lors de la manœuvre.

Après s'être un peu reposés, papa et maman ont décidé de se rendre à l'hôpital pour faire cuire plus de pommes de terre. À leur retour, ils nous ont dit que nous pourrions aller les chercher le lendemain soir. Lorsque Max était allé chercher la soupe à l'heure du déjeuner, il en avait profité pour prendre également nos rations de pain. Ainsi, ce soir-là, notre repas a été constitué d'une fine tranche de pain noir sec agrémentée de quelques morceaux de carottes que maman nous avait ramenées dans ses bottes. Ma mère était épuisée, alors Max et mon père sont partis tôt afin de nous permettre de nous coucher.

Le lendemain, la routine s'était déjà installée. Nous avons rapidement découvert qu'il n'y avait pas de lavoir à côté de ce nouveau baraquement, mais simplement un robinet à l'extérieur. Jacky et moi y sommes allés le matin pour nous laver les mains et le visage, pendant que Max gardait les valises. Après deux heures d'appel nous avons été heureux de nous retrouver à nouveau à l'intérieur du baraquement. Pour le déjeuner, on nous a donné nos rations de pain pour trois jours. Cela nous a causé du souci car nous ne savions pas où les cacher pour ne pas qu'on nous les vole. J'ai fini par les mettre dans le seul endroit possible, la valise. Après le déjeuner, Max et Jacky ont quitté le baraquement en quête de nourriture, prenant un bol avec eux. Les garçons avaient tous les deux une cuillère et un couteau de table spéciaux : le manche était argenté et la lame en acier. Ils utilisaient leurs couteaux pour racler le fond des récipients de nourriture avant qu'ils ne soient ramassés. Max rentrait parfois avec un demi-bol de soupe, mais il arrivait que la nourriture qu'il récupérait ainsi soit souillée par des vers ou de la moisissure. Lorsque Max n'était pas sûr du risque encouru, ou s'il y avait des particules de rouille, il me demandait toujours mon avis. Je devais alors lui dire de ne pas en manger, que cela pouvait être dangereux. Il avait alors l'air tellement déçu. Il travaillait si dur pour obtenir une fine couche de nourriture dans le fond de son bol. Pourtant il acceptait sans rechigner de tout jeter. Les garçons partis, j'ai dû rester près de nos bagages. Une des deux sœurs sur le lit le plus bas avait engagé la conversation avec moi. Sa sœur ne se sentait pas bien et restait allongée dans le lit. Elles m'ont appris que leurs maris respectifs avaient été arrêtés suite à une rafle à Amsterdam, il y avait deux ans, et qu'elles ignoraient ce qu'il leur était arrivé. Suite à cet événement, les deux sœurs vivaient ensemble et avaient été amenées ici.

Les garçons sont revenus au bout d'une heure. Leur quête n'avait pas été très fructueuse, mais je leur ai tout de même dit de manger ce qu'ils avaient mis dans le bol. Maman est rentrée tôt du travail ce jour-là et après nous avoir donné quelques morceaux de carottes, elle a décidé d'aller récupérer les dernières pommes de terre à l'hôpital. Max et Jacky l'ont accompagnée. Peu après leur départ papa est rentré, l'air soucieux.

— Où est tout le monde ? Pourquoi n'y avait-il personne pour m'attendre à la porte aujourd'hui ?

Je lui ai expliqué que maman et les garçons étaient partis chercher les patates.

Son visage s'est apaisé.

— Bien ! Je ne vais pas manger ça maintenant, a-t-il dit en désignant la soupe, ou tout du moins ce qui en portait le nom. Ça va me remplir et je n'aurais plus de place pour la pomme de terre. Tu sais quoi ? Je crois que je vais même l'échanger contre autre chose. Je connais un homme qui a des lames de rasoir. Je vais aller le voir tout de suite. Donne-moi le bol, Hetty.

Papa est redescendu, et lorsqu'il a atteint le sol, je lui ai tendu le bol de soupe froide que j'avais recouvert de mon fichu. Papa est parti avec et je me suis installée pour surveiller nos affaires et attendre de nouveau. Environ une heure plus tard, papa est revenu avec deux lames de rasoir, puis maman et les garçons sont arrivés à leur tour. Max et ma mère portaient le précieux butin. Une fois tout le monde installé sur le lit, maman a déballé le paquet. Il ne restait que huit pommes de terre car il avait fallu en donner encore deux au cuisinier. Nous nous sommes rapidement mis à déguster notre repas. J'avais immédiatement coupé la mienne en deux, car je savais d'avance qu'une entière serait trop pour moi. C'était une sensation incroyable que de pouvoir manger jusqu'à satiété. Maman a ensuite donné une patate supplémentaire à papa pour qu'il puisse la manger avant d'aller travailler demain matin et a mis le reste dans la valise.

Nous sommes restés assis tous ensemble pendant un moment. Papa nous a raconté qu'un de ses collègues s'était fait prendre : il avait laissé tomber une chaussure qu'il avait volée au moment où il passait la porte. Nous avons éprouvé de la compassion pour cet homme car il faisait plutôt froid et nous savions que les heures qu'il allait passer debout dehors ne seraient pas faciles pour lui. Au bout d'une heure, nous avons commencé à somnoler, conséquence de notre estomac plein.

Papa a déclaré que la journée avait été bonne, puis a décidé qu'il était temps pour lui et Max de partir. Ils nous ont embrassés pour nous souhaiter bonne nuit, et maman a informé Max qu'elle ne travaillait pas le lendemain et lui a demandé de revenir le matin avant l'appel pour partager notre petit déjeuner spécial. Nous formions une famille unie et nous nous soutenions les uns les autres pour affronter ces terribles épreuves.

Le matin suivant, je me suis réveillée à sept heures. J'avais dormi d'un sommeil profond. Lorsque j'ai ouvert les yeux, maman me regardait ; elle m'a souri puis embrassée.

— Cela fait longtemps que tu es réveillée, maman ? ai-je demandé.

— Une heure à peu près. Veux-tu prendre ton petit déjeuner ?

— Non merci. Je préfère le garder pour plus tard. Où est Jacky ?

— Il est parti avec Max chercher de la nourriture. Ils ne devraient plus tarder, parce que ça va bientôt être l'heure de l'appel.

— Eh bien, je suis prête, ai-je dit. Je suis habillée. Nous dormions toujours tout habillés.

— Brosse-toi un peu les cheveux et ça ira, a dit maman.

Je me suis mise en quête d'un peigne dans la valise. Il était environ sept heures et demie lorsque nous avons été informés qu'il n'y aurait pas d'appel aujourd'hui. C'était une bonne nouvelle, mais généralement l'appel n'était annulé que pour être remplacé par quelque chose de bien plus sinistre. Maman a décidé de mener sa petite enquête pour découvrir ce qui nous attendait.

— Maman, ça fait deux jours que je ne bouge pas du baraquement pour garder un œil sur la valise. Est-ce que Jacky et Max ne pourraient pas me remplacer un moment ? J'ai besoin de prendre un peu l'air.

— Bien sûr ! a répondu ma mère. Quand les garçons seront de retour, tu pourras leur dire que je voudrais qu'ils la surveillent. J'y vais maintenant, je ne serai pas longue.

Elle est descendue et, quelques instants plus tard, je l'ai vue traverser l'*Appelplatz* en direction de notre ancien baraquement. Lorsque Max et Jacky sont revenus, je leur ai dit de rester auprès de la valise et je suis sortie m'aérer. Dehors, des femmes discutaient en petits groupes, mais je ne leur ai pas prêté grande attention. Soudain j'ai vu ma mère, nerveuse et tremblante, qui se dirigeait droit vers moi.

— Que se passe-t-il, maman ? ai-je demandé lorsque j'ai été suffisamment proche d'elle.

— Quelque chose de terrible est sur le point d'arriver !

— Quoi donc ?

Pendant un instant, elle n'a pas pu répondre, mais je voyais bien qu'elle était très agitée.

— Que se passe-t-il ? ai-je insisté.

— Il paraît que le groupe des diamantaires va faire partie d'un convoi punitif aujourd'hui.

Je suis restée interdite un moment, puis je me suis rappelé que nos noms figuraient sur la liste du groupe depuis six mois.

— Oh non ! Mais peut-être que nous n'en ferons pas partie et peut-être que la rumeur est fausse.

— Non, a-t-elle répondu, c'est vrai. Regarde ! Elle montrait la porte du doigt. Les gardes sont en train de ramener les hommes des différentes équipes de travail. C'est vrai !

J'ai commencé à paniquer et j'ai agrippé le bras de maman :

— Qu'allons-nous faire ?

Elle m'a prise dans ses bras.

— Allons, reste tranquille, il faut garder la tête froide. Nous nous en sortirons d'une manière ou d'une autre. Nous ne partirons pas, mais papa, oui. Ils n'envoient que les hommes.

Désormais, tout le camp était en émoi. La nouvelle s'était répandue comme une traînée de poudre. Max est sorti et a vu mon visage bouleversé ainsi que celui de maman qui ne pouvait plus retenir ses larmes. Il s'est précipité vers elle et a mis ses bras autour de sa taille et enfoui sa tête dans sa poitrine.

— Qu'allons-nous faire ? a-t-il sangloté.

Ma mère lui caressait la tête tout en essayant de se ressaisir.

— Regardez, voilà papa ! ai-je dit.

Il revenait avec une dizaine d'autres hommes du commando des chaussures. Comme dans un rêve, j'ai vu les hommes du petit groupe ôter leur couvre-chef, tourner leurs visages sur la droite et saluer le poste de garde des SS situé au niveau de la porte alors qu'ils entraient dans le camp. Papa nous a immédiatement repérés et s'est dépêché de venir nous rejoindre. Mes parents se sont regardés, il était inutile de parler. La tristesse que reflétaient leurs yeux était insupportable. Mon père a pris sa femme dans ses bras. Ils sont restés ainsi immobiles, dans les bras l'un de l'autre, sans un mot, la douleur de la séparation imminente gravée sur leurs visages. Lorsque papa a finalement relâché maman, il nous a embrassés, Max et moi, et a dit à Max :

— Viens avec moi dans notre baraquement pour prendre la valise et la literie. À partir de maintenant, tu vas dormir avec maman, tu ne peux pas rester là-bas tout seul après mon départ. Allons-y ! Ils nous ont donné une heure pour nous préparer.

Max et papa sont partis, maman et moi sommes rentrées les attendre dans le baraquement. Elle a annoncé la mauvaise nouvelle à Jacky. Quant à moi, je ne parvenais pas à rester en place. J'ai ouvert la valise et sorti les trois rations de pain pour les donner à papa. J'ai trouvé un mouchoir relativement propre dans lequel j'ai enveloppé le pain. Alors c'était pour ça qu'ils nous avaient donné nos rations de pain pour trois jours, pensais-je. Quels monstres ! Ils avaient déjà tout organisé, les fourbes !

Mon père et mon frère sont revenus rapidement; papa portait sa valise et Max une couverture et un drap, dont la couleur était difficile à déterminer car la dernière fois qu'il avait été lavé remontait à des semaines. Comme d'habitude, tout s'est passé en haut de notre lit. Là, papa a ouvert la valise et en a sorti un maillot de corps, une chemise, des sous-vêtements, deux paires de chaussettes ainsi que son rasoir avec les deux lames qu'il avait obtenues la veille en échange d'un bol de soupe.

— Jacky, donne-moi ton petit cabas. Pas la peine de m'encombrer avec une valise à moitié vide.

Jacky a vidé son sac et l'a tendu à papa qui y a rangé ses affaires ainsi que les trois rations de pain. Maman voulait également lui donner un pot de sucre, mais il s'y est opposé avec fermeté.

Maman a eu beau insister, rien n'y a fait. Le moment de la séparation approchait. Chacun notre tour, il nous a serrés dans ses bras en nous demandant d'être sages et de prendre soin de notre mère. Nous sommes descendus au bas du lit pour escorter notre père jusqu'à la porte. Alors que nous sortions du baraquement, un grand nombre d'hommes et de femmes sont venus saluer mon père pour lui souhaiter bonne chance.

Dehors, j'ai remarqué à quel point les nuages étaient gris. Tout était tellement gris. Environ quatre cents hommes accompagnés de leur famille s'étaient regroupés près de la porte et nous les avons rejoints. Le silence s'est fait sur l'*Appelplatz*. La plupart des gens avaient dû pleurer en privé, pensais-je. Au moment de partir, c'était comme si une force intérieure émergeait de ce groupe. Même si tous étaient angoissés à l'idée de ne plus jamais revoir ceux qu'ils aimaient, chacun s'efforçait d'afficher un air gai pour se donner mutuellement le courage d'affronter ce futur incertain.

Nous nous tenions serrés les uns contre les autres pour ces derniers moments, lorsque le garde SS a commencé à appeler le nom des gens qui devaient s'avancer. Ceux-ci devaient ensuite s'aligner par cinq de l'autre côté de la porte. Les premiers noms ont été appelés par ordre alphabétique. Arrivés à la porte, ils devaient abandonner leurs bagages. Papa a eu le temps d'ouvrir son sac pour sortir les rations de pain et les mettre dans la poche de son manteau. Il a également pris le rasoir et les deux lames, qu'il avait au préalable enveloppées dans du papier, et les a mis dans son autre poche. Il a tendu le sac à maman en lui disant qu'il mangerait le pain et que s'ils ne lui prenaient pas le rasoir et les lames, il pourrait les échanger contre de la nourriture. À présent, la moitié du groupe avait passé les portes et une partie d'entre eux avait commencé à avancer sur ordre des Allemands. Une fois les hommes partis, les femmes et les enfants qu'ils laissaient derrière eux pleuraient amèrement. Ils n'avaient plus à se retenir.

Mon père s'est tourné vers ma mère et lui a dit :

— Ma chérie, prends bien soin de toi et de nos enfants, et surtout reste en vie. On se reverra bientôt. Je suis sûr que cette guerre sera vite finie. Je te retrouverai.

Maman ne pouvait pas parler, ses yeux étaient emplis de larmes. Jacky et Max pleuraient aussi.

Papa a embrassé maman et l'a tenue serrée contre lui, puis il a embrassé les garçons et leur a demandé de bien obéir à leur mère. Finalement, il s'est tourné vers moi et a plongé son regard dans le mien :

— Hetty, tu es l'aînée. Occupe-toi de ta mère pour moi, et des garçons.

J'ai acquiescé. Je ne pouvais pas parler. Il m'a embrassée, puis son nom a été appelé. Il n'y avait rien que nous puissions faire pour empêcher son départ, il devait nous quitter. Il a donné un dernier baiser à maman et il s'est avancé vers la porte, où son nom a été coché sur la liste par l'officier SS. Nous avons regardé papa passer la porte et rejoindre les hommes de l'autre côté. Oncle Max faisait partie du lot. Papa avait été l'un des derniers à être appelés.

Femmes et enfants essayaient d'apercevoir une dernière fois l'être aimé et nous avons dû jouer des coudes pour nous approcher de la grille. L'ordre d'avancer a été lancé et le groupe s'est mis en mouvement. Le visage de ces hommes était aussi maussade que le temps.

— Au revoir ! Au revoir ! avons-nous tous crié.

Nous avons fait signe à tous ceux qui étaient contraints de nous quitter jusqu'à ne plus les voir à l'horizon.

Lentement, l'*Appelplatz* s'est vidée. Les femmes et les enfants ont ramassé les bagages laissés par leurs maris et pères respectifs. Nous n'avions rien à ramasser. En silence, nous avons regagné notre baraquement. Personne ne disait mot, chacun muré dans ses pensées. Dans ma tête, j'imaginais que j'étais auprès de papa sur la route qui menait à la gare où il devait prendre le train. Mais pour quelle destination ? L'image d'une étendue infinie s'est imposée à mon esprit. Je ne voyais plus rien. C'était le néant. Papa, où es-tu ? Mon cœur l'appelait, mais n'obtenait aucune réponse. Désespérée, j'ai regagné le baraquement, aucune larme ne roulant sur mes joues. J'ai attendu d'être sur notre lit pour avoir la force de regarder ma mère. Dans ses yeux, je pouvais lire toute la douleur causée par le départ de papa. Que pouvais-je dire ? Je savais qu'elle souffrait et je devais la réconforter.

— Maman, tout ira bien pour papa.

— Tu crois ? a-t-elle demandé telle une enfant effrayée qui cherche à être rassurée.

— J'en suis sûre. Il ne faut pas te laisser abattre. Nous le reverrons bientôt. C'est ce qu'il a dit et je le crois ! Tu sais que c'est un optimiste. Un battant.

Les mots venaient à moi naturellement et j'ai été heureuse qu'ils lui apportent un peu de réconfort. Bizarrement, mes propres paroles m'ont également consolée.

Maman a relevé la tête et a regardé les garçons qui étaient restés sagement assis pendant que je lui avais parlé. Elle les a tous les deux pris dans ses bras en disant :

— Nous devons rester unis maintenant que papa est parti.

Ils ont acquiescé.

— Bien, a dit maman, il va falloir nous organiser pour que Max puisse dormir avec nous ce soir.

Elle a ensuite ouvert la seconde valise et en a sorti nos maigres possessions. Elle a demandé à

Max de poser le bagage vide par terre sous le lit. Nous ne craignions pas de nous la faire dérober, personne n'était susceptible de partir en voyage quelque part. Ma mère a tout rangé dans l'autre valise et l'a installée au bout du lit de manière à laisser suffisamment de place à Max pour s'installer à nos pieds.

Plus tard dans la journée, nous avons partagé les dernières pommes de terre et mangé un peu de nos rations de pain. Parfois, maman avait les yeux dans le vague et nous savions où son esprit vagabondait. Nous étions accablés de chagrin et avions le moral au plus bas ; aussi avons-nous tous été soulagés lorsque le moment de se coucher est arrivé. Nous avons dû trouver une nouvelle position pour dormir en raison de la présence de Max avec nous. Il s'est endormi tout de suite. Maman est restée éveillée un moment, puis j'ai entendu sa respiration se faire plus régulière et j'ai su qu'elle dormait. Quant à moi, j'ai veillé plusieurs heures pendant lesquelles j'ai pensé à papa et prié Dieu de le protéger. Lorsque maman est partie travailler le lendemain matin, Max s'est allongé près de moi. Nous avons dormi jusqu'à six heures et demie. Jacky nous a réveillés au moment du café. Comme à son habitude, Max est allé nous le chercher. Il a pris un bol avec lui, car c'était plus facile à transporter que trois tasses. Nous avons bu l'eau marronnasse pour nous réchauffer.

— Tu crois qu'il est où, papa, maintenant ?

— Je n'en sais rien, ai-je répondu.

Le silence s'est installé entre nous. J'ai sorti une ration de pain de la valise, il était marron et sec.

J'ai coupé trois tranches très fines de quelques millimètres de notre ration quotidienne qui faisait six centimètres sur trois. Il fallait que nous tenions jusqu'à l'arrivée de la soupe. Alors que nous commencions à nous préparer pour l'appel, nous avons été informés qu'il n'y aurait pas d'appel non plus ce matin-là, et nous sommes donc restés assis sur le lit.

Nous étions le 5 décembre 1944, c'était le jour où nous fêtions la Saint-Nicolas, le jour que préfèrent tous les enfants des Pays-Bas. Il était environ neuf heures lorsque maman est revenue dans le baraquement.

— Que se passe-t-il maman? Pourquoi es-tu rentrée du travail?

— Nous partons dans un convoi!

— Quoi? Mais où va-t-on?

J'étais sous le choc, envahie par un sentiment de catastrophe imminente. Les yeux des garçons reflétaient leur surprise.

— Nous devons faire nos valises maintenant, il faut être prêts à onze heures, a déclaré maman.

Le ton calme qu'employait ma mère nous a aidé à maîtriser notre panique. Elle était tellement forte. Elle savait qu'elle devait garder son sang-froid pour nous.

— Dieu veillera sur nous, croyez-moi! a assuré maman en me regardant.

Je n'en étais pas si sûre. Comment Dieu pouvait-il tolérer que des êtres humains souffrent autant que nous?

Ma mère a demandé à Max de prendre la valise qui était par terre et de la lui donner. Je l'ai aidé à plier les couvertures et les draps afin de les répartir dans les deux valises avec le peu de vêtements qu'il nous restait. Elle a placé les pots contenant le sucre et le sel avec beaucoup de précaution entre les couvertures. Il ne nous a pas fallu plus de vingt minutes pour être prêts. Maman a envoyé Max et Jacky se laver les mains et le visage et leur a également conseillé de passer aux toilettes puis, à leur retour, nous sommes parties faire de même. Nous sommes revenues dix minutes plus tard, il était presque dix heures. Nous sommes restés assis sur le lit, nous ne parlions pas beaucoup. De temps en temps, des gens venaient nous voir pour nous souhaiter bonne chance. La femme qui dormait à l'étage inférieur nous a informés qu'après notre départ, elle et sa sœur prendraient notre lit.

— Bien sûr, a acquiescé Maman.

Nous étions déchirés entre espoir et désespoir. Peut-être allions-nous dans un meilleur camp ? Où est-ce qu'on nous envoyait ? Je ne voulais pas envisager la possibilité que nous puissions être emmenés vers un endroit pire que celui où nous nous trouvions.

À dix heures et demie, ma mère a proposé de sortir pour voir ce qu'il se passait.

Maman et moi sommes descendues du lit et les garçons nous ont tendu les valises. Alors qu'ils descendaient à leur tour, la femme du bas a grimpé sur notre lit pour s'en emparer avant quiconque. Nous nous sommes dirigés vers la sortie ; ma mère et moi portions chacune une valise, Max et Jacky nous suivaient. Nous ne sommes pas allés tout de suite vers la porte du camp, mais sommes restés près du baraquement. De là, nous pouvions observer ce qu'il se passait sur l'*Appelplatz* près de la barrière. De nombreuses femmes, avec leurs enfants, s'y étaient regroupées ; leurs familles et leurs amis étaient venus leur faire leurs adieux.

À onze heures moins dix, Albela est arrivé à la porte, M. Weiss était également présent. Cinq minutes après, trois officiers sont descendus d'un camion garé sur la route à l'extérieur du camp. Un des SS s'est entretenu avec Albela, qui a hoché la tête puis a donné la liste qui venait de lui être remise à l'un de ses lieutenants. M. Weiss servait d'interprète car de nombreuses femmes ne comprenaient pas l'allemand. De plus en plus de personnes voulant témoigner de leur sympathie s'amassaient sur l'*Appelplatz*, tant et si bien qu'elles masquaient à notre vue ce qu'il se passait à la porte. Soudain, un grand vacarme et des cris de lutte se sont élevés aux abords de la sortie. Une femme, hystérique, s'est mise à hurler : « Mon bébé, mon bébé, je veux mon bébé ! » Une autre criait : « Non ! Non ! » Nous entendions aussi les SS leur intimer l'ordre d'avancer.

— Oh mon Dieu ! Nous devons abandonner les enfants. Ils ne veulent pas qu'ils viennent avec nous, a dit maman.

J'étais paralysée d'horreur et incapable de prononcer une parole.

— Hetty, dépêche-toi de rentrer la valise dans le baraquement. Il n'y a pas de temps à perdre !

J'ai pénétré dans le baraquement, maman sur les talons. La pièce était déserte car tout le monde observait ce qu'il se passait à la porte. À peine arrivée à l'intérieur, ma mère m'a demandé d'ouvrir la valise que je portais pendant qu'elle ouvrait l'autre. Très rapidement, elle a mis une couverture et ses vêtements dans l'un des bagages. Elle y a également déposé un pot de sucre à moitié plein.

— Maintenant, écoute-moi bien, Hetty. Je veux que les garçons et toi vous preniez une cuillerée de sucre de temps en temps, et surtout prends en grand soin, parce que tu pourras l'échanger contre du pain ou quelque chose d'autre dont tu pourrais avoir besoin. Promets-moi de faire ce que je te demande.

— Oui, maman. Je sentais déjà l'énorme responsabilité qui pesait sur mes épaules.

— Hetty, prends soin de tes frères pour moi, a-t-elle ajouté. Fais bien attention à Jacky car sa santé est fragile.

— Oui, Maman, ai-je promis. Nous savions toutes deux que les minutes à passer ensemble étaient comptées.

— Oh ! J'allais oublier, a dit maman en sortant quelque chose de la poche de son manteau. Prends ça, c'est le peigne fin pour retirer les lentes. Garde tes cheveux et ceux des garçons bien propres.

J'ai acquiescé et mis le peigne dans ma poche. Tout au long de ces mois dans le camp, maman avait pris soin de nos cheveux pour nous éviter d'avoir des poux. Maman m'a serrée dans ses bras et m'a embrassée encore et encore. Nous n'avons pas versé une larme, mais nous avions le cœur brisé.

— Viens, a-t-elle murmuré. Je dois dire au revoir aux garçons.

Nous avons pris les valises et sommes sorties retrouver mes frères qui nous attendaient à l'endroit où nous les avions laissés.

Maman les a pris dans ses bras ; ils pleuraient à grosses larmes.

— Allons, mes enfants, vous êtes de grands garçons maintenant. Il faudra bien écouter votre sœur. C'est elle qui va s'occuper de vous à partir d'aujourd'hui. Vous devez absolument rester ensemble et, à la fin de la guerre, retourner à Amsterdam dans la famille Pomstra. N'oubliez pas, mes petits anges, a dit maman en embrassant ses enfants sans discontinuer.

— Vous accompagnez maman jusqu'à la porte ? a-t-elle demandé en se redressant doucement.

Elle a soulevé sa valise – les garçons étaient accrochés à son manteau – et, lentement, nous nous sommes dirigés vers la porte. Lorsque nous sommes arrivés à cinq mètres de la sortie, M. Weiss a délicatement fait lâcher prise aux garçons. Maman s'est tournée vers moi pour me donner un dernier baiser, puis elle a fait de même avec Jacky et Max. Ils s'accrochaient à moi désormais, pleurant tout leur saoul. Je ne pouvais plus retenir mes larmes alors que je regardais ma mère monter à l'arrière du camion avec sa valise, aidée par quelques-unes des femmes. J'avais l'impression de vivre un véritable cauchemar à regarder maman partir de la même manière que papa la veille.

Nous avons couru à la barrière pour ne pas perdre une seule seconde notre mère de vue.

Lorsque les camions ont commencé à rouler, maman nous a crié :

— Soyez sages mes enfants, au revoir !

Nous avons fait de grands signes et crié au revoir. Tout le monde pleurait. Nos cœurs se brisaient.

Chapitre 6

Lorsque le camion a disparu dans le lointain, j'ai jeté un regard autour de moi et remarqué une quarantaine d'enfants regroupés près de la clôture. Ils étaient âgés de dix mois à dix-huit ans, mais la majorité d'entre eux avait moins de dix ans. Quelques femmes de l'hôpital s'occupaient des bébés et des très jeunes enfants.

— Est-ce que nous retournons au baraquement maintenant ? ai-je demandé à M. Weiss qui nous avait suivis jusqu'à la barrière.

— Non, Hetty, m'a-t-il répondu. Un camion doit venir vous chercher dans un moment. Vous partez tous.

À ces paroles, est né dans mon cœur l'espoir que peut-être nous allions suivre maman, mais cela n'allait pas se passer ainsi.

Nous attendions debout ou assis sur nos valises. Nos larmes ne coulaient plus, mais tous les enfants, moi y compris, étaient en état de choc. La cruauté de cette situation avait laissé des traces : des femmes faisaient les cent pas pour essayer de calmer les bébés qui pleuraient. Des petits enfants parcouraient sans but la zone dans laquelle nous étions confinés, appelant leur mère désespérément. Des bouteilles de lait sont arrivées d'on ne sait où pour nourrir les bébés.

Même si nous étions toujours dans le périmètre de notre camp, deux gardes armés postés à l'extérieur nous surveillaient. M. Weiss était venu nous voir à plusieurs reprises, mais ne pouvait pas rester longtemps chaque fois. Sa présence avait un effet rassurant sur les enfants, qui se calmaient à son arrivée et n'avaient de cesse de pleurer dès l'instant où il repartait. Vers seize heures, les camions qui devaient nous emmener sont finalement arrivés. M. Weiss et quelques hommes ont reçu l'autorisation de nous aider à nous installer. Ils ont porté les enfants un par un, mais les bébés m'ont été confiés ainsi qu'à une autre fille car nous étions les plus âgées.

Les yeux emplis de tristesse, M. Weiss et ses compagnons nous disaient au revoir alors que le véhicule démarrait. Les enfants avaient cessé de pleurer, la promenade dans le camion faisait diversion. Nous laissions notre camp derrière nous et passions devant celui des détenus. Ceux-ci enduraient encore le supplice de l'appel. Cela devait faire près de huit heures qu'ils étaient là.

Les camions sont passés devant la réserve de nourriture et nous avons vu Chris, le gros officier SS qui en était responsable, debout devant la porte. Deux jolies femmes de notre camp, qui travaillaient à la réserve, se tenaient debout près de lui. J'étais contente de voir des visages familiers, aussi leur ai-je adressé un signe de la main. Nous avons passé les portes et pénétré dans le camp des SS. Les camions ont ralenti et se sont arrêtés devant un bâtiment avec une grande double porte. Il fallait descendre, et les garçons les plus âgés ont aidé les plus jeunes. J'ai tendu le bébé que je tenais dans mes bras à Max afin de pouvoir descendre à mon tour. Puis je me suis retournée pour aider les petites filles et les petits garçons à sortir des camions.

Nous avons été conduits à l'intérieur du bâtiment, qui n'était autre que le garage des SS. Lorsque nous sommes entrés, nous y avons trouvé les bagages de nos mères et nous avons compris qu'elles avaient été obligées de les laisser derrière elles. Rapidement, chacun des enfants a reconnu ses affaires et en a pris possession. Après avoir découvert le nom du bébé, j'ai demandé à Eva, la fille la plus grande, ainsi qu'à d'autres enfants, de trouver les bagages de sa mère, parce que nous avions désespérément besoin de changer sa couche. Nous avons installé une couverture dans un coin afin de pouvoir y déposer le bébé. Max était soulagé de ne plus devoir le porter. À ma grande surprise, les enfants ont trouvé la valise très rapidement, et lorsque Eva l'a ouverte, nous avons été très heureux d'y trouver un change propre pour lui. Eva s'est proposée pour changer le bébé afin que je puisse m'occuper du second. Les enfants m'ont vite apporté la valise appartenant à la mère de cet autre bébé. Il avait dix mois, mais n'était pas si petit que ça. Deux filles d'une dizaine d'années m'ont offert de lui changer sa couche. Je les ai laissées faire car il y avait bien d'autres choses à s'occuper. Les petits qui étaient déjà en âge de marcher avaient tous mouillés leurs culottes et sanglotaient à chaudes larmes. Derechef, j'ai enrôlé les enfants âgés de sept à huit ans pour m'aider à chercher toutes les valises, après avoir trouvé le nom de chacun des petits. Il a fallu faire un peu de tri et cela nous a pris un bon moment pour tous les changer. Lorsque j'ai passé en revue les valises abandonnées par les mères, je me suis sentie comme une intruse au milieu des affaires privées d'autrui, mais je me suis rassurée en me répétant que ces femmes seraient heureuses de savoir que l'on s'occupait de leurs enfants. Je me suis assurée que les diverses possessions – comme le linge sale – étaient bien rangées dans les bonnes valises.

Nous étions dans ce garage depuis plus de deux heures et personne ne nous surveillait, nous étions totalement livrés à nous-mêmes. Tout le monde était fatigué. Nous nous étions levés tôt le matin et nous n'avions rien eu à boire et à manger. Il faisait froid dehors et la lumière déclinait rapidement. Des étoiles sont apparues et la lune s'est levée. L'obscurité qui s'était installée dans le garage terrifiait les enfants dans cet environnement inconnu, d'autant que leurs mères n'étaient pas à leurs côtés pour les rassurer. Ils avaient froid et faim, le garage s'est vite transformé en un véritable tohubohu. Un concert de pleurs et de cris de terreur et d'angoisse a alors résonné. Iesy a suggéré que nous criions tous à l'unisson. Nous étions si désespérés que, à trois, nous nous sommes tous mis à hurler et nous avons recommencé jusqu'à ne plus avoir de voix.

Il faisait désormais très sombre dans le garage, la seule source de lumière venait de la lune qui filtrait par la porte ouverte. Personne n'est venu. Nous nous sommes alors blottis les uns contre les autres ; nous étions tristes et perdus. Je me suis dirigée à tâtons vers la porte pour la fermer. Il n'y avait personne en vue et la route était déserte. Quelques lumières brillaient dans les quartiers des SS. Les enfants ont continué à pousser des cris stridents. Ce n'étaient pas de simples pleurs, mais l'expression même du désespoir. Nous avions perdu nos pères, puis nos mères en l'espace de deux jours, et maintenant, après avoir passé plusieurs heures seuls dans ce garage, nous avions le sentiment d'avoir été oubliés du monde.

J'étais assise sur l'une de nos valises lorsque deux silhouettes sont apparues à la porte. Les ombres ont actionné une lampe torche pour éclairer le garage. L'un des deux hommes est entré et a allumé la lumière. Quelle vision affligeante nous devions offrir ! Une quarantaine d'enfants blottis les uns contre les autres dans un coin avec des visages marqués par la fatigue et l'angoisse. Puisque j'étais la plus proche, les gardes m'ont demandé d'où nous venions. Je leur ai dit que nous étions arrivés du camp de l'étoile vers seize heures. Les deux hommes ont discuté un moment entre eux puis l'un d'eux est parti. L'homme qui est resté avec nous dans le garage ne portait pas l'uniforme des SS ; le sien était vert. Il devait avoir une cinquantaine d'années et il tenait son fusil en joue. Lorsque les lumières s'étaient allumées, les pleurs avaient cessé pendant un petit moment, suffisamment pour nous permettre d'entendre pendant l'accalmie le bruit d'une fête de la Saint-Nicolas qui battait son plein dans les baraquements des SS. Ils chantaient des chants festifs à pleins poumons.

Les pleurs et les cris ont recommencé de plus belle et dès qu'un enfant s'arrêtait, un autre prenait le relais. Ils étaient sans repère et sans espoir. Je me suis approchée du garde pour lui demander poliment l'heure qu'il était. Il m'a répondu qu'il était vingt et une heures quinze et m'a demandé si je pouvais faire cesser les pleurs des enfants. Mon allemand était très rudimentaire, il m'a donc fallu un petit moment pour comprendre ce qu'il disait. Je lui ai indiqué dans un allemand balbutiant et à grand renfort de gestes qu'ils avaient besoin de manger et de dormir.

Le garde semblait mal à l'aise au milieu de toute cette tristesse. Lorsqu'il a compris ce que j'essayais de lui dire, il a hoché la tête.

— Surtout ne partez pas ! Je reviens ! Puis il a quitté le garage. Je n'ai pas bien compris ce qu'il avait voulu dire par « Ne partez pas ! » Où pouvions-nous aller ?

J'ai rejoint les petits enfants blottis les uns contre les autres sur le sol. Leurs yeux étaient bouffis par les pleurs et ils étaient complètement exténués par cette épreuve. Leurs plaintes s'étaient calmées, certains d'entre eux, à bout de force, s'étaient même endormis sur le sol de béton glacé. J'ai demandé aux garçons les plus âgés de récupérer les couvertures qui étaient enroulées entre les valises afin d'en recouvrir les petits car la nuit était vraiment très froide. J'ai dit aux autres enfants de ne plus pleurer et d'essayer de dormir et leur ai assuré que le lendemain, lorsque la lumière reviendrait, nous essayerions de découvrir où étaient leurs mamans. Avec l'aide des enfants les plus âgés, je me suis efforcée de les installer le plus confortablement et le plus chaudement possible.

Je leur ai également suggéré de s'asseoir sur les valises. Nous étions tous exténués par cette longue journée, le traumatisme de la séparation et le manque de nourriture. Le calme a finalement été rétabli, la plupart des petits dormaient. À présent, les plus vieux discutaient à voix basse, ils avaient peur de s'endormir. J'étais moi-même fatiguée, mais je n'avais aucune envie de dormir.

Le garde est revenu au bout d'une heure avec deux prisonniers qui portaient un grand carton. Au même instant, une voiture est arrivée. Deux hommes sont entrés dans le garage, les bras chargés de couvertures. J'ai reconnu ces hommes, ils étaient dans notre camp. Lorsque M. Weiss avait appris que nous étions retenus dans le garage des SS, il s'était arrangé pour nous faire porter des couvertures. Aujourd'hui encore, je n'arrive toujours pas à comprendre comment il a réussi, mais nous étions ravis car, à présent, les enfants plus âgés pouvaient également avoir une couverture. Après le départ des quatre hommes, le garde m'a appelée et a désigné les cartons posés par terre. Il a hoché la tête en signe d'approbation et m'a fait comprendre de regarder dedans. J'hésitais. Je n'avais pas confiance en lui. J'ai marché vers les deux cartons, puis ai interrogé à nouveau le garde du regard. Il n'a pas dit un mot, mais a fait un signe de la tête, m'incitant à les ouvrir. Très lentement, j'ai commencé à regarder, toujours aussi méfiante vis-à-vis du garde. J'ai retiré un papier d'emballage, puis je n'en ai pas cru mes yeux. Sous le papier, j'ai trouvé des sandwiches faits d'épaisses tranches de pain tartinées de beurre et de sucre. J'ai levé les yeux vers le garde, trop effrayée pour toucher à quoi que ce soit. Il a hoché la tête en signe d'encouragement, puis s'est retourné en faisant comme s'il n'avait rien vu du tout.

J'ai appelé Max et certains des enfants les plus âgés qui étaient toujours éveillés. Ils sont venus vers moi et, dans un murmure, je leur ai expliqué quel délicieux cadeau le garde nous avait fait. Nous avons regardé dans sa direction, alors qu'il nous tournait le dos, et avec la plus grande précaution nous avons chacun pris un sandwich. J'ai ensuite demandé à certains des garçons d'en apporter un à chacun des petits qui étaient couchés mais qui ne dormaient pas encore. Je leur ai également conseillé d'être le plus discret possible afin de ne pas attirer l'attention de quiconque. Nous étions si affamés, c'était un vrai bonheur pour nous : du pain blanc frais avec du beurre et du sucre. Durant les dix derniers mois, nos rations pour vingt-quatre heures consistaient en des morceaux de pain bis sec quatre fois plus petits que ces tranches moelleuses et, aujourd'hui, nous avions cette quantité énorme. J'ai regardé dans le second carton : il était également rempli jusqu'en haut de ces merveilleux sandwiches. J'ai envisagé la possibilité de réveiller ceux qui dormaient pour leur donner leur part, mais finalement j'y ai renoncé. Dormir leur permettait d'oublier et les sandwiches seraient toujours là à leur réveil. Max, Bram et Iesy sont revenus m'en demander un second ; leur faim était insatiable. Je les ai laissés se servir mais les ai avertis que même s'il en restait beaucoup, il valait mieux les garder pour le jour suivant. En voyant les visages illuminés des enfants qui mangeaient, je me suis promis qu'à partir de ce moment je croirais en l'existence de saint Nicolas. Il faisait effectivement le bonheur des enfants le jour de son anniversaire. J'ai refermé le carton après avoir mangé mon délicieux sandwich et j'ai rejoint le groupe des enfants plus âgés.

Il était désormais vingt-trois heures trente. L'air froid de l'extérieur s'insinuait dans le garage. Des camions approchaient. Ils se sont arrêtés à proximité, puis deux officiers SS et une gardienne sont entrés. La plupart des enfants qui dormaient se sont réveillés, mais quelques-uns ont continué à dormir tant ils étaient épuisés. Nous devions à nouveau grimper dans les camions. Les enfants, qui venaient d'être réveillés si brutalement, se sont remis à pleurer. Je suis montée dans le premier camion avec Max et Jacky et de nombreux petits. Je portais notre valise et Max celle que maman avait dû laisser derrière elle. Bram, sa sœur Bella et Iesy ont été les derniers à grimper ; Bram et Iesy portaient chacun un carton de sandwiches. Dans la précipitation, je les avais complètement oubliés, car toute mon attention était prise par les petits. La gardienne est montée avec nous dans le véhicule.

Le camion allait vite. Nous n'avions aucune idée de l'endroit vers lequel nous nous dirigions. Il faisait nuit noire, la lune avait disparu derrière les nuages. Il devait être minuit. Personne ne parlait et les pleurs avaient cessé. J'ai remarqué que nous avions quitté le camp par la porte principale et que nous étions sur la route qui menait à Celle ; puis nous avons viré à gauche et il m'a semblé que nous tournions en rond au hasard dans la bruyère. Nous avons roulé ainsi pendant des heures. Quel noir dessein nourrissaient nos bourreaux ? La lune était sortie de derrière les nuages et, par l'arrière du camion, je voyais les vastes étendues des landes du Lunebourg. Il n'y avait personne en vue, aucun bruit alentour, seuls les moteurs brisaient ce silence de mort. Puis, nous nous sommes arrêtés. La femme est descendue par l'arrière du véhicule et le conducteur du second camion est venu rejoindre notre chauffeur. Nous les avons entendus débattre sans comprendre de quoi il retournait. Celui qui conduisait notre camion a semblé contrarié car il n'arrêtait pas de dire « nein, nein », mais nous n'arrivions pas à suivre la conversation. De quoi pouvaient-ils bien parler ? Allaient-ils nous tuer ? Nous demeurions silencieux, sentant le danger qui nous menaçait. Après dix minutes d'un débat houleux, la femme est remontée à l'arrière avec nous et le véhicule a redémarré. Je me suis très vite rendue compte que nous nous dirigions vers Bergen-Belsen. Lorsque nous sommes entrés dans le camp, nous sommes passés devant le camp de l'étoile, mais le camion ne s'est pas arrêté et a fini par tourner à droite tout au bout de la route. Environ deux minutes après, le véhicule s'est arrêté et la gardienne a commencé à nous faire descendre avant d'être relayée par deux détenues. Elles étaient vêtues de l'uniforme des prisonniers et portaient des foulards sur la tête. À la vue de ces maigres et effrayantes femmes, les enfants se sont remis à pleurer.

Les petits étaient complètement paniqués et hurlaient de terreur. Certains d'entre eux s'agrippaient à moi, m'empêchant de bouger. J'essayais de les rassurer en leur disant que je restais avec eux. Cela m'a pris quelques minutes pour les calmer. Ils étaient toujours bien accrochés à mon manteau, mais je pouvais tout de même me déplacer. Le second camion est arrivé, ses phares éclairant la zone où nous nous trouvions. Lorsque notre chauffeur a fait mine de partir, l'une des deux prisonnières est allée le trouver pour lui demander ce qu'elles devaient faire de nous et j'ai compris qu'il lui répondait : « Je m'en contre-fiche. Qu'ils aillent au diable ! »

Les deux camions sont partis, nous laissant debout les uns près des autres dans le noir. Les enfants étaient terrifiés et ont recommencé à gémir. Lorsque mes yeux se sont habitués à la pénombre, j'ai distingué les formes d'un baraquement juste devant nous. Une prisonnière nous a dit d'entrer dans le bâtiment que l'obscurité rendait pour le moins lugubre. Nous nous sommes doucement avancés. Lorsque nous sommes arrivés à la porte, une autre prisonnière arborant elle aussi un fichu sur la tête afin de dissimuler son crâne chauve nous a parlé dans une langue que nous ne comprenions pas et nous a indiqué du doigt la direction que nous devions prendre. J'avais très peur, mais je n'osais pas le montrer aux tout-petits. Lorsque nous sommes entrés dans le bâtiment, mon cœur s'est arrêté. Un long couloir s'étendait devant nous. Il faisait totalement noir et, au bout du couloir, une vieille femme tenait une lampe à pétrole. Elle incarnait l'image même de la sorcière. Lorsqu'ils l'ont aperçue, les enfants ont eu de nouveau peur et se sont réfugiés dans mon manteau, m'empêchant ainsi de faire un pas de plus. La silhouette au bout du couloir n'a pas bougé. Elle se tenait devant nous pareille à un cadavre, l'éclairage de la lampe projetant son ombre derrière elle. Les enfants étaient pendus à mes vêtements comme des poids morts. J'ai haussé le ton et leur ai dit d'une voix ferme de ne pas avoir peur et qu'ils avaient le choix entre venir avec moi ou rester là tout seuls. Cela a fonctionné et ils ont lâché prise, me permettant ainsi d'avancer. J'ai libéré ma main de l'emprise de celle d'une petite fille que j'ai autorisée à s'accrocher au revers de mon manteau. J'ai alors poussé les petits derrière moi, afin de faire barrage avec mon corps pour les protéger. Nous nous sommes dirigés lentement vers la silhouette menaçante. À mesure que nous approchions, je me suis rendu compte qu'elle se tenait dans l'embrasure d'une porte. Une faible lueur s'échappait de l'entrebâillement. Lorsque nous sommes arrivés à sa hauteur, elle nous a montré la porte du doigt sans un mot. Tout en gardant le plus possible mes distances de la sorcière (j'étais alors convaincue que c'en était une), nous avons pénétré dans la pièce en question.

Quel soulagement ç'a été de voir qu'il s'agissait d'un dortoir propre où se trouvaient dix à douze lits superposés où nous allions pouvoir dormir. La moitié de l'espace était occupée par des lits et l'autre moitié était vide. Il y avait deux chaises contre le mur, une ampoule nue pendait du plafond et diffusait une lumière éparse, mais suffisante pour nous permettre de tout voir. Les enfants, qui étaient également soulagés, ont lâché mon manteau. Certains s'étaient d'ailleurs déjà dirigés vers les lits. J'ai subitement laissé tomber ma valise sur le sol, lorsque j'ai entendu des cris dans le couloir : les enfants du second camion venaient d'arriver et d'apercevoir la sorcière. J'ai rapidement fait marche arrière afin que les enfants terrifiés puissent me voir et je les ai immédiatement rassurés en leur disant que tout allait bien et qu'ils pouvaient venir. Les enfants étaient bientôt tous rassemblés dans la pièce ; Eva et une autre fille s'étaient occupées des bébés et, à leur arrivée, elles les ont posés sur l'un des lits. Pendant ce temps-là, des prisonnières apportaient nos valises et autres balluchons et les entassaient dans la partie vide de la pièce. Puis elles sont parties et nous ont laissés seuls. Iesy et Bram tenaient toujours dans leurs bras nos précieuses caisses de sandwiches. Je leur ai demandé de les poser sur la chaise, car je voulais que ceux qui n'en avaient pas encore eu puissent en profiter. Iesy s'est chargé de distribuer le contenu du carton déjà entamé.

Eva et moi avons pris les choses en main. Nous avons dit à tout le monde de trouver un lit et d'aller se coucher. Ceux qui étaient trop petits pour monter sur le lit supérieur ont été aidés par les plus grands. À notre grand étonnement, les deux bébés s'étaient endormis alors qu'ils n'avaient rien eu à manger. Nous leur avions donné de l'eau un peu plus tôt et cela semblait suffire. Un des garçons a demandé à aller aux toilettes. Nous nous sommes tous regardés, interloqués : dans notre malheur, nous avions totalement fait abstraction de ce petit détail. Que faire ? Aller dehors en traversant le long corridor sombre était hors de question. Nous n'avions en effet aucune idée de l'endroit où nous étions et où nous allions pouvoir trouver des commodités. Mes yeux ont parcouru les bagages et sont alors tombés sur une grande casserole que l'une des mères avait dû rapporter d'Amsterdam. J'ai demandé à l'un des garçons de la prendre avec son couvercle et nous l'avons installée dans le coin le plus éloigné de la pièce pour que le petit puisse y faire ses besoins. Ensuite, j'ai demandé à tous les enfants de sortir de leurs lits pour se soulager avant la nuit. Ce faisant, nous avons découvert que certains petits avaient déjà mouillé leurs vêtements. Cette journée nous paraissait interminable. Eva et moi avons alors déshabillé ceux qui en avaient besoin et les avons couchés en les recouvrant bien des couvertures que nous avions récupérées dans le garage. Dieu merci ! personne n'avait encore mouillé son lit.

Nous étions tous au bord de l'épuisement. Il nous fallait tous nous coucher. Tous les lits, sauf celui près de la porte, étaient occupés. Dans certains, il y avait jusqu'à quatre enfants, deux de chaque côté. Les plus âgés avaient organisé leur couchage et choisi leurs partenaires. J'avais jeté mon dévolu sur le lit supérieur double, que je partageais avec Max, Jacky et Louky. Je me suis couchée la dernière, en prenant bien soin de laisser la lumière allumée, ainsi, si l'un de nous venait à se réveiller et avait une envie pressante, il trouverait facilement son chemin. De plus, cela me permettait de me sentir plus en sécurité. Il était trois heures du matin et je me suis endormie aussitôt après m'être couchée.

Le lendemain, j'ai été réveillée par Émile, qui est venu m'apprendre que la casserole était pleine. La lumière filtrait par la fenêtre, dehors le temps était gris et hivernal. La plupart des enfants, épuisés, dormaient encore. Émile avait réussi à ouvrir la porte qui se trouvait tout au bout de la pièce : elle menait vers l'extérieur.

J'ai réveillé Max et Louky et leur ai demandé d'emporter la casserole dehors et de trouver un endroit où la vider.

— Essayez de ne pas faire trop de bruit pour ne pas réveiller les enfants.

Max et Louky avaient encore les yeux collés de sommeil en descendant du lit. C'était impressionnant comment les enfants avaient facilement accepté mon autorité. Je suppose que je devais représenter pour eux la mère qu'ils venaient tout juste de perdre. Ils avaient mis en moi toute leur confiance sans aucune réserve et je me faisais un devoir de m'occuper d'eux du mieux que je pouvais.

Émile a ouvert la porte pour Max et Louky qui portaient la casserole, puis ils ont disparu tous les trois. Ils sont revenus juste à temps pour que les enfants qui étaient en train de se réveiller puissent s'en servir.

Les bébés se sont réveillés et ont commencé à pleurer. Ils avaient très très faim. Nous avions trouvé des pots et de petits récipients dans les valises. J'ai envoyé Émile dehors à la recherche d'un robinet où il pourrait les remplir d'eau. Nous avons également trouvé des petits bols. J'en ai pris deux dans lesquels j'ai mis un peu de pain beurré et sucré et, avec l'eau que m'a rapportée Émile, j'ai réussi à ramollir le tout pour en faire une sorte de bouillie pour les bébés. Eva et une autre fille leur avaient trouvé des vêtements propres et avaient eu le temps de les changer pendant que je leur préparais à manger. Il y avait de nombreux volontaires prêts à les nourrir ; les filles les plus âgées adoraient prendre soin d'eux.

Pour le petit déjeuner, avec l'aide d'Iesy, nous avons distribué un demi-sandwich à chacun des enfants. Nous leur avons expliqué qu'ils pourraient avoir la seconde moitié le soir. L'eau froide était la seule boisson dont nous disposions. Le silence s'est installé pendant que tout le monde profitait de son repas. Nous avons ensuite laissé les enfants trouver eux-mêmes de quoi s'occuper. Émile est ressorti avec un autre garçon pour faire un tour de reconnaissance dehors, en quête des toilettes. Ils sont vite revenus parce qu'il faisait très froid. Ils avaient cependant trouvé des latrines non loin de notre baraquement. Les plus grands pourraient aller jusque-là, mais pas les petits malheureusement, et nous avons décidé qu'ils utiliseraient la casserole pendant la journée également. Puisque nous occupions à présent tout l'espace de la pièce, maintenant que nous étions tous levés, nous avons installé la casserole en haut d'un lit vide.

Iesy, Eva, Louky, Bram, Max et moi-même avons décidé de nous réunir pour discuter de notre situation. Nous nous sommes assis tous les six en cercle sur mon lit double. Sur les quarante-quatre enfants présents ici, nous étions les plus âgés et c'était à nous qu'il revenait de s'occuper des plus jeunes. Iesy a proposé de fouiller tous les bagages à la recherche de nourriture et de mettre en commun tout ce que nous trouverions. L'idée a été adoptée. Les garçons sont descendus pour passer toutes les valises au peigne fin. Eva les a suivis pour s'occuper des enfants qui, même s'ils étaient très jeunes, comprenaient que nous nous trouvions dans une situation difficile. Toutefois, ils ne pleuraient plus car ils se sentaient en sécurité au sein de notre groupe. Nous avions un toit au-dessus de nos têtes, nous avions également des lits et suffisamment à manger pour aujourd'hui. Bientôt, certains des plus petits garçons ont mis la main à la pâte pour la fouille des valises et lorsqu'ils trouvaient quelque chose, ils venaient me l'apporter sur le lit. Au terme de l'entreprise, nous avons fait l'inventaire. Nous avions trouvé deux paquets de biscuits aussi durs que de la pierre, un demi-paquet de biscuits sucrés, une petite boîte à thé à moitié vide, une petite boîte également à moitié vide de chocolat en poudre, un très petit sac de poudre de savon et une petite boîte de lait en poudre presque vide aussi.

Les garçons ont grimpé sur le lit pour voir ce dont nous disposions. Il était évident que rien de ce qui se trouvait là ne pourrait nous nourrir, exception faite des quelques biscuits et du lait en poudre pour les bébés. Cela ne calmerait pas notre faim pour les jours à venir. J'ai tout mis dans notre valise et en ai pris la responsabilité. J'ai dit aux garçons d'empiler les bagages contre le mur dans le coin le plus éloigné de la pièce. Ils étaient contents d'avoir une occupation et ont fait du très bon travail, libérant ainsi un peu d'espace.

Les heures passaient lentement. Personne n'est venu nous voir mais cela nous était égal. C'était un peu comme si nous évoluions dans un monde parallèle. Nous avions ainsi la possibilité de nous remettre du traumatisme de la veille. Lorsque la lumière a commencé à diminuer, Eva, Iesy et moi-même avons distribué la seconde moitié des sandwiches. Pour le repas des bébés, j'ai refait la même bouillie que le matin. Il nous restait encore un carton plein aux trois quarts de sandwiches pour le jour suivant. Pour des raisons de sécurité, le carton a été placé sur mon lit. Tout le monde s'est couché tôt et nous nous sommes endormis rapidement.

Après le petit déjeuner, le lendemain matin, quelques-uns des garçons sont partis explorer les environs. Cette partie du camp était étonnamment silencieuse. À leur retour, ils ont expliqué qu'il y avait bien d'autres baraquements, mais que la plupart étaient vides et qu'il n'y avait personne en vue. Iesy et Max étaient entrés dans un baraquement plein de femmes alitées. Ils nous ont dit qu'elles avaient vraiment l'air effrayant, avec leurs visages maigres et leurs yeux profondément enfoncés dans leurs orbites. J'ai dit à Max et à Iesy de ne pas retourner là-bas, car ces femmes pouvaient avoir attrapé quelque affreuse maladie.

Je ne m'étais pas encore aventurée dehors car je m'occupais des petits en permanence. Ils semblaient si malheureux et, même si désormais ils ne pleuraient plus à l'unisson, de temps en temps l'un d'entre eux avait une crise de larmes et réclamait sa mère. Le bébé de dix mois, prénommé Phillipje, était très calme : il restait couché sans bouger et fixait un point dans l'espace. Parfois, un sourire se formait sur ses petites lèvres lorsque je lui parlais doucement ou que je lui chatouillais le menton. Une grande tristesse émanait de lui ; sa maman devait beaucoup lui manquer. Il n'était pas très actif : je ne l'avais encore jamais vu en position assise. Il n'était pas maigre, donc sa mère avait dû trouver un moyen de le nourrir. J'étais assez contente, car c'était un bébé très sage. Cela me permettait d'être également disponible pour les autres enfants. L'autre bébé devait avoir environ douze mois, mais je n'en étais pas sûre. C'était une fille et personne ne savait comment elle s'appelait. Enfin, il y avait le petit Robby, qui avait trois ans, et qui était un adorable petit garçon blond aux yeux bleus. Il n'avait pas encore prononcé un seul mot, même lorsque quelqu'un lui parlait. Le pauvre petit Robby paraissait si perdu et si seul. Je lui faisais parfois des câlins, mais jamais ses yeux ne souriaient. C'était comme s'il avait construit une forteresse, très difficile d'accès, autour de lui. J'ai décidé de lui apporter une attention toute particulière. Peut-être un jour arriverai-je à gagner sa confiance ? Lentement, j'ai appris le nom de la plupart des enfants.

Il est impossible de garder indéfiniment de jeunes enfants enfermés. Des groupes de trois ou quatre sortaient prendre l'air, puis rentraient un moment plus tard. Ils nous avaient rapporté que les latrines étaient toutes neuves, cela signifiait donc que nous étions les premiers habitants de cette partie du camp. Plus tard, dans l'après-midi, j'ai dû sortir moi aussi et un des garçons m'a montré le chemin. Tout était si paisible, aucun son ne parvenait jusqu'à nous. Le ciel était gris clair, la température était fraîche, mais pas froide. J'étais heureuse de me retrouver à l'air libre pendant ces quelques minutes et j'en remplissais mes poumons. Lorsque je suis revenue, j'ai demandé si quelqu'un était venu nous rendre visite, mais la réponse a été négative. Je ne comprenais pas pourquoi personne ne nous avait apporté à manger. Ils voulaient nous oublier, ai-je pensé, mais j'ai gardé cette idée pour moi : ce n'était pas la peine d'inquiéter les autres.

Vers seize heures, les enfants sont rentrés. Ils n'avaient pas grand-chose à me raconter, mais ils avaient tout de même découvert que le bâtiment où travaillait le commando des chaussures se trouvait entre l'endroit où nous étions et notre ancien baraquement. Cela nous a au moins permis d'établir notre position dans le camp. Ils nous ont également dit qu'ils avaient trouvé la porte qui menait à la route principale grande ouverte, sans personne pour la garder. Ils ne s'étaient pas aventurés à l'extérieur du camp, même s'il ne semblait y avoir personne non plus. Dieu merci ! pensais-je, en leur précisant qu'ils avaient pris une sage décision.

La nuit tombait. Quelqu'un a allumé la lumière et Iesy a récupéré la caisse de sandwiches sur mon lit et l'a déposée sur les chaises qui se trouvaient au centre de la pièce. Les enfants se sont organisés en file indienne et défilaient lentement devant nous alors que nous procédions à la distribution des dernières moitiés de sandwiches que nous possédions. À la fin, il n'en restait plus que quatre. Nous avons décidé de les garder pour les bébés le jour suivant. Certains des enfants s'étaient installés à même le sol pour prendre leur dîner, tandis que d'autres avaient opté pour leurs lits. Cette fois-ci, c'était Eva qui avait préparé la bouillie, et lorsque certaines des filles eurent terminé leur repas, elles se sont proposées pour nourrir les bébés. Nous avons discuté ensemble pendant un bon moment. Je faisais des câlins à des fillettes qui se trouvaient à côté de moi. Eva lisait un livre d'histoires qu'elle avait découvert dans une valise à un groupe d'enfants qui l'écoutait avec la plus grande attention. Quelle vision idyllique ! On aurait pu croire que nous étions tous en vacances. Par la fenêtre, j'ai vu qu'il faisait désormais nuit noire, il n'y avait pas une seule étoile dans le ciel.

— Je pense qu'il est l'heure pour tout le monde d'aller se coucher, ai-je dit. Le temps se refroidit, alors mettez-vous bien sous vos couvertures.

Personne ne s'est dévêtu, nous dormions tous avec nos habits, sauf les bébés qui avaient été changés après leur repas. Il fallait trouver un moyen de laver leurs affaires, car bientôt nous allions être à court de change. Une des valises vides servait à entreposer leurs linges souillés. En grimpant dans mon lit, j'ai décidé de résoudre le problème le lendemain.

Les enfants s'étaient tous endormis, à l'exception d'Iesy et moi. Nous nous sommes assis au bout de mon lit et avons parlé à voix basse. C'était un garçon intelligent et je pouvais trouver du soutien auprès de lui. Il avait presque treize ans, un an de moins que moi. Je lui ai fait part de mes inquiétudes quant au fait que personne n'était venu nous apporter à manger. Nous nous sentions pris au piège. Pouvions-nous passer les portes pour aller chercher de l'aide ? Nous ne savions pas quoi faire.

— Si personne ne vient demain, j'interpellerai le garde dans le mirador et lui dirai que nous sommes seuls ici, ai-je dit à Iesy.

Il a trouvé que c'était beaucoup trop dangereux et m'a très fortement déconseillé de le faire.

— Je comprends bien, lui ai-je répondu, mais qu'allons-nous faire ? Nous avons terminé tous les sandwiches et nous n'avons plus rien à manger pour demain !

Nous avons longuement discuté pour essayer de trouver une solution et nous sortir de la situation délicate dans laquelle nous nous trouvions. Il se faisait tard et Iesy a suggéré que nous nous reposions un peu.

Il était tout juste en train de retourner vers son lit lorsque deux femmes sont entrées. Il s'agissait des premières personnes à venir nous voir depuis deux jours. La plus petite des deux était une femme forte : son chemisier bleu était lacé au-dessus de sa poitrine et ses manches courtes révélaient des bras musclés. Aucune des femmes ne paraissait souffrir de la faim, elles avaient l'air d'être bien nourries. Même si je n'avais encore jamais rencontré personne comme elles auparavant, mon intuition m'a soufflé qu'il s'agissait de *Prominents,* c'est-à-dire des détenues auxquelles les SS accordaient des privilèges afin qu'elles contrôlent les autres. Elles ne portaient pas l'uniforme des prisonnières, mais une jupe noire et des bottes en cuir. Leurs pommettes saillantes indiquaient qu'elles étaient d'ascendance polonaise ou russe. Les deux femmes nous ont observés pendant un moment, puis la plus petite s'est adressée à moi en polonais. Lorsqu'elle s'est aperçue que je ne comprenais pas, elle nous a demandé en allemand si nous étions des enfants juifs.

J'ai hésité quelques instants avant d'acquiescer. La femme est alors devenue nerveuse et s'est mise à parler d'un ton empressé avec l'autre. Elle a ensuite prononcé le mot « faim » et a mis sa main devant sa bouche pour être sûre que je comprenne. J'ai pensé qu'il était préférable de ne pas lui dire que nous avions déjà eu des sandwiches ce soir et, prévoyant la nourriture pour le lendemain, j'ai hoché la tête.

— Je reviens, a-t-elle dit en partant avec la seconde femme. Je fixais toujours la porte car tout s'était passé très rapidement.

Iesy est revenu sur mon lit.

— Qui était-ce ?

Je lui ai alors raconté ce qu'il venait de se passer.

— Qu'en penses-tu ? a-t-il dit.

— Je ne sais pas. Je n'ai pas trop aimé quand elle m'a demandé si nous étions des enfants juifs.

Iesy a acquiescé.

— J'espère que nous ne serons pas obligés de bouger ce soir, les enfants dorment si bien, ai-je ajouté.

— Nous ferions mieux de dormir nous aussi. Rester assis ne nous aidera pas. On verra bien ce qu'il se passera demain, a finalement dit Iesy.

Il est retourné se coucher avec précaution pour ne pas réveiller son voisin de lit et j'ai décidé d'en faire autant. En m'allongeant près de Max sous les couvertures, j'ai repensé aux deux femmes. J'avais été émerveillée de voir qu'elles ne semblaient pas souffrir du froid. Elles ne portaient toutes deux que de simples chemisiers en coton et à manches courtes, et pourtant elles avaient l'air d'être fortes et en bonne santé. Elles avaient toujours leurs cheveux et toutes deux portaient un foulard sur la tête à la façon des paysannes russes. Enfin j'étais sûre d'une chose : la plus petite était la chef.

J'ai été réveillée par des bruits de pas dans le couloir. Je me suis immédiatement assise, tous mes muscles étaient en alerte. Je redoutais ce qu'il allait se passer. J'entendais des voix. Les bruits de pas se sont rapprochés et la porte s'est ouverte. Les deux femmes étaient revenues avec quatre autres prisonnières qui portaient deux récipients de nourriture de vingt litres. La plus petite leur a demandé de les poser au centre de la pièce et de partir. J'ai observé la scène depuis mon lit. J'éprouvais un grand soulagement. Lorsque je les avais entendues arriver dans le couloir, j'avais d'abord cru que nous serions peut-être obligés de bouger à nouveau. Les deux femmes, après avoir regardé les enfants dormir, sont également parties. Arrivée à la porte, la plus petite des deux s'est tournée vers moi en me faisant signe de commencer à manger tout de suite.

Le bruit provoqué par l'arrivée de la nourriture avait réveillé quelques enfants. Iesy, Max et Émile avaient déjà quitté leurs lits pour regarder ce que contenaient les deux récipients. Je suis descendue à mon tour pour y jeter un œil. Iesy a essayé d'enlever le couvercle d'un des récipients, mais sans succès. Bram nous a rejoints, il s'est emparé des poignées, mais n'a réussi qu'à soulever un tout petit peu le couvercle, malheureusement pas suffisamment pour libérer le ressort, empêchant ainsi le couvercle de rester ouvert. Bram a tout lâché.

— O.K., ai-je dit, quand Bram essaiera encore de soulever le couvercle, vous, Iesy et Max, vous allez attraper les poignées pour les empêcher de se refermer. Moi, je vais compter jusqu'à trois et vous soulèverez le tout ensemble.

Max et Iesy se sont mis en position. Bram a posé sa main sur la poignée et a demandé s'ils étaient prêts.

— Oui ! ont-ils dit.

Bram a commencé à tirer de toutes ses forces. Lorsque les poignées se sont suffisamment soulevées pour permettre à Max et à Iesy de les saisir, j'ai compté : « Un... deux... trois. » Les garçons ont alors commencé à forcer sur les poignées pour les redresser en déployant toute l'énergie qu'ils possédaient encore. Leurs visages étaient grimaçants d'effort. Ils n'étaient pas costauds, dix mois de lente famine avaient eu des conséquences néfastes sur leur état général. Lentement, la poignée est montée jusqu'à laisser entendre le clic magique indiquant qu'elle lâchait son emprise sur le récipient. À bout de souffle, mais excités par leur victoire, il ne leur a fallu qu'une seconde pour libérer la seconde poignée, puisque la pression avait été relâchée avec la première.

À présent, encore plus d'enfants s'étaient réveillés et s'étaient levés pour voir ce qu'il se passait. Iesy a soulevé le couvercle et un arôme sublime a envahi nos narines. À l'intérieur du récipient se trouvait une épaisse et crémeuse soupe de pommes de terre. Nous n'en revenions pas d'avoir autant de chance. En un rien de temps, tout le monde s'était levé et chacun se servait une généreuse portion de soupe. Nous avons mangé à même le sol juste à côté des récipients de peur qu'ils ne se volatilisent. C'était si bon ! Personne ne parlait, nous savourions tous cette nourriture divine dont nous n'avions fait que rêver ces dix derniers mois. À travers la vapeur qui s'échappait de son bol, le regard d'Iesy a croisé le mien, nous savions que nous n'aurions pas à nous inquiéter de nourrir les enfants pendant les deux prochains jours.

Lorsque certains des garçons ont voulu se resservir, j'ai refusé en leur expliquant que « trop d'une bonne chose peut rendre malade ». J'ai ensuite invité tout le monde à se remettre au lit. Bram a reposé le couvercle sur le récipient, mais n'a pas refermé les attaches, pour faciliter l'ouverture le lendemain matin. Iesy a posé une petite valise par-dessus pour maintenir le couvercle hermétiquement fermé afin que la soupe reste la plus chaude possible. Ces précautions prises, nous nous sommes tous recouchés et en quelques secondes tout le monde dormait.

Le jour suivant, à mon réveil, j'ai trouvé ouverte la valise qui était posée sur mon lit. Cela m'a paru étrange car j'étais sûre de l'avoir bien refermée la veille au soir. J'ai passé en revue son contenu : il ne manquait pas de sucre, les pots étaient toujours là, mais en y regardant de plus près, je me suis aperçue que la moitié des biscuits avait disparu. J'ai appelé Iesy et Max pour leur faire part de cet incident. J'étais très en colère et j'ai élevé la voix pour leur demander qui, à leur avis, s'était rendu coupable d'une telle couardise. Ils n'avaient pas la moindre idée sur la question. Nous avions bien mangé la veille au soir. De qui pouvait-il bien s'agir ? Si nous voulions survivre, nous ne pouvions pas tolérer pareil chapardage. Louky, qui venait de monter sur le lit, a interrompu notre conversation :

— Hetty, un petit garçon dit que c'est Émile !

Je me suis alors souvenu qu'Émile s'était déjà rendu coupable d'un acte similaire par le passé. Je devais en avoir le cœur net. Louky est allé chercher le petit garçon et, du haut de mon lit, j'ai demandé à l'enfant dont je ne connaissais pas le nom, comment il avait su que c'était Émile.

— Je l'ai vu manger des biscuits tôt ce matin, a-t-il répondu.

Je lui ai demandé s'il était sûr de lui et il a acquiescé, puis une petite fille a ajouté :

— C'est vrai ! Elle se tenait non loin de Louky et du garçon et avait suivi notre conversation.

— Si tu fais ce genre d'accusation, tu dois être sûre de ce que tu dis.

— Eh bien, c'est vrai, a-t-elle répliqué, parce que je l'ai vu aussi ! Il a mangé trois biscuits et il était assis dans ce coin.

Elle a montré du doigt la dernière rangée de lits et j'ai remarqué que l'emplacement en question était hors de mon champ de vision lorsque j'étais sur mon lit.

— Où est Émile ? Je veux lui parler, ai-je dit à Louky.

— Je crois qu'il est sorti, il y a un petit moment.

— Prends Jacky avec toi et va le chercher.

Ils sont partis à sa recherche par la porte de derrière.

— Quelle doit être notre attitude envers Émile ? On dirait qu'il est incorrigible, ai-je dit à Iesy et à Max.

— Attendons de voir ce qu'il a à dire pour sa défense, a conseillé Iesy.

— Tu as raison, nous écouterons d'abord ce qu'il a à dire.

Les autres enfants présents dans la pièce n'étaient pas dupes de ce qu'il venait de se passer. Ils avaient grandi plus vite que prévu à Bergen-Belsen et avaient appris à gérer les moments difficiles depuis leur arrivée ici. La légèreté qui avait régné jusqu'alors, dans l'attente d'un bon petit déjeuner de soupe de pomme de terre, s'était évanouie pour laisser place à une atmosphère de plus en plus pesante. Avec tous ces événements, j'avais oublié de donner à manger aux enfants. Je suis donc descendue de mon lit et je leur ai demandé de se mettre en rang pour recevoir leur soupe. Quel réconfort de voir leurs petits visages se transformer ! Iesy a retiré la valise, puis le couvercle du récipient : la soupe était encore chaude. Les enfants tendaient leurs bols à Eva qui les servait les uns après les autres. Iesy et moi étions les derniers.

J'étais justement en train de m'asseoir sur une valise pour boire ma soupe quand Louky et Jacky sont revenus avec Émile. Pour ne pas gâcher l'ambiance et pour remettre à plus tard le moment désagréable qui allait suivre, j'ai dit aux trois garçons de prendre leurs bols et de se servir de la soupe, ce qu'ils ont fait sans tarder. Une fois le repas terminé, nous avons empilé les bols et trois garçons et trois filles sont sortis les laver avec les cuillères au robinet extérieur. Deux autres garçons qui voulaient se joindre au petit groupe ont aidé à porter les bols. Il faisait bon et le soleil brillait dehors, l'air froid de l'aube s'était dissipé.

— Laissez la porte de derrière ouverte quand vous sortirez, leur ai-je dit alors qu'ils se préparaient à partir avec les bols. Cela faisait autant d'enfants occupés. J'ai vite réuni Iesy, Max, Louky, Bram et Eva et nous nous sommes installés sur mon lit en cercle. Nous avions tous des visages graves car nous savions que la responsabilité de gérer cette crise reposait sur nos jeunes épaules. J'ai appelé Émile pour qu'il vienne nous rejoindre. Il s'est assis en face de nous. Je l'ai observé pendant qu'il s'installait. Il était plutôt joli garçon. Il avait de beaux cheveux noirs et faisait étonnamment bonne impression, mais il y avait quelque chose en lui qui le rendait distant et impénétrable. J'ai informé Émile qu'il manquait des biscuits dans la valise et que nous pensions que c'était lui qui les avait volés. À notre grande surprise, il a immédiatement avoué ce qu'il avait fait, mais ne montrait aucun remords, son visage était impassible. Je l'ai interrogé sur les raisons de son geste, mais il a juste haussé les épaules pour signifier qu'il n'avait pas de réponse.

— Tu sais que ce que tu as fait est très grave au moins ? lui a demandé Iesy.

Émile n'a pas répondu, il regardait droit devant lui. Nous ne savions pas quoi dire, alors nous lui avons ordonné de descendre du lit pour que nous délibérions.

Que faire ? J'étais très en colère car je me rappelais qu'Émile s'était déjà comporté de la sorte dans le camp d'Albela, et Max et Jacky avaient été accusés à tort avant que le véritable coupable ait été démasqué. Nous ne pouvions pas le laisser impuni car il fallait en faire un bon exemple pour les autres enfants. Peu importait la punition car, à mon avis, nous ne guéririons pas Émile de sa manie.

Différentes options ont alors été envisagées, mais nous les avons toutes rejetées jusqu'à ce que Iesy propose qu'Émile aille vider la casserole pendant une semaine. C'était une corvée déplaisante qui lui servirait peut-être de leçon.

Nous sommes tous tombés d'accord, c'était la meilleure idée. Louky a rappelé Émile afin que nous l'informions de notre décision. Je lui ai demandé s'il était d'accord et il a répondu : « Oui. » Après quoi, la séance a été levée et Bram, Émile, Max, Louky et Eva sont descendus. Iesy est resté un peu avec moi pour discuter de ce qu'il venait de se passer. Nous avons décidé de surveiller Émile de près à l'avenir.

Vers onze heures ce matin-là, les deux femmes qui nous avaient rendu visite sont revenues avec deux autres femmes. Nous avons immédiatement reconnu un « air d'autorité ». Nous avons découvert plus tard que l'une des femmes était l'un des bras droits de la doyenne de toutes les prisonnières du camp. C'était une femme d'âge mûr qui avait passé plusieurs années à Auschwitz, elle était *Prominent* et *Kapo*. Les *Kapos* étaient redoutés pour la manière brutale dont ils traitaient les prisonniers. L'autre femme était médecin.

Les enfants, qui jusque-là avaient passé la matinée à discuter gaiement, sont aussitôt devenus silencieux. Malgré leur jeune âge, ils savaient reconnaître le danger en un éclair. J'étais en train de laver le visage du petit Johnny lorsqu'elles sont arrivées. Je l'ai attiré vers moi pour le protéger, mais les femmes ne nous prêtaient pas grande attention. Après avoir balayé la pièce du regard, la grande femme a commencé à s'entretenir avec l'autre en polonais ; il nous était donc impossible de comprendre ce qu'elles disaient. Je voyais la petite femme faire des gestes dans notre direction tout en parlant au *Kapo* avec conviction mais aussi avec déférence. Après environ cinq minutes de conversation, elles sont parties. Pendant tout le temps où elles étaient là, la petite femme n'a pas une seule fois regardé dans ma direction, ni même posé la moindre question. Ce n'est qu'au moment de passer la porte qu'elle s'est tournée vers moi pour me demander si nous voulions plus de soupe.

Sans hésiter, j'ai répondu par l'affirmative.

Elle a dit qu'elle nous en apporterait plus tard. Après leur départ, il nous a fallu quelques minutes pour reprendre nos activités. Nous étions soulagés d'être à nouveau seuls.

Iesy et moi ne savions que penser de tout ça. J'espérais simplement que nous ne serions pas encore obligés de changer à nouveau d'endroit.

La porte de derrière était ouverte et nous avons aperçu une colonne de femmes qui se dirigeait vers les baraquements vides.

— On dirait bien que les baraquements vides ne le seront plus longtemps, a dit Iesy. Je vais voir ce qu'il se passe.

— Fais donc. Je vais rester avec les enfants. Si tu en vois à l'extérieur, dis-leur de rentrer. Il peut se passer n'importe quoi dehors et nous ferions mieux de rester à l'intérieur. D'autant plus que l'on dirait bien que nous sommes les protégés des *Prominents* du camp.

Après cette mise en garde, Iesy est parti, accompagné de Louky et de Max.

À quinze heures, la plupart des enfants étaient de retour dans la pièce. Après les avoir comptés, j'ai vu que trois enfants manquaient à l'appel. Le ciel s'était désormais assombri et les nuages étaient très bas. Cela m'inquiétait de savoir que trois enfants n'étaient pas encore revenus. J'ai questionné les autres et ai appris qu'Erika et une autre fille se trouvaient aux toilettes, car c'était là-bas qu'elles avaient été aperçues pour la dernière fois. J'ai envoyé deux garçons les chercher en leur demandant de revenir immédiatement. Ils ont réapparu dix minutes plus tard avec les filles. Je les ai réprimandées et leur ai demandé de ne pas rester loin trop longtemps, parce que je voulais m'assurer de leur sécurité. Elles ont promis de ne plus recommencer. Il ne manquait plus que Jacky et personne ne savait où il se trouvait. Comment avais-je pu être stupide au point de ne pas faire plus attention à lui ? J'avais promis à maman de veiller sur lui.

Jacky était un garçon discret, enclin au vagabondage. Même lorsque nous étions à la maison, il lui arrivait de disparaître des heures durant, ce qui inquiétait notre Oma adorée. Je me suis souvenue du jour où l'orgue de Barbarie était passé dans notre rue ; Jacky n'avait que quatre ans à l'époque, et il l'avait suivi pendant des heures, de rue en rue, ne revenant à la maison qu'en fin d'après-midi. La fessée que lui avait donnée notre douce Oma n'avait servi qu'à soulager l'anxiété de ma grand-mère, mais n'avait rien appris à mon frère. L'autre anecdote dont je me souvenais avec précision était le jour où il avait emprunté ma nouvelle bicyclette pour faire le tour du pâté de maisons. Il était parti cinq heures durant. Je n'avais jamais vu

Oma dans un tel état. Elle s'était fait un sang d'encre, en l'imaginant blessé sur la route ou pire encore, et elle n'avait cessé de répéter « Mais qu'est-ce que je vais dire à votre mère ? » À l'époque, je m'étais inquiétée moi aussi, mais plus pour mon beau vélo. Jacky était trop petit pour s'asseoir sur la selle, il était debout sur les pédales et sa tête dépassait à peine le guidon. Notre inquiétude avait grandi tout au long de l'après-midi et, lorsque le crépuscule avait commencé à s'installer, Jacky était revenu. Inutile de dire combien nous étions en colère contre lui.

Revenue à la réalité, j'ai décidé d'attendre une demi-heure de plus avant de paniquer pour de bon. À ce moment-là, la porte du couloir s'est ouverte. Deux femmes portant un récipient de nourriture sont entrées. Après l'avoir déposé à côté de l'autre, une des femmes m'a demandé par gestes si elles pouvaient rapporter l'ancien. Je lui ai indiqué de la même manière qu'elles pouvaient le reprendre et laisser le second. Elle a compris et emporté le récipient vide. Peu après, Jacky est revenu. Je lui ai fait des remontrances sévères, même si je savais que c'était peine perdue.

Eva et Iesy ont sorti les bols et j'ai servi aux enfants leur repas du soir. La soupe était désormais tiède, mais cela nous était égal. Après le dîner, nous avons empilé les bols dans un coin, il faisait trop noir pour les laver ce soir. Il était encore tôt, mais tout le monde se préparait à aller se coucher car il n'y avait rien d'autre à faire à part traîner sur le sol froid. Nous nous étions occupés des bébés et ils dormaient déjà. J'ai décidé d'aller me coucher moi aussi. Tandis que je me glissais tout habillée sous les couvertures, je pensais au sentiment de sécurité que nous inspirait cette pièce. Peut-être cette femme, dont je ne connaissais pas le nom, était-elle notre ange gardien ? Au fond de mon cœur, j'avais très peur d'elle. Je ne doutais pas qu'elle pouvait se montrer très dure. Son autorité naturelle transparaissait dans sa façon d'être. Il fallait que je trouve son nom, pensais-je, avant de sombrer dans le sommeil.

Le lendemain, je me suis réveillée alors que l'aube se levait. D'un coup d'œil par la fenêtre, j'ai constaté que les gros nuages gris de la veille ne s'étaient pas dissipés pendant la nuit. J'ai senti Max s'étirer à côté de moi et se réveiller lentement. Très vite, Jacky et Louky ont fait de même.

Max s'est brusquement redressé et a déclaré : « Émile doit s'occuper de la casserole. »

Il avait raison. Jacky et Louky, qui avaient désormais les idées claires, ont parcouru la pièce des yeux pour voir si Émile était déjà levé. Ce dernier dormait encore à poings fermés. Iesy, qui avait lui aussi les yeux grands ouverts, a alors demandé à Louky de réveiller Émile afin qu'il s'acquitte de la corvée que nous lui avions imposée. Les yeux encore lourds de sommeil, Émile est sorti de son lit et s'est attelé à la tâche. Postés en haut du lit superposé, Max et Jacky tendaient précautionneusement la casserole presque pleine à Émile, qui s'apprêtait à la réceptionner les bras tendus. Consciente de l'incident qui se préparait, je suis descendue de mon lit et les ai rejoints pour diriger les opérations. J'ai expressément demandé à Max et à Jacky de faire très attention car je craignais qu'ils ne renversent le contenu du récipient sur le sol. En regardant Émile, je me suis rendu compte qu'il n'aurait pas suffisamment de forces pour supporter seul le poids de la casserole. Alors qu'il s'était déjà emparé des poignées, j'ai anticipé une catastrophe.

Max lui a demandé s'il était prêt, et comme Émile acquiesçait, il a relâché son étreinte. Malheureusement, Jacky et lui n'étaient pas synchronisés. Le résultat a été désastreux : la casserole, légèrement déséquilibrée, s'est partiellement déversée sur le sol et sur Émile. Ce dernier a tenu bon malgré tout, évitant ainsi d'en répandre davantage.

Le voyant chanceler dangereusement, je lui ai ordonné de poser la casserole à terre. Il l'a littéralement lâchée, éclaboussant encore un peu plus le sol.

Afin d'éviter d'autres incidents, j'ai demandé à Louky d'aider Émile à aller vider la casserole. Lorsque la porte s'est ouverte, nous avons constaté qu'il avait neigé durant la nuit. La blancheur immaculée de la neige contrastait vivement avec le gris des nuages. Tout était immobile et il régnait un silence de mort dehors. Les enfants, qui avaient tous été réveillés par le malheureux épisode de la casserole, se sont activés lorsqu'ils ont vu la neige. Ils voulaient tous aller jouer dehors pour en profiter. Je leur ai dit qu'ils pourraient y aller lorsqu'ils auraient pris leur petit déjeuner.

Louky et Émile sont revenus après avoir rincé la casserole au robinet de l'autre côté du baraquement. J'ai alors donné à Émile un morceau d'une vieille serviette afin qu'il se nettoie le visage au robinet et qu'il éponge son unique pull. Eva a fait la vaisselle de la veille accompagnée de quelques enfants. J'ai profité de leur absence pour tenter de nettoyer le sol avec des chiffons que j'ai trouvés dans l'une des valises. Lorsqu'ils sont revenus, nous nous sommes installés pour prendre le petit déjeuner. Les enfants sont ensuite partis faire la vaisselle pour que tout soit propre à l'heure du dîner. À leur retour, je les ai autorisés à aller jouer dehors. Quel plaisir cela a été de voir leurs yeux brillants et leurs joues rougies par le froid lorsqu'ils sont rentrés une heure plus tard.

La journée s'était déroulée sans heurt, lorsque l'heure du dîner est arrivée. Cela faisait dix mois que nous n'avions pas été aussi bien nourris. J'ai donc adressé au ciel une prière de remerciement silencieuse. Personne n'était venu nous voir, nous avions à manger et un toit au-dessus de nos têtes.

Dans la journée, j'ai dit à Iesy qu'il fallait que quelqu'un aide Émile avec la casserole le matin suivant. J'ai pensé que Louky pourrait s'en charger car il semblait bien s'entendre avec Émile. Nous avions également décidé que Bram, qui était le plus grand d'entre nous, réceptionnerait la casserole depuis le haut du lit et la poserait sur le sol afin que Louky et Émile puissent l'emporter dehors. Louky était un gentil garçon de neuf ans, de très bonne composition ; il avait toujours le sourire. Il a immédiatement accepté d'offrir son aide. Le lendemain matin, l'exercice de la casserole a recommencé, mais cette fois-ci sans incident.

Chapitre 7

Un jour après l'autre, nous avons instauré nos règles de vie. Les diverses corvées afférentes à notre quotidien avaient été réparties et s'exécutaient désormais sans surveillance. Nous avions suffisamment à manger grâce à l'approvisionnement régulier de la femme. La perpétuelle recherche de nourriture pour subvenir à nos besoins nous était ainsi épargnée. Les enfants avaient accepté, comme seuls peuvent le faire de jeunes enfants, l'idée de ne plus voir leurs mères. Je leur servais de maman de substitution. Ils m'avaient adoptée, si bien que lorsqu'une mésaventure leur arrivait, ils venaient chercher du réconfort auprès de moi. Chaque fois qu'il y avait un problème, je devais le résoudre. Ils me faisaient confiance et je faisais de mon mieux pour ne pas les décevoir.

Cela faisait des jours que nous n'avions vu personne. Les SS semblaient avoir oublié notre existence. Le neuvième jour après notre arrivée, les deux femmes sont revenues nous informer que tous les enfants âgés de zéro à treize ans devraient se rendre dans un nouveau baraquement le jour suivant. Tous les bagages seraient ramassés et devaient être prêts à partir de huit heures le lendemain matin. Cette nouvelle a engendré une grande agitation. Les enfants étaient à nouveau effrayés. Ils venaient juste de s'installer et commençaient à peine à se sentir en sécurité. Toute la journée, ils sont venus me voir pour que je les rassure, mais lorsqu'ils ont découvert que je ne serais pas autorisée à venir avec eux, car j'avais alors quatorze ans, ils ont commencé à paniquer pour de bon. J'ai essayé de les calmer du mieux que je pouvais en tentant d'afficher un visage joyeux mais, au fond de moi, j'étais malheureuse, car Max et Jacky devaient partir avec eux. J'ai dissimulé mon anxiété aux enfants et j'ai discuté de la situation avec Eva dont la petite sœur devait également partir. Il en était de même pour Iesy et Louky. J'étais dévastée. Nous avons décidé de trier les affaires des petits afin de tout remettre dans les bonnes valises, pour être prêts pour le départ du lendemain. Cela nous a occupés jusqu'au milieu de l'après-midi. Nous avons ensuite empilé les bagages au centre de la pièce. Nous n'avions pas confiance en ces deux femmes, alors nous avons conservé quelques vêtements dans des valises que nous avons cachées dans un coin de mon lit double sous une couverture. Cela signifiait notamment que Louky et Jacky devaient dormir sur un autre lit ce soir-là. Nous nous sommes couchés tôt car nous étions épuisés de toutes les émotions de la journée.

À ma grande surprise, les enfants ont bien dormi, ce qui était loin d'être mon cas. J'ai fixé pendant des heures la fenêtre qui faisait face à mon lit. L'obscurité de la nuit symbolisait parfaitement la noirceur de mes pensées. Pas une étoile ne brillait dans le ciel. Une petite lueur aurait peut-être fait naître l'espoir en moi. À mesure que les heures passaient, j'étais submergée par la fragilité de nos existences. Max s'est étiré près de moi et m'a demandé dans un murmure :

— Tu n'arrives pas à dormir ?

— Max, il faut que tu me promettes de bien prendre soin de Jacky car je ne serai plus en mesure de le faire à partir de demain.

Max a hoché la tête, puis il a pris ma main dans la sienne :

— Je te le promets, a-t-il dit, maintenant essaie de dormir un peu.

J'ai réussi à esquisser un sourire car je me rendais bien compte qu'il devait sûrement s'inquiéter pour moi qui devais rester ici.

— Rendors-toi maintenant, lui ai-je dit.

Max s'est tourné de son côté et en quelques secondes il dormait à nouveau paisiblement. Pour ma part, le marchand de sable n'est pas passé et j'ai été soulagée de voir les premières lueurs du jour. Avec la plus grande précaution, je me suis glissée hors du lit tout en essayant de ne pas réveiller mon frère et je suis allée jusqu'à la porte de derrière. Je suis sortie, en prenant soin de bien la refermer. J'ai regardé le ciel s'éclaircir à l'est, j'ai vu les contours des barrières et des miradors se dessiner. Tout était si tranquille dehors. Seuls les sons émis par les gardes et leurs chiens venaient troubler le silence alors qu'ils patrouillaient autour du camp. Je me suis adossée contre le mur du baraquement et j'ai pris de grandes inspirations d'air frais. J'ai levé la tête vers le ciel et j'ai prié Dieu de protéger mes deux frères ainsi que tous les enfants qui allaient partir avec eux dans les prochaines heures. Des larmes coulaient le long de mes joues. Je me sentais si impuissante. Émile est sorti. Il faisait partie des lève-tôt et il a été surpris de me voir debout de si bonne heure. Je me suis ressaisie lorsque je l'ai aperçu.

— Où vas-tu ? lui ai-je demandé.

Il a hésité un instant avant de répondre : « Au lavoir. » (Il s'agissait des toilettes.)

— Ne sois pas trop long, l'ai-je averti, nous allons prendre le petit déjeuner plus tôt que d'habitude.

— D'accord.

Je suis restée à le regarder pendant un moment. Quel garçon étrange, pensais-je. Que faisait-il debout de si bon matin ? Qu'avait-il encore inventé ? La porte s'est ouverte à nouveau et cette fois-ci Louky est sorti.

— Ah ! te voilà, m'a-t-il dit, tout le monde te cherche et certains des enfants veulent déjà prendre leur petit déjeuner.

J'ai rapidement séché mes larmes d'un revers de la main pour ne pas inquiéter les enfants. Lorsque je suis rentrée à l'intérieur, tout le monde était réveillé. Eva avait habillé les plus petits qui étaient assis gentiment en rang sur le sol. Elle avait eu la présence d'esprit de disposer une couverture par terre pour eux, car le sol était très froid le matin. J'ai demandé à Iesy et à Bram d'ouvrir le récipient de nourriture qui était arrivé la veille. Quelle surprise ! Il était rempli de riz au lait avec beaucoup de sucre. Nous étions tellement heureux de manger un mets si délicieux que cela nous a changé les idées. Tout le monde a été servi et lorsque certains ont réclamé un supplément, je les ai laissés se resservir.

Une fois lavés, les bols ont été placés dans la caisse des sandwiches. Le départ des enfants était imminent, et lorsqu'ils ont tous été prêts, un silence gêné s'est installé entre nous. Les enfants étaient assis en rang sur le sol. Je suis passée lentement en m'agenouillant devant chacun d'eux pour leur dire d'être sages et de bien écouter les sœurs. J'avais adopté cette terminologie pour désigner les deux femmes afin de leur donner un côté plus humain aux yeux des enfants. Je les ai rassurés en leur disant de ne pas avoir peur, que les sœurs leur donneraient régulièrement à manger et qu'ainsi ils n'auraient plus faim.

— Est-ce que tu viendras bientôt nous voir, Hetty ? a demandé une petite fille.

— Bien sûr ! ai-je promis en la serrant dans mes bras.

La dernière et précieuse heure est passée à la vitesse de l'éclair, et tout d'un coup les deux femmes, accompagnées de quatre détenues, sont arrivées. Les enfants, que j'avais préparés à cette séparation, sont restés calmes, et, comme je l'avais espéré, n'ont montré aucun signe de panique. Je leur ai demandé de former une file et de suivre les femmes. Eva a décidé de faire un bout de chemin avec eux. Iesy est venu me trouver et m'a pris dans ses bras, c'était un garçon très démonstratif.

— Prends soin de toi, Hetty, a-t-il dit, puis il m'a embrassé sur les deux joues.

J'ai hoché la tête, ma gorge était serrée. Je n'ai pas pu répondre tout de suite, mais je suis quand même parvenue à dire : « Prends soin des enfants, ils ont confiance en toi. »

Après avoir promis de le faire, il m'a relâchée. Un à un, les enfants ont quitté la pièce, il ne restait plus que Max et Jacky. Je les ai tous deux pris dans mes bras et leur ai donné un baiser d'adieu. Je les ai accompagnés à la porte. Jacky s'accrochait très fort à mon bras et, tout en me dégageant en douceur de son étreinte, je lui ai dit que c'était un grand garçon maintenant et qu'il pouvait s'occuper de lui tout seul.

— Couvre-toi bien et reste avec Max, c'est ton frère, restez toujours ensemble.

Je leur ai donné un dernier baiser à chacun, puis ils se sont dépêchés de rejoindre les autres.

— Je viendrai vous voir ! leur ai-je crié.

Max et Jacky se sont retournés pour me faire signe de loin et je leur ai répondu avec un sourire sur les lèvres. Mais lorsque je suis revenue à l'intérieur, mes larmes ont coulé à flots. J'étais à bout de forces. Je suis montée sur mon lit et j'ai pleuré toutes les larmes de mon corps. Je me sentais perdue, seule. À part quelques valises qui devaient être ramassées plus tard par les prisonnières, la pièce était totalement vide. Eva et Bram, qui étaient partis avec les enfants, n'étaient pas encore revenus. Mille et une pensées se bousculaient dans ma tête. Où était mon père ? Où était ma mère ? Et maintenant que mes frères aussi étaient partis, je me sentais abandonnée. L'immobilité de la pièce était inquiétante. J'ai regardé tous les lits vides et je me suis remise à pleurer.

Les quatre femmes sont revenues chercher les derniers bagages. Elles étaient horribles dans leur uniforme rayé gris. Leurs joues étaient creuses et leurs yeux étaient profondément enfoncés dans leurs orbites. Elles m'effrayaient. Leurs mains, pareilles à des crochets, soulevaient les valises. Elles étaient si maigres, je me demandais où elles trouvaient la force de travailler si dur. À l'extérieur, j'ai aperçu un *Kapo* qui leur demandait de presser le pas, et machinalement elles s'exécutaient. Elles ont également repris les récipients de nourriture et la casserole propre. J'avais bien fait de rester, car si je n'avais pas été là, elles auraient également pris les valises qui se trouvaient sur mon lit. Après leur départ, je me suis glissée sous la couverture pour essayer de me reposer un peu. Je n'avais aucune envie de sortir. Lentement, je me suis réchauffée, jusqu'à ce que, Dieu merci ! je m'endorme profondément.

Il était tard dans l'après-midi lorsque je me suis réveillée, et Eva venait juste de revenir. Elle m'a expliqué que les enfants avaient été emmenés dans un baraquement à l'autre bout de notre camp et que les deux femmes s'occupaient d'eux.

— Est-ce loin d'ici ? ai-je demandé.

— Non, pas vraiment. Il y en a pour cinq minutes à pied, c'est juste après l'hôpital.

— Il y a un hôpital ?

— Oui, et elles m'ont dit qu'il y avait même une salle d'opération avec tout le matériel nécessaire.

J'étais impressionnée d'entendre cela.

Puis j'ai demandé à Eva si elle voulait bien m'accompagner aux toilettes avant qu'il ne fasse noir. Elle était bien plus grande que moi et donnait encore l'impression d'être forte et robuste ; je me sentais en sécurité avec elle. Lorsque nous sommes arrivées devant les toilettes, Eva m'a montré dans quelle direction étaient partis les enfants, mais tout ce que j'ai pu voir, à cette heure tardive, c'était une route grise qui disparaissait au loin. Je ne voyais que quelques baraquements à droite de la route.

— C'est là ? ai-je demandé.

— Non, ça c'est l'hôpital.

Nous sommes rentrées car il commençait à faire sombre. Cela m'avait fait du bien de prendre un peu l'air et ma sieste de la journée avait renouvelé mon endurance. J'ai dit à Eva que nous devrions manger un des biscuits, puisque c'était tout ce que nous avions à nous mettre sous la dent. Elle est montée sur mon lit et m'a aidée à sortir ma valise de dessous la couverture. Nous avons chacune pris un biscuit et en avons mis un de côté pour Bram lorsqu'il reviendrait. Le biscuit était vieux et sec, mais il fallait faire avec.

— Demain je sortirai et j'essaierai de nous trouver quelque chose à manger. Il n'y a personne à la porte. J'irai jusqu'à la cuisine et je verrai ce que je pourrai chaparder, a dit Eva en bâillant.

— Tu crois que c'est prudent ?

— Peut-être pas, mais je pense que je tenterai tout de même ma chance.

Peu après, elle est allée se coucher. Elle s'est laissée tomber tout habillée sur son lit, sans même enlever ses chaussures. Cela avait été une journée éprouvante pour elle.

— Bonne nuit, à demain.

Eva s'est tournée de son côté et s'est endormie dans la minute. Comme il n'y avait rien d'autre à faire, je me suis recouchée. Même si je ne pouvais pas dormir, au moins j'étais au chaud. Je me suis bien emmitouflée dans la couverture. La pièce était plus froide maintenant. La chaleur corporelle de tant d'enfants avait rendu la température plus supportable. Ils me manquaient et je me demandais s'ils dormaient bien.

Bram est entré dans la pièce.

— Pour l'amour du ciel, mais où étais-tu passé toute la journée ?

— Je me suis baladé, a-t-il dit.

— Baladé ? Mais où es-tu allé ?

— Pas loin, dans un des baraquements, il y a beaucoup de femmes, m'a dit Bram. La plupart d'entre elles n'ont plus de cheveux et elles ont de très grands yeux, qui font peur, et certaines d'entre elles vont avoir un bébé.

— De quoi tu parles ? ai-je demandé.

— Les femmes dans ce baraquement sont sous traitement, c'est le médecin des SS qui s'occupe d'elles, a-t-il dit. C'est le groupe que nous avons vu passer l'autre jour. »

— As-tu mangé quelque chose ? lui ai-je demandé pour changer de sujet.

— Non.

Bram a mangé le biscuit et est allé se coucher. En quelques minutes, il dormait d'un profond sommeil.

Je suis restée éveillée pendant un moment. La pièce était très tranquille, et je regardais les lits vides sans pouvoir en détacher mon regard, tout en me demandant si je devais rendre visite aux enfants le lendemain et si j'y serais autorisée. J'étais terrifiée et angoissée. Ces derniers jours, j'avais compris que les règles qui s'appliquaient ici étaient différentes de celles qui s'appliquaient au camp de l'étoile. Là-bas, Albela et les doyens nous protégeaient. Cette partie de Bergen-Belsen était dirigée par de très cruels *Kapos* et seuls les plus forts et les plus malins survivraient.

Une voix m'a interpellée dans mon sommeil :

— Hetty, réveille-toi !

J'ai ouvert les yeux et j'ai vu Eva, debout au pied de mon lit.

— Je m'en vais, a-t-elle dit, je te verrai quand je rentrerai.

— D'accord, sois prudente.

J'étais désormais complètement réveillée et Bram a également émergé de son lit. Jusqu'à ce jour, je ne lui avais pas prêté grande attention, puisque j'avais été bien occupée avec les enfants. Il était grand pour son âge, il devait avoir seize ou dix-sept ans. Il avait des joues creuses, des pommettes saillantes et un menton en pointe, le tout donnant à son visage une forme triangulaire. Il ne me regardait jamais dans les yeux lorsque je lui parlais. En fait, il était un peu étrange et je ne me sentais pas le moindre point commun avec lui.

— Je me demande comment va Bella, a-t-il dit en parcourant la pièce des yeux.

J'ai vu qu'il avait l'air triste. Peut-être l'avais-je mal jugé : il semblait vraiment inquiet pour sa sœur. Il n'a pas tardé à partir et je me suis à nouveau retrouvée seule. Après quelques heures, j'ai décidé de sortir me dégourdir un peu les jambes. Jusque-là, je ne m'étais encore jamais aventurée plus loin que les latrines. Avant de partir, j'ai recouvert les valises avec les couvertures, en espérant que personne ne les verrait. Je savais que je prenais un risque en laissant ainsi les pots de sucre sans surveillance, mais je ne pouvais pas rester tout le temps à l'intérieur.

Le temps était morose, de gros nuages bas empêchaient le soleil de filtrer. Cette partie du camp semblait déserte. Lorsque je me suis approchée des toilettes, j'ai vu qu'une femme se servait du robinet extérieur. Elle m'a entendue arriver et a levé la tête. Je m'étais arrêtée avec l'intention de discuter un peu avec elle, mais elle a repris sa corvée et m'a ignorée. J'ai décidé de poursuivre ma route et j'ai continué vers l'hôpital dans la direction que m'avait indiquée Eva la veille au soir.

Il n'y avait aucun son, c'était angoissant, j'avais l'impression d'être seule au monde. Je suis arrivée au niveau du bâtiment que je pensais être l'hôpital. Je suis restée devant pendant un moment, à l'observer. Il était construit de briques rouges et comportait de hautes fenêtres, mais il n'y avait aucun signe de vie. Où était donc tout le monde ? J'ai commencé à me sentir mal à l'aise. À ce moment-là, un grand officier SS est sorti du bâtiment accompagné d'une femme vêtue d'une robe bleu nuit immaculée. Ils étaient en grande conversation et ne m'ont pas remarquée. J'ai décidé qu'il valait mieux ne pas rester là.

Alors que je poursuivais mon chemin, deux femmes sont sorties de derrière les arbres et se sont dirigées vers moi. Elles marchaient bras dessus, bras dessous, comme si elles faisaient leur promenade dominicale. En se rapprochant, l'une d'elle a pointé un doigt vers moi.

— C'est la fille de Maurice !

C'est alors que je les ai reconnues : c'était tante Beth et la mère de Sonja.

— Comment vas-tu ma chérie ? a demandé la mère de Sonja. Que fais-tu ici ?

Je leur ai raconté que papa et maman avaient été emmenés et que Max et Jacky étaient depuis la veille dans un nouveau baraquement.

— Savez-vous dans quel baraquement se trouvent les enfants ? ai-je demandé.

— Oui, a répondu la mère de Sonja. Ils sont dans le bâtiment derrière les arbres. As-tu quelque chose à manger pour nous, Hetty ?

— Non.

— Et du sel ? Tu n'aurais pas un peu de sel ? a-t-elle insisté.

J'ai hésité un instant en les regardant. Tante Beth était dans un piteux état. Elle était si maigre et n'avait pas dit un mot.

— Attendez-moi ici, leur ai-je dit, je vais aller vous chercher du sel.

Je suis vite retournée dans le dortoir et j'ai extrait, non sans effort, ma valise de l'endroit où elle était cachée. J'ai trouvé le pot de sel et j'en ai versé un petit tas sur un morceau de papier, que j'ai plié de la même manière que papa faisait pour les diamants, ainsi aucun grain de sel ne serait perdu. Lorsque j'ai terminé l'opération, je n'ai pas eu le courage de replacer ma valise avec les autres, je suis donc partie en la laissant sur le lit. Mes tantes m'attendaient à l'endroit où je les avais laissées. J'ai tendu le petit paquet de sel à la mère de Sonja, qui s'est empressée de le cacher sous sa robe. Elle m'a remerciée, puis est partie avec tante Beth. Je l'ignorais alors, mais c'était la dernière fois que je voyais la mère de Sonja.

J'ai continué à marcher et, juste au coin, derrière le bosquet d'arbres, j'ai aperçu trois baraquements. Je me suis immobilisée en me demandant quel pouvait être le baraquement des enfants. Rien de ce que je pouvais voir ne semblait indiquer leur présence. Je me suis approchée lentement. Le premier baraquement était vide, je me suis donc avancée vers le deuxième et j'ai jeté un œil par la fenêtre. C'était bien là. J'ai vu que la plupart des enfants étaient assis autour d'une grande table. D'autres étaient installés par terre au centre de la pièce, certains pleuraient toutes les larmes de leurs corps. La petite femme s'est dirigée vers l'un d'eux, mais lorsqu'elle s'est penchée pour le prendre dans ses bras, il s'est mis à pleurer de plus belle. En se redressant, elle m'a aperçue qui regardait la scène par la fenêtre. Elle m'a demandé ce que je faisais là, je lui ai dit : « Frère, frère ». Elle a ouvert la porte et m'a invitée à entrer.

Une fois à l'intérieur, j'ai regardé autour de moi. Les lits superposés des enfants étaient disposés sur deux rangées, le long du mur de droite. Dans un coin à gauche, à côté de la porte, j'ai constaté à mon grand désarroi que certaines de nos couvertures avaient été utilisées pour donner un peu d'intimité à cette partie de la pièce. Dès que je suis entrée, une horde d'enfants s'est précipitée sur moi et m'a attrapée. Ils étaient si heureux de me voir ! Tous les enfants qui pleuraient se sont arrêtés et se poussaient presque les uns les autres pour me toucher. Ils me tiraient les bras et parlaient tous en même temps. J'ai demandé à tout le monde de s'asseoir autour des tables pour que je puisse leur raconter une histoire. Je les ai occupés et divertis pendant deux heures.

J'ai décidé de ne pas abuser de cet accueil et je me suis préparée à partir, après m'être cependant entretenue en privé avec Max et Jacky. Je leur ai demandé de me montrer où ils dormaient. J'ai inspecté la couverture qui se trouvait sur leur lit, ce n'était pas la nôtre, mais au moins elle leur tenait chaud la nuit.

— Comment vous traitent les femmes ? ai-je demandé à Max.

— Ça va, elles sont gentilles, a-t-il dit, mais nous ne devons pas faire de bruit parce que nous sommes juste à côté des miradors.

Jacky, qui n'avait pas beaucoup parlé jusque-là, a soudain demandé : « Tu crois que nous reverrons papa et maman, un jour ? »

Je lui ai répondu que oui et l'ai pris dans mes bras pour le rassurer. Nous avons parlé pendant un moment et puis il a vraiment fallu que je parte. J'ai fait un signe de la main à tous les enfants, puis me suis dirigée vers la porte. Je savais désormais que la petite femme s'appelait Luba et l'autre Hermina. Lorsque j'ai ouvert la porte pour partir, sœur Luba est venue me voir et m'a demandé mon nom.

— Hetty, lui ai-je répondu. Puis-je revenir demain ?

Mon allemand était hésitant, alors j'ai ajouté le geste à la parole en me montrant du doigt et en faisant signe de rentrer dans la pièce. Sœur Luba a compris et a acquiescé.

Je suis revenue lentement vers mon dortoir. Il était tard dans l'après-midi, mais il ne faisait pas froid ou en tout cas, je ne le ressentais pas. J'étais si heureuse d'être autorisée à rendre visite à Max, à Jacky et à tous les enfants. Je n'étais pas très contente d'avoir vu que les sœurs avaient utilisé nos couvertures pour se créer un espace privé. Lors de mon bref entretien avec sœur Luba à la porte, j'avais pu jeter un œil dans leurs quartiers et j'avais vu qu'un petit tapis de voyage en laine avait été disposé par terre dans le but de rendre l'espace un peu plus chaleureux, mais que pouvais-je y faire ?

Perdue dans mes pensées, j'ai parcouru presque toute la distance qui me séparait de mon baraquement. Je n'ai rencontré personne sur la route ; c'était un avantage non négligeable par rapport à notre ancien camp, celui de l'étoile, qui était surpeuplé, et ce qui était encore mieux que la tranquillité, c'était l'absence d'appel. J'avais perdu le compte des jours. J'ai dû me concentrer pour me rappeler que nous étions le 16 décembre 1944.

Eva était déjà de retour, et elle était contente de me voir revenir.

— D'où viens-tu ?

— Je suis allée voir les enfants. Ils vont bien. Comment ça s'est passé pour toi aujourd'hui, tu nous as trouvé quelque chose à manger ?

— Non, a répondu Eva. J'ai pris deux biscuits, j'avais tellement faim.

— Moi aussi, ai-je répliqué alors que je grimpais dans le lit, je vais en prendre.

Eva m'a regardée en silence manger mes deux biscuits.

— Notre situation empire de jour en jour, ai-je dit. Nous n'avons plus que trois biscuits. Qu'allons-nous faire ?

De toute la journée, je n'avais rien avalé d'autre que ces deux biscuits et un peu d'eau froide.

— Je ne sais pas, j'espère qu'ils ne vont pas nous laisser mourir de faim. Apparemment, les femmes dans les baraquements près de l'hôpital n'ont rien à manger non plus, a dit Eva.

Nous sommes demeurées toutes deux silencieuses, chacune perdue dans nos pensées.

— Nous ferions mieux d'aller nous coucher, au moins quand on dort la faim ne tenaille pas autant.

Lorsque je me suis réveillée le matin suivant, Eva et Bram étaient partis. Je suis restée couchée, puisque je n'avais rien d'autre à faire, mais au bout d'un moment l'appel de la nature s'est fait pressant. J'ai enfilé mon manteau avant de sortir et j'ai pris une écharpe rouge que j'ai enroulée autour de ma tête afin de garder mes oreilles bien au chaud, ainsi qu'une serviette afin de pouvoir me laver les mains et le visage au robinet extérieur. Le temps était plutôt clément, et même si la neige n'avait pas encore fondu, le vent ne soufflait pas comme il le faisait sur l'*Appelplatz* lorsque nous étions dans le camp d'Albela.

La courte marche vers le bloc des sanitaires m'a bien rafraîchie. Mon estomac était vide et me faisait souffrir par moments. Ces crampes me rappelaient que je n'avais pas beaucoup mangé ces deux derniers jours. J'ai alors décidé qu'à mon retour au dortoir je prendrais une pleine cuillère de sucre pour me donner des forces. Il fallait que je retourne voir Max et Jacky pour pouvoir leur en donner également. L'eau qui coulait du robinet était glaciale : après m'être lavé le visage et les mains, j'avais l'impression d'avoir des glaçons en lieu et place de ces dernières. Il m'a d'ailleurs fallu plusieurs minutes pour qu'elles retrouvent leurs sensations, et mon visage, dont la circulation avait été ravivée par l'eau gelée, me picotait. Je suis vite retournée dans le baraquement pour me servir en sucre, puis j'ai replacé le pot sous mes vêtements dans la valise.

Les heures s'égrenaient lentement. J'en ai laissé passer plusieurs avant de me décider à rendre visite aux enfants. Il était encore tôt.

Alors que je marchais en direction de leur baraquement, je me demandais si Luba allait me laisser entrer. À mon arrivée, j'ai frappé au carreau, et une petite fille est venue m'ouvrir la porte. J'ai pénétré dans la pièce avec appréhension. Sœur Luba était occupée avec Phillipje pendant que sœur Hermina rangeait. J'ai alors remarqué que certains des enfants n'avaient pas de chaussures et les tout-petits n'avaient même pas de culottes. Par réflexe, j'ai commencé à les habiller puis à enfiler chaussettes et chaussures chez qui cela s'avérait nécessaire. Ensuite, j'ai demandé aux enfants d'accomplir les corvées qu'ils faisaient lorsque nous étions ensemble, comme faire leurs lits, ramasser le linge sale pour en faire une pile. Max et Jacky étaient très heureux que je sois là et ils ont contribué à rétablir l'ordre dans la pièce.

Iesy était couché avec un mal de gorge. Ses yeux brillaient et il avait de la fièvre. Il avait attrapé un rhume. Je lui ai conseillé de rester au chaud dans son lit. Pauvre Iesy, il était en piteux état.

Après quelques heures, je me suis rendu compte que les enfants n'avaient encore rien eu à manger et certains d'entre eux ont commencé à me réclamer de la nourriture. Je suis allée trouver sœur Luba pour lui demander si elle avait quelque chose à donner aux enfants et elle m'a répondu que la femme médecin était partie voir ce qu'on pouvait faire. Je suis retournée auprès des enfants en leur demandant d'être patients et de s'installer à table en prévision. Ils ont fait ce que je leur ai demandé et je me suis assise avec eux. Je les ai occupés avec de simples devinettes et en leur racontant des histoires. À mesure que le temps passait, je sentais que leur attention s'émoussait, ils devenaient de plus en plus léthargiques. J'ai demandé la permission à sœur Luba de les emmener jouer dehors afin de prendre un peu l'air. L'autorisation a été accordée. Les enfants se sont habillés chaudement et je suis sortie avec eux. Certaines des filles restaient près de moi, les autres couraient dans tous les sens, heureux d'être dehors pour la première fois en trois jours.

Au bout de vingt minutes, j'ai demandé à tout le monde de rentrer et d'enlever son manteau. Lorsque nous nous sommes retrouvés à nouveau à l'intérieur, sœur Luba nous a dit de nous mettre à table. Je me suis rendu compte que pendant que nous étions dehors, la femme médecin nous avait apporté à manger. Après avoir installé les enfants autour de la table, j'ai fait mine de partir. La faim me tenaillait le ventre, mais j'estimais que je n'avais aucun droit de partager leur nourriture car je ne faisais pas partie de leur groupe. J'ai dit au revoir à tout le monde et j'ai serré Max et Jacky dans mes bras avant de me diriger vers la sortie. Avant d'atteindre la porte, sœur Luba m'a interceptée et m'a demandé si je voulais manger.

J'ai hésité un instant avant de protester : « Mais c'est votre nourriture ! »

Elle m'a pris le bras et m'a conduite vers le siège que j'avais laissé vacant.

— Assieds-toi.

Les enfants étaient ravis de pouvoir partager leur nourriture avec moi. J'étais moi-même gênée mais très heureuse. Je ne m'étais nourrie que de quelques biscuits ces trois derniers jours.

Le repas a été rapide. Chaque enfant a eu droit à une tranche de pain avec de la confiture et un gobelet de thé chaud. J'ai mangé mon pain lentement de sorte à ne pas traumatiser mon système digestif. Mon estomac me jouait de plus en plus de tours. Après de longues périodes de jeûne, il n'acceptait plus la nourriture si je l'ingérais avec trop d'empressement. J'imagine qu'il n'y était plus habitué.

Une fois le repas terminé et la table nettoyée, j'ai décidé de rentrer dans mon dortoir pour me reposer un peu, car je me suis soudain sentie très fatiguée. J'ai dit au revoir à Max et à Jacky tout en leur promettant de revenir le lendemain matin.

Arrivée dans le dortoir, j'ai grimpé dans mon lit. La pièce était vide, Bram et Eva étaient dehors quelque part. J'ai soulevé la couverture qui recouvrait les valises pour vérifier que le sucre était toujours là. Il y était bien. Je me suis couchée et j'ai dormi d'une traite, ne me réveillant qu'avec les premières lueurs du jour.

Je n'avais pas entendu Eva et Bram revenir, ils étaient tous deux endormis. Je me demandais comment ils occupaient leur temps. Moi, je savais ce que j'allais faire : j'irai voir les enfants dès que ce serait possible. Je les ai retrouvés en milieu de matinée et les ai aidés à faire leurs corvées comme la veille. Ainsi, lorsque la nourriture arriverait, il serait normal que j'aie également ma part. Par moments, au cours de la journée, je surprenais sœur Luba qui me regardait, mais elle ne m'a jamais rien dit. Je préférais que cela se passe ainsi, car j'avais encore peur d'elle et je gardais mes distances le plus possible. Au moment de partir, sœur Luba m'a demandé si je savais où l'on pouvait trouver du sucre car elle voulait faire un gâteau pour l'anniversaire de la femme médecin le lendemain.

Qui donc avait pu me dénoncer ? Ç'a été la première pensée qui m'a traversé l'esprit. Quelqu'un lui avait parlé de mon sucre. Que devais-je faire ? La survie de mes frères dépendait de cette femme, il a donc fallu prendre une décision rapide.

— J'ai du sucre, ai-je dit à sœur Luba. Je vais vous le rapporter.

J'ai regagné ma chambre en maudissant celui qui avait révélé cette information. J'ai pris un pot plein de sucre et l'ai caché sous mon manteau. Alors que je revenais vers le baraquement des enfants je priais pour que personne ne remarque le trésor que je transportais. J'étais consciente que je courais un grand risque, que l'on pouvait essayer de me voler ma précieuse cargaison, mais rien ne s'est passé. Lorsque je suis entrée, sœur Luba m'a invitée dans la zone privée qu'elle occupait avec la femme médecin. Une fois à l'intérieur, j'ai sorti le pot de sucre de sa cachette sous mon manteau. Sœur Luba de son côté a sorti une tasse à café blanche. J'ai ouvert le couvercle du pot et j'ai commencé à verser le sucre dans la tasse. Lorsque la tasse a été à moitié pleine, j'ai ralenti le flux de sucre avec l'intention d'arrêter, mais sœur Luba a poussé le pot avec le bord de la tasse pour indiquer qu'elle en voulait plus. Cela me brisait le cœur de voir tout ce sucre se vider dans la tasse. Sœur Luba a attendu que la tasse soit presque pleine pour dire que c'était suffisant. J'ai revissé le couvercle fermement. Il ne restait plus qu'un tiers du sucre dans le pot.

Sœur Luba m'a demandé ce que je voulais en échange du sucre.

— Rien, prenez juste soin de mes frères, ai-je répondu.

Elle m'a regardée avec incrédulité lorsque je lui ai dit que je ne voulais rien en retour. Elle m'a vivement remerciée et a dit qu'elle expliquerait à la femme médecin que c'était moi qui lui avais donné le sucre.

Avant de partir, je suis allée trouver Max et Jacky pour leur offrir à chacun une cuillerée à café de sucre. J'en ai également donné une à Iesy qui gardait toujours le lit. Il m'avait vue donner du sucre à Max et à Jacky et ma conscience ne m'aurait pas autorisée à ne pas partager avec lui.

Le jour suivant, lorsque je suis arrivée pour voir les enfants, vers onze heures du matin, sœur Luba m'a invitée à la rejoindre dans sa chambrette. Elle m'a montré une assiette avec trois petits gâteaux dessus et a dit qu'elle avait l'intention de les partager entre les enfants. Plus tard dans l'après-midi, elle a donné à chaque enfant une minuscule part de gâteau. C'était délicieux, même si le morceau était trop petit pour calmer notre faim. Depuis plusieurs jours, il semblait qu'il y avait des problèmes pour trouver de la nourriture pour les enfants. Auparavant, nous avions été vraiment gâtés avec des soupes de pomme de terre et du riz, mais plus rien ne semblait disponible pour nous, en dehors des miches de pain, et nous n'avions droit qu'à une demi-tranche pour le repas de la mi-journée. Les enfants se décourageaient à nouveau et beaucoup d'entre eux attrapaient de gros rhumes.

Le temps s'était refroidi et la pièce était dépourvue de chauffage. Max a dû garder le lit pendant deux jours avec une forte fièvre. Heureusement, j'ai trouvé de l'aspirine dans ma valise, je lui en ai administré, ce qui a permis à la fièvre de baisser. Nous portions presque tous les vêtements que nous avions encore en notre possession pour avoir chaud à l'intérieur : deux pulls, des chaussettes doubles et nos pardessus. Je gardais mon fichu rouge sur la tête jour et nuit pour tenir mes oreilles au chaud.

Nous devions être à l'époque de Noël, car un jour nous avons entendu les gardes dans le mirador chanter des chants de Noël. L'approvisionnement en nourriture dans le baraquement des enfants diminuait sensiblement, jusqu'à ce qu'un matin quelques caisses de grandes carottes arrivent. Les carottes crues n'étaient pas fameuses, mais au moins nous permettaient-elles de remplir nos estomacs. J'avais mal aux mâchoires à force de mastiquer les morceaux de carottes qui ensuite provoquaient des crampes dans mon estomac vide. J'avais le choix entre mourir de faim et souffrir, j'ai choisi la dernière option. Tous les jours, je rapportais le pot de sucre et j'en donnais une cuillerée à café à Max et à Jacky ; il restait encore les trois-quarts du pot caché dans ma valise.

J'étais à présent un membre à part entière du groupe des enfants, je ne retournais dans mon baraquement que pour dormir. Cela faisait un moment que je n'avais pas vu Eva et Bram, mais cela m'était égal. Notre baraquement était à la limite du camp de concentration, bien loin des horreurs qui se passaient dans les autres parties du camp. La zone que nous occupions était tranquille et aucune atrocité ne semblait s'y produire. Il était rare de voir quelqu'un en dehors de l'hôpital et aucun son ne semblait provenir de l'intérieur. D'ailleurs, je pressais toujours le pas lorsque je passais devant en me rendant dans le baraquement des enfants.

Noël est passé et le nouvel an est arrivé. Le premier jour de l'année 1945. Je le savais parce que le garde qui patrouillait avec deux molosses avait présenté ses vœux aux gardes dans le mirador. Que nous réservait le futur? Peut-être serions-nous libérés cette année. La flamme de l'espoir s'est ravivée en moi et j'ai adressé une prière au ciel, alors que je me dirigeais vers le baraquement des enfants. J'ai également parlé à maman et papa, en espérant qu'ils seraient en mesure de m'entendre.

Ce matin-là, j'ai demandé aux enfants de chanter avec moi. Nous avons fredonné toutes les chansons que nous avions apprises à l'école. Lorsqu'une chanson s'achevait, quelqu'un en entonnait une autre et nous le suivions tous. C'était la première fois que je voyais sœur Luba sourire, et quand nous nous sommes retrouvés à bout de force et de souffle, sœur Luba et sœur Hermina nous ont chanté deux magnifiques chansons russes.

Plus tard cet après-midi, un récipient de nourriture est arrivé grâce aux efforts de la femme médecin. Elle est entrée au même moment que la nourriture et j'ai compris qu'il s'agissait de la même femme que j'avais vue sortir de l'hôpital avec les officiers SS. Elle mesurait environ 1,60 mètre et avait des cheveux courts, noirs et bouclés. Elle portait la même robe bleue. Sœur Luba m'a appelée et m'a présentée à cette femme, en lui indiquant que j'avais fourni le sucre de son gâteau d'anniversaire. Elle m'a remerciée, puis s'est tournée vers sœur Luba à qui elle s'est adressée en polonais. J'ai réussi à revenir m'asseoir à la table sans me faire remarquer. Après trente minutes environ, la femme médecin est partie et les choses ont repris leur cours normal.

Chapitre 8

Tôt, le matin du 4 janvier 1945, l'enfer s'est littéralement abattu sur notre section du camp. Nous avons entendu des gens hurler et courir. Une femme SS est entrée de force dans notre dortoir et nous a crié de sortir avec nos bagages. Bram et Eva n'ont pas perdu de temps pour s'exécuter, me laissant seule dans la pièce. Il m'était impossible de prendre avec moi toutes les valises regroupées sur mon lit. J'étais désespérée, et j'essayais d'envisager quoi faire, lorsqu'une gardienne est entrée dans la pièce pour l'inspecter. Je suis restée assise sur mon lit, incapable de bouger. Son regard a croisé le mien et j'étais certaine que la seconde d'après, elle allait me fouetter, mais pour une raison que j'ignore, elle a fait comme si elle ne m'avait pas vue. Elle s'est tournée vers la porte dans l'intention de partir, puis une autre gardienne est arrivée et elles ont commencé à discuter ensemble d'un événement qui s'était produit la veille au soir. Comme dans un rêve, j'ai vu la première se positionner de telle manière que la seconde n'avait pas d'autre choix que de me tourner le dos. Je me suis glissée lentement sous la couverture, pour essayer de me rendre invisible, lorsque l'un des enfants, Maxy K., est entré dans la pièce en criant mon nom le plus fort possible. Il est passé juste à côté des deux femmes en m'appelant toujours et s'est dirigé droit vers mon lit. Je ne pouvais pas faire autrement que de lui répondre, je me suis donc assise sur le lit. Je lui ai demandé ce qu'il voulait tout en gardant un œil sur les deux gardiennes.

— Tu dois aller voir sœur Luba immédiatement.

— Pourquoi ? Tu es sûr qu'il s'agit bien de moi ?

Je n'avais toujours pas confiance en sœur Luba.

— J'en suis sûr, a dit Maxy. Elle m'a dit d'aller chercher la fille avec un fichu rouge sur la tête. Tu dois venir tout de suite.

Le cœur battant la chamade, je suis sortie du lit. Maxy me tirait par la manche et, pendant un instant, j'ai hésité à sortir sous les yeux des deux gardiennes. J'ai pris mon courage à deux mains et suis passée d'un pas rapide à côté d'elles, alors qu'elles étaient en pleine conversation. J'ai poussé un soupir de soulagement lorsque Maxy et moi sommes arrivés dehors, et nous avons couru jusqu'au baraquement des enfants en passant devant l'hôpital dont les malades criaient car ils étaient contraints de se rassembler dehors, sous la menace de fouets. Dans tout ce tumulte, j'ai reconnu la femme d'un des associés de mon père. Elle était enceinte et avait l'air très fatiguée. Les *Kapos* les forçaient à se mettre en rang.

Lorsque Maxy et moi sommes arrivés au niveau du baraquement des enfants, à bout de souffle, sœur Luba et la femme médecin nous attendaient sur le pas de la porte. Sœur Luba m'a dit que notre camp était évacué, mais que les enfants avaient été autorisés à rester. La femme médecin voulait demander au commandant Kramer si je pouvais vivre avec les enfants. Elle m'a pris par la main et nous nous sommes dirigées vers la zone où étaient rassemblés les malades. Alors que nous nous approchions, j'ai vu un grand homme vêtu d'un uniforme noir qui se tenait debout, seul. Il était parfaitement coiffé et habillé. Ses cheveux noirs étaient peignés en arrière et ses bottes noires étaient si brillantes qu'elles reflétaient la lumière. Nous nous sommes arrêtées à distance respectueuse (c'est-à-dire au moins vingt mètres) et sommes demeurées immobiles. S'il avait remarqué notre venue, il n'en a rien montré.

J'ai eu le loisir de l'observer pendant que nous attendions qu'il daigne nous porter attention. Il mesurait un peu plus de 1,80 mètre, ses cheveux étaient coupés court sur la nuque, il avait un cou de taureau et il frappait en permanence son fouet contre ses bottes. Il se tenait là, pareil à César, devant ces pauvres gens qui étaient alignés les uns derrière les autres. En sa présence, les gardes et les *Kapos* se montraient encore plus cruels envers eux.

La femme médecin et moi sommes restées immobiles, sans bouger un seul muscle. Les minutes que nous avons passées là à attendre m'ont paru des heures entières, mais il s'est finalement tourné vers nous. Il s'est adressé au docteur en m'ignorant complètement : « *Jawohl !* » Le mot était asséné tel un ordre qui ne supporterait aucune ineptie.

— Monsieur, puis-je prendre la petite avec moi aussi ? a-t-elle demandé.

Ce n'est qu'à ce moment-là qu'il a posé ses yeux sur moi et que je me suis trouvée face à face avec la *Bête de Belsen*. Ses traits pleins d'arrogance trahissaient une autorité maléfique. Il avait des sourcils noirs et broussailleux, des yeux marron et perçants qui m'ont scrutée de la tête aux pieds. Après m'avoir ainsi examinée, il a fait un signe de tête pour indiquer qu'il était d'accord et a aboyé : « *Los* » (circulez).

Avant qu'il ne puisse changer d'avis, nous avons couru aussi vite que nous le permettaient nos jambes pour rejoindre sœur Luba et les enfants. Lorsque la femme médecin lui a dit que je pouvais rester, sœur Luba m'a prise dans ses bras et m'a dit : « Maintenant nous sommes quittes pour le sucre. »

Cette tasse de sucre m'a sauvé la vie. La partie du camp où je vivais jusqu'alors a été évacuée ce jour-là vers une autre section de Bergen-Belsen.

Dans l'après-midi, alors que la paix était revenue, je suis retournée avec quelques enfants et sœur Hermina dans le dortoir que j'occupais pour rapporter les valises qui étaient entreposées sur mon lit. J'ai tout donné à sœur Luba, sauf ma propre valise. J'ai également conservé ma couverture que j'ai posée sur mon nouveau lit que j'allais partager avec Max. Tout le monde était ravi que j'intègre la maison des enfants de Bergen-Belsen.

J'étais dans la maison des enfants depuis plusieurs jours et la vie s'organisait autour d'une petite routine. Dès que j'étais réveillée le matin, j'aidais les petits à s'habiller chaudement, c'est-à-dire avec plusieurs couches de vêtements, et s'ils possédaient un pardessus, je le leur enfilais également. En fait, nous étions tous habillés comme si nous vivions dehors. Il faisait extrêmement froid et peu après le nouvel an, la neige était tombée. Lorsque je regardais au-delà des limites du camp, le monde extérieur m'apparaissait blanc aussi loin que portait mon regard, sans aucun signe de vie. Lorsque je sortais les enfants, l'air matinal était vif et froid, et nous ne restions jamais dehors plus de dix minutes. Une fois à l'intérieur, nous nous blottissions les uns contre les autres pour nous réchauffer. Les heures passaient et, l'ennui s'installant, les enfants devenaient de plus en plus léthargiques. Nous avions très peu de nourriture.

Notre baraquement était le seul bâtiment occupé dans cette partie de Bergen-Belsen, laquelle se trouvait juste à l'extrémité du camp près des barrières. La femme médecin a emménagé plus près du camp des SS. Quel qu'ait été son soutien lorsqu'elle habitait avec nous, il a disparu après son départ. Sœur Luba partait donc tous les jours à la recherche de nourriture. Parfois elle quittait le baraquement des heures durant et ne nous rapportait rien. D'autres fois, elle était plus chanceuse et pouvait nous offrir une délicieuse soupe de pomme de terre et du pain. Nous étions si loin de la partie principale de Bergen-Belsen que la cuisine nous oubliait. Les choses ont commencé à sérieusement se détériorer lorsque nous avons été obligés de nous contenter d'une seule fine tranche de pain pour toute la journée. Très vite, les petits se sont mis à pleurer, la faim les faisant souffrir. J'essayais d'occuper leur esprit en leur racontant des histoires ou en les mettant au lit. Je les suppliais de rester tranquilles car les gardes ne voulaient pas les entendre.

Tôt le matin, sœur Luba partait donc en quête de nourriture pour nous. Pendant son absence, sœur Hermina s'occupait des deux bébés tandis que je prenais en charge les petits. Iesy, Max et Jacky, ainsi que quelques autres enfants étaient alités avec de gros rhumes. Lorsque personne n'était là, je donnais une cuillerée à café de sucre à Max et à Jacky pour les aider à combattre la maladie. Je ne pouvais pas ignorer Iesy, car il me voyait donner le sucre à mes frères, et donc je lui en offrais également.

Un lien fort s'est tissé entre Iesy et moi. Parce que nous étions les deux enfants les plus âgés, nous avons commencé à partager nos problèmes et à envisager des solutions ensemble. Ma première rencontre avec Iesy remontait au Noël de l'année 1942 à Amsterdam. Avec Max et Jacky, nous nous étions rendus dans un petit théâtre privé pour voir une pièce amateur, *Aladin et la lampe merveilleuse*, dans laquelle il interprétait avec brio le rôle du conseiller maléfique. J'avais été très impressionnée par son jeu d'acteur à l'époque et m'étais renseignée pour savoir qui il était. Alors que je me tenais près de son lit à Bergen-Belsen, je lui ai dit à quel point j'avais apprécié sa prestation dans *Aladin* et j'ai suggéré que l'on organise une pièce de théâtre avec les enfants.

Deux jours plus tard, Iesy est sorti de son lit et nous avons pu commencer à élaborer un plan pour divertir les enfants. Lorsque j'étais à l'école, j'avais participé à des pièces de théâtre, même si cela paraissait avoir eu lieu des siècles auparavant, tant la déportation avait bouleversé ma vie. Les enfants se sont vite rendu compte de l'imminence du divertissement et leur moral s'est nettement amélioré par anticipation. Leur léthargie a disparu et ils ne pensaient plus aux douleurs que leur causait la faim. Il était hors de question de mettre en scène une pièce entière, et même différents petits spectacles semblaient demander trop de travail, donc Iesy a proposé comme point de départ de regrouper toutes les tables pour fabriquer une scène.

Des volontaires les ont rassemblées, ainsi que les chaises afin de constituer plusieurs rangs. Iesy est monté sur les tables et a demandé à tout le monde de s'asseoir, y compris sœur Hermina, sœur Hella et la mère de cette dernière. Ceux qui n'avaient pas de chaises se sont assis par terre.

Iesy a commencé à chanter. Sa voix n'était pas entraînée, mais bientôt tout le monde l'accompagnait sur des airs traditionnels hollandais surgis d'une époque plus heureuse. Après environ une heure, nous étions épuisés, mais nous étions tous d'accord pour dire que c'était un beau spectacle.

Nous avons ensuite traversé deux semaines particulièrement difficiles, en ne subsistant qu'avec le minimum de nourriture dans un froid insupportable. Au terme de cette période, sœur Luba nous a annoncé que nous allions être transférés vers une autre section de Bergen-Belsen. Elle s'était arrangée pour qu'une dizaine de personnes viennent nous aider à prendre en charge les enfants et les bagages. Ils sont partis tôt le matin avec la plupart des enfants. Je suis restée sur place avec quelques-uns des petits pour garder nos maigres possessions. Le crépuscule était déjà tombé lorsque sœur Luba, accompagnée de quelques aides, est revenue nous chercher. Il était temps ! Nous n'avions rien mangé d'autre de toute la journée qu'une carotte crue. Nous n'avions rien à boire, même pas d'eau, et cela avait été une expérience éprouvante de m'occuper seule des petits.

Sœur Hermina portait une petite fille pendant que je tenais fermement la main de deux autres petits. Nous marchions sur la route principale qui divisait le camp en deux, lorsque nous avons dépassé la cuisine où étaient préparés les légumes et dans laquelle avait travaillé maman. Sœur Hermina a tourné vers la gauche, et là, derrière la cuisine, se trouvait une porte dans la clôture. Nous nous sommes approchés et une horrible femme chauve est venue nous ouvrir. Sœur Hermina s'est adressée à elle en polonais alors que nous passions tous les uns après les autres. La nuit tombait rapidement, nous avons donc pressé le pas sur le reste du chemin. J'ai remarqué un bâtiment sombre qui semblait inhabité sur le côté gauche de la route. La porte était grande ouverte et il était désert. Dix minutes plus tard, nous avons pénétré dans un autre enclos où se trouvait notre nouveau baraquement.

Sœur Luba et ses aides avaient créé un dortoir et un réfectoire. Je n'avais aucune idée de la manière dont elles s'y étaient prises. Les lits superposés s'élevaient sur deux niveaux seulement et la pièce semblait très propre. Tous les lits avaient été faits en prévision de la nuit. Les enfants déjà présents étaient heureux de me voir arriver et m'ont escortée jusqu'à mon lit. C'était le lit supérieur dans le coin gauche près de la fenêtre. Une deuxième rangée de lits se trouvait au centre de la pièce et une autre le long du mur d'en face. Je partageais mon lit avec une gentille fille, prénommée Phoebe, qui avait vécu dans le même quartier que nous à Amsterdam. Au bout du lit, deux petites étagères en bois étaient fixées au mur et équipées d'un rideau. J'ai placé mes maigres possessions dans le casier et j'ai caché dans mes vêtements le peu qu'il me restait de sucre et de thé.

Peu après mon arrivée, nous avons tous été appelés dans « la salle à manger ». Les quelques lits présents dans cette pièce avaient été disposés le long des murs. Une ampoule nue éclairait faiblement la pièce et tout le monde s'est installé autour de la longue table. Pour notre premier repas dans notre nouveau baraquement, nous avons chacun eu droit à une tranche de pain avec de la confiture et une tasse de thé noir, ce qui a constitué notre principal repas de la journée. Après notre frugal dîner, nous sommes retournés dans le dortoir pour nous coucher. Nous avons tous dormi profondément cette nuit-là. Deux femmes ont veillé sur nous toute la nuit et une lumière tout au bout de la pièce est restée allumée. Sœur Luba avait tout organisé et nous avons rapidement pris possession des lieux.

Je n'étais plus tenue d'habiller les petits le matin, les aides s'en chargeaient, même si la plupart d'entre nous se couchaient complètement habillés. Le plus important pour nous était d'avoir chaud. Parfois, le matin, nous nous lavions le visage et les mains avec un linge mouillé. C'était le même linge pour tout le monde et nombre d'entre nous ne prenaient plus la peine de se laver. Si nous sentions mauvais, nous ne l'avons jamais remarqué. Nous nous y étions habitués, j'imagine.

Nous avions ordre de ne pas quitter l'enclos, et pour s'assurer que personne ne sortait sans permission, sœur Luba avait posté une des aides à la porte.

« Le petit déjeuner » était généralement servi vers huit heures du matin. Il se composait d'une demi-tranche de pain avec de la confiture et un gobelet de thé ou d'eau. Nos rations alimentaires étaient devenues plus régulières, car nous faisions partie de la section hospitalière et non plus du périmètre du camp. Après ce maigre repas, les enfants étaient autorisés à jouer dehors dans les limites de l'enclos. Nous n'avions pas le droit de retourner dans la salle à manger tant qu'elle n'avait pas été nettoyée. Ainsi, les enfants qui voulaient jouer allaient dehors, tandis que les autres se rassemblaient dans le dortoir. À l'une des extrémités de la pièce, environ huit lits superposés demeuraient vides, et Iesy, Max, Jacky, Louky, Maurice, Gerry et moi en avons rapidement pris possession. Nous nous asseyions en haut des lits pendant des heures pour parler d'Amsterdam et de nos familles, mais le sujet qui revenait sans cesse était celui de la nourriture. L'envie et le besoin d'aliments sains et nourrissants nous taraudaient en permanence.

Lorsque nous étions en haut de ces lits, c'était Iesy qui parlait le plus souvent. Son imagination n'avait pas de limite et nous lui prêtions toujours une oreille attentive. Il nous parlait de la synagogue portugaise d'Amsterdam, qui était selon lui un monument protégé des Allemands. Je me rappelais avoir vu des gardes allemands postés devant, mais à l'époque je m'étais dit qu'ils étaient là pour empêcher les Juifs portugais de se rendre à la synagogue. Il nous a expliqué qu'il y allait tous les vendredis soir avec son père et son oncle et que sa foi lui apportait beaucoup de réconfort.

Un matin, Iesy nous a appris que le bâtiment qui se trouvait un peu plus loin sur la route était la morgue.

— Comment le sais-tu ? a demandé Max. Tu as réussi à sortir de l'enclos ?

— Je me suis faufilé à l'extérieur lorsqu'il n'y avait personne à la porte, a dit Iesy. Enfin bref, c'est là qu'ils apportent les cadavres.

C'était le même bâtiment que j'avais remarqué le soir où sœur Hermina m'avait conduite dans le nouveau baraquement. Je comprenais pourquoi j'avais eu un étrange sentiment lorsque nous étions passés devant.

— J'ai bien réfléchi, a ajouté Iesy. Si les SS veulent nous tuer, je ne vais pas rester sans rien faire à attendre qu'ils le fassent. Je vais m'échapper.

— Et où ça ? a demandé Louky.

— Je n'en sais rien, mais ce que je sais, c'est que je ne les laisserai pas me mettre à la morgue, a rétorqué Iesy.

Ses paroles nous ont plongés dans la contemplation d'un funeste destin, et un lourd silence s'est ensuivi. Après un court instant, Gerry et Jacky ont affirmé qu'ils s'enfuiraient eux aussi s'ils en avaient l'occasion. Je ne disais rien. Où pouvions-nous donc aller ? Nous n'avions de toute façon aucun moyen de nous échapper. Cette nuit-là, j'ai rêvé que les SS me poursuivaient sans relâche à travers tout le camp.

Les jours se sont changés en semaines et le froid persistait. Nous avions beaucoup de chance de ne pas être obligés d'assister à l'appel. La morgue, plus haut sur la route, était pleine, et des cadavres étaient empilés à l'extérieur. On pouvait facilement les voir depuis notre enceinte : le tas devenait de plus en plus important à mesure que les jours passaient.

La vie dans notre nouveau baraquement est devenue plus organisée. Une des aides, sœur Hella, était une très belle jeune fille polonaise avec de longs cheveux d'or. Sa mère aussi faisait partie des aides. C'était une femme petite et squelettique, au visage émacié, qui portait constamment une écharpe autour de la tête. Son rôle consistait à toujours maintenir le sol du réfectoire propre, elle avait donc constamment un balai à la main. Elle n'était pas d'un naturel très avenant, et lorsque les enfants voulaient se réchauffer les mains près du poêle qui se trouvait au centre de la pièce, elle leur criait : « *Gaja weg von the kech* » (Éloignez-vous du poêle) tout en les menaçant de son balai. Chaque fois, les enfants couraient vers moi pour que je les protège de la « sorcière », comme ils l'avaient surnommée. Je leur demandais alors d'être sages et de ne pas trop s'approcher du poêle, puisqu'il faisait raisonnablement chaud dans la pièce. Généralement, je les installais autour de la table pour leur raconter une histoire. Les enfants me respectaient et acceptaient naturellement mes conseils. Ils venaient me trouver pour me confier leurs inquiétudes et leurs problèmes. Peu importait leur âge, ils avaient compris d'instinct que nous devions nous serrer les coudes, nous entraider pour survivre.

Notre baraquement était entouré d'un grillage. Les enfants avaient le droit de jouer dehors pendant la journée, mais il leur était formellement interdit de passer la porte de l'enceinte. Sœur Luba avait été très claire là-dessus et personne n'osait lui désobéir.

Elle avait des yeux marron foncé et une petite bouche. Son regard, bien qu'empreint d'autorité, dégageait beaucoup de gentillesse, mais mieux valait ne pas la mettre en colère car elle ne se laissait pas faire. Lorsqu'elle se fâchait, chacun de nous faisait de son mieux pour l'éviter.

Un petit groupe de femmes nous aidait à accomplir les corvées quotidiennes. Elles nous assistaient pour l'habillage des petits, l'installation sur le pot. Nous ne voyions pas beaucoup sœur Luba car, tous les matins, à la première heure, elle partait en cuisine pour nous chercher à manger. Elle prenait avec elle deux robustes femmes polonaises, qui portaient les récipients de nourriture tout au long du chemin de retour vers notre baraquement. Parfois, lorsqu'elle revenait bredouille, elle repartait une seconde fois vers les cuisines quelques heures plus tard. Lorsque cela arrivait, sœur Luba prenait Iesy et Max avec elle ou Iesy et Louky, dans le but d'apitoyer les gens qu'elle croiserait.

Les premières semaines de l'année ont été bonnes pour nous. Sœur Luba nous ramenait de la nourriture le matin et l'après-midi. C'était vraiment merveilleux de pouvoir prendre un vrai petit déjeuner et un dîner. Après avoir été affamés pendant dix longs mois dans le camp d'Albela, ne nous nourrissant que de carottes et de panais flottant dans de l'eau marron, nous avions du mal à mesurer la chance qui était la nôtre. Les joues creuses des enfants ont commencé à se remplir à nouveau et il arrivait même qu'on les entende rire. Cependant, le temps passait toujours aussi lentement.

La météo, pourtant clémente pendant la période des fêtes de Noël, a brusquement changé et la neige a recouvert tout le camp d'une épaisse couche blanche. Les températures étaient bien inférieures à zéro. La maison des enfants était isolée du camp principal, mais la brutalité sans nom et les souffrances infligées là-bas filtraient malgré tout jusqu'à nous. Nous savions que les prisonniers restaient debout pendant des heures par ce temps glacial au cours de l'appel. Nous ne savions que trop bien quelles souffrances cela pouvait engendrer. Grâce à Dieu et à sœur Luba, nous n'étions pas obligés de participer à l'appel. Nous étions comptés dans le baraquement par deux aides.

Mais au cours de la troisième semaine du mois de janvier, par un après-midi particulièrement froid et venteux, nous avons été convoqués à l'appel. Nous devions nous rendre devant une maison en bois à deux étages entourée d'arbres. Nous nous sommes habillés aussi chaudement que possible, parce que nous savions que cela pouvait prendre des heures. Toutes les personnes logées dans notre baraquement devaient être présentes, y compris les bébés, les malades et les aides.

Le vent soufflait entre les arbres, alors que nous nous tenions serrés les uns contre les autres, tremblants de froid. Des occupants d'autres baraquements se trouvaient à nos côté ; ils étaient là depuis bien plus longtemps que nous. Nous avons attendu. Il était clair qu'il ne s'agissait pas de l'un de ces appels où nous devions nous aligner par cinq et nous tenir au garde-à-vous. Il servait à recenser toutes les personnes vivant dans cette partie du camp, ironiquement appelée le « camp hôpital ». Après environ une heure d'attente, notre tour est arrivé. Les autres groupes étaient repartis dans leurs baraquements respectifs.

Alors que nous attendions, nous avions appris que ce recensement était effectué afin de nous tatouer un chiffre sur notre avant-bras, de la même manière que les détenus d'Auschwitz avaient été marqués. Nous avons été appelés un par un à nous présenter devant les administrateurs qui étaient assis à des tables, surveillés par des gardiennes. Lorsque mon tour est arrivé, Max et Jacky m'ont accompagnée. Une femme au visage sévère m'a demandé mon nom, ma date de naissance et la ville d'où je venais. Après avoir inscrit ces renseignements sur une feuille de papier, elle m'a annoncé qu'à partir de ce moment mon numéro était le 10564, et que jusqu'à ce que je sois tatouée, je devais porter ce numéro sur un morceau de tissu blanc, cousu sur l'avant de mon manteau ou de mon pull, afin qu'il soit tout le temps visible. Par ailleurs, mon manteau devait être marqué d'une bande de peinture rouge dans le dos afin d'indiquer que j'étais une prisonnière. On me le réquisitionnerait plus tard pour y peindre cette bande. Toute cette affaire a complètement bouleversé les enfants qui étaient terrifiés à l'idée de se faire tatouer un numéro sur le bras.

Les délégués ont facilement pu accomplir leur tâche avec les enfants qui connaissaient leur nom, mais lorsqu'ils ont posé ces mêmes questions aux tout-petits, ces derniers se sont mis à pleurer. Les enfants plus âgés n'étaient pas autorisés à répondre à leur place. Voyant que cela ne les menait nulle part, les administrateurs se sont concertés avec les femmes gardes, puis nous avons pu regagner notre baraquement, après avoir passé plus de trois heures dans un froid glacial. Sœur Luba s'est alors vu confier la tâche d'établir une liste regroupant tous ces renseignements avec l'aide des enfants plus âgés, qu'elle confierait aux administrateurs quelques jours plus tard. Heureusement, nous n'avons plus jamais été obligés d'assister à l'appel.

La dernière semaine de janvier, sœur Luba m'a demandé de l'accompagner pour aller chercher de la nourriture. Nous sommes parties à huit heures et avons traversé tout le camp en nous dirigeant vers la section des SS. Nous avons quitté le camp des femmes et sommes arrivées dans une zone où nous avions pris une douche près d'un an auparavant. Tous les occupants du camp d'Albela avaient, à l'époque, s'y étaient lavés afin d'éliminer les poux qui infestaient tout le monde. Il était aux environs de vingt-deux heures et maman n'était toujours pas rentrée de son travail. C'était la première fois que j'avais été séparée de Max et Jacky car ils devaient se doucher avec les hommes. Nous étions rentrées dans une grande pièce dont le sol était en béton et il y avait de nombreuses pommes de douche. Nos vêtements avaient été passés à l'insecticide pendant que nous nous douchions par groupes de cinquante.

Sœur Luba, inconsciente des pensées qui me hantaient, marchait d'un bon pas. Nous avons franchi la limite de notre camp sans être arrêtées par qui que ce soit. Tout était très calme, les bruits du camp des femmes s'évanouissaient dans le lointain. Sœur Luba et moi-même marchions en silence vers la dernière porte pour prendre la direction du camp principal. Nous avons emprunté la grande route qui traversait la section des SS, et alors que nous approchions de l'entrée du camp de concentration, nous avons aperçu un poste de garde avec trois hommes à l'intérieur.

Cela m'a rappelé le jour de mon arrivée à Bergen-Belsen, le 2 février 1944.

Sœur Luba a donné son numéro, qui avait été tatoué sur son bras à Auschwitz, ainsi que la raison pour laquelle nous nous trouvions dans le camp des SS. Elle souriait au garde tout en lui parlant et il l'a gentiment autorisé, à entrer dans le camp avec *die Kleine*, c'est-à-dire moi. Apparemment, le sourire de sœur Luba avait des pouvoirs magiques. Les gardes ne pouvaient rien lui refuser ; en outre, ils semblaient être au courant du travail qu'elle faisait à la maison des enfants. Cela faisait presque deux mois que sœur Luba nous avait pris sous son aile et certains jours elle franchissait cette porte à deux reprises pour nous trouver de la nourriture dans les cuisines. Quel courage avait cette petite femme d'ensorceler ces hommes malfaisants.

« *Danke* », a dit sœur Luba, en me tirant loin du poste de garde dès qu'elle a eu la permission de passer. Elle tenait fermement ma main dans la sienne alors que nous marchions dans le camp principal vers la réserve de nourriture. Lorsque nous sommes arrivées, j'ai immédiatement reconnu les deux femmes du camp de l'étoile qui y travaillaient. Elles ont été très surprises de me voir et m'ont posé tout un tas de questions. Pendant que nous parlions, Fritz, le *Scharführer* responsable de la réserve, est venu et l'une des femmes lui a expliqué que je faisais partie des orphelins qui avaient été abandonnés la nuit de la Saint-Nicolas. Fritz s'est tourné vers une des femmes et lui a demandé de m'apporter un salami. Lorsqu'elle me l'a tendu, elle m'a recommandé de bien le cacher sous mon manteau.

Pendant ce temps-là, l'autre femme est revenue avec un second salami :

— Tiens, a-t-elle dit. Prends aussi celui-ci. Vite, cache-le avant que le garde ne le voie.

Je l'ai pris, mais j'avais du mal à les tenir tous les deux sous mon pardessus. Les salamis étaient assez lourds et je n'avais plus beaucoup de forces, mais j'étais décidée à les rapporter aux enfants. Sœur Luba ne pouvait pas m'aider à les transporter car elle ne portait pas de manteau. Dans ce froid glacial, elle ne portait toujours que son chemisier de coton bleu à manches courtes et une jupe noire. J'ai lutté tout au long de l'interminable chemin de retour vers notre baraquement, alors que les salamis devenaient de plus en plus lourds dans mes bras. J'étais épuisée, mais le sourire qu'ont affiché les enfants lorsque nous leur avons annoncé qu'ils auraient du pain et une tranche de salami pour le dîner a été la plus belle des récompenses.

Après cette douloureuse expérience, je me suis dit qu'il devait bien y avoir un autre moyen de transporter discrètement un salami. Quelques jours plus tard, j'ai eu une idée. La salopette que Sonja m'avait envoyée avait des jambes très larges. J'ai donc coupé le fond de mes poches et je les ai agrandies en y cousant des chaussettes de mon père, créant ainsi des poches de la taille d'un salami. Je pourrais le glisser (si d'aventure je parvenais à m'en procurer un autre) dans ma poche et il pendrait hors de vue à l'intérieur de ma salopette. C'était une si bonne cachette que j'ai cousu toutes les chaussettes que nous avions trouvées dans les pantalons de Max, Jacky, Iesy et Louky.

Sœur Luba était désormais bien connue dans le camp comme étant notre ange gardien. Elle s'était entourée de femmes qui étaient toutes dévouées à son travail. Il ne faisait aucun doute qu'elle était la force agissante. Sœur Hermina était son bras droit et prenait les choses en main lorsque sœur Luba partait chercher de la nourriture.

Une sorte de « mode » voulait que les jupes que portaient les *Prominent*s soient confectionnées avec un tissu à carreaux, Dieu seul savait où elles se le procuraient. Sœur Luba et sœur Hermina en ont rapidement obtenu. Sœur Luba avait trouvé une deuxième couturière pour seconder sœur Hella. Il s'agissait de Maria qui venait de Paris. Elle reprisait nos vêtements et en échange elle pouvait rester avec nous et était nourrie. Elle était toujours très gentille avec moi lorsque je la croisais dans le réfectoire, mais j'avais bien conscience que c'était en partie parce que j'étais la préférée de sœur Luba.

Toute notre vie était centrée autour de cette dernière. Elle nous offrait la sécurité dont nous avions si désespérément besoin. Lorsqu'elle partait à la recherche de nourriture le matin, les enfants attendaient son retour à la porte de notre enclos. Dès qu'ils l'apercevaient sur la route, ils se mettaient à crier :

« Sœur Luba revient ! Sœur Luba revient ! »

Une nuit que nous étions tous couchés, nous avons entendu de lourds bruits de pas dans le couloir. J'ai décidé de mener mon enquête pour savoir ce qu'il se passait. J'ai lentement ouvert la porte du dortoir et j'ai vu des prisonnières apporter du pain dans la chambre de sœur Luba. Lorsqu'elle m'a aperçue, elle a posé un doigt sur ses lèvres et m'a demandé en silence de ne pas poser de questions. Lorsque les prisonnières sont parties, sœur Luba m'a expliqué qu'un jeune officier SS l'avait aidée à voler du pain pour nourrir les enfants.

Le jour suivant, l'officier SS est venu nous rendre visite et nous avons pu voir notre bienfaiteur. Il était jeune, il devait avoir vingt-cinq ans, mesurait environ 1,80 mètre, avait des cheveux noirs et s'appelait Maximillian. Il est vite devenu évident qu'il avait un faible pour sœur Hella. Il venait régulièrement dans notre baraquement, le plus souvent la nuit, après s'être arrangé pour nous apporter du pain et de la farine.

Un jour de la mi-février 1945, j'ai entendu des gémissements provenir de la salle à manger, et je me suis alors précipitée vers le bruit pour voir ce qu'il se passait. J'ai vu sœur Luba et deux autres sœurs pleurer. Sœur Luba répétait sans cesse que quelque chose de terrible s'était produit.

— Que s'est-il passé? ai-je demandé à la cantonade.

Personne ne m'a répondu et les choses ont empiré car les enfants se sont mis à pleurer de peur lorsqu'ils ont vu sœur Luba se comporter de manière si inhabituelle. J'essayais de calmer les enfants du mieux que je pouvais. Après une quinzaine de minutes, le calme est un peu revenu et sœur Luba m'a vue au milieu des enfants. Elle était dans un piteux état, ses yeux étaient rouges et gonflés. Cela m'a effrayée. Je me suis dirigée vers elle et elle a posé sa tête sur mon épaule et a pleuré.

— Oh ! mon Dieu ! Phillipje est mort ! ne cessait-elle de répéter.

À l'annonce de cette nouvelle, je suis restée interdite. Je savais que Phillipje était malade car la femme docteur était venue lui rendre visite quelques jours auparavant avec Kurt, le médecin des SS. Je les avais vus examiner Phillipje, puis décider de le transférer à l'hôpital pour une opération du tympan. Il était revenu dans notre baraquement vers vingt heures ce soir-là. La veille encore, il semblait se rétablir correctement et, aujourd'hui, il était mort. J'ai été envahie par une immense tristesse et je me demandais si Phillipje avait réellement eu la volonté de vivre. C'était un bébé tellement calme qui était incapable de tenir seul la position assise. Il ne pleurait que très rarement. J'avais le sentiment que sa mère lui manquait tellement qu'il n'avait plus de raison de vivre. Bien sûr, le pauvre bébé avait cruellement manqué de la quantité de nourriture suffisante pour grandir correctement. Je pleurais avec tous les autres.

Lorsque les choses se sont un peu calmées, sœur Luba a demandé à sœur Hermina de l'aider à transporter le petit corps de Phillipje à la morgue. Elles se sont dirigées ensemble vers le dortoir. Je les y ai suivies mais suis restée à distance du lit de Phillipje. J'ai vu sœur Luba l'envelopper délicatement dans une couverture bleue pour bébé. Puis sœur Hermina s'est penchée pour prendre le petit paquet, et sœur Luba l'a suivie en pleurant. Elles sont passées devant moi en sortant. J'ai jeté un œil sur le paquet bleu, c'était irréel, on aurait dit que Phillipje ne s'y trouvait pas ; peut-être que sa petite âme avait déjà quitté son corps pour partir à la recherche de sa maman.

— Repose en paix, ai-je murmuré lorsqu'elles ont quitté le baraquement.

Ce petit ange a été le premier à mourir dans notre groupe, et pendant les jours qui ont suivi, notre moral était au plus bas.

Une nuit, trois enfants polonais sont arrivés de Ravensbrück. On leur avait rasé le crâne, mais ils semblaient en bonne santé. Il s'agissait des premiers enfants d'une autre nationalité à rejoindre notre groupe : deux filles et un garçon. D'après ce que nous avions compris, la fille la plus âgée se prénommait Mala et devait avoir à peu près le même âge que moi. Nous ne pouvions pas communiquer avec eux, alors ils passaient tout leur temps dans le réfectoire avec sœur Hermina, sœur Hella et la sorcière qui, elles aussi, parlaient polonais.

En raison du mauvais temps, les enfants restaient tous à l'intérieur ; le dortoir et la salle à manger étaient surpeuplés. Pourtant personne ne se disputait ou ne se chamaillait, nous savions tous que pour survivre nous devions être gentils les uns envers les autres. Pris au milieu de toutes ces horreurs, nous avons développé un sens aigu de la solidarité et de l'engagement. Il n'y avait rien à faire, alors les enfants traînaient dans le dortoir ou restaient allongés sur leur lit. Nous nous ennuyions à mourir. Un jour que mon regard errait à travers le dortoir, je me suis rendu compte que ce n'était pas bon pour nous. Nous devions nous occuper l'esprit si nous voulions conserver une bonne santé mentale. Leni était déjà bien malade et ne bougeait quasiment plus de son lit. Il y avait en permanence des enfants qui restaient près d'elle pour lui remonter le moral. C'était une petite fille adorable, qui ne se plaignait jamais et avait toujours le sourire. Nous ne parvenions pas à améliorer son état, malgré tout l'amour que nous lui prodiguions.

Il fallait agir et j'ai suggéré à Iesy de tenter une nouvelle fois de monter un spectacle pour les enfants. Iesy était d'accord et j'ai informé le groupe de notre projet. Comme par magie, la léthargie s'est évaporée et chacun regorgeait d'idées. J'avais l'intention de leur enseigner une danse rythmique que j'avais moi-même apprise lorsque je faisais de la gymnastique à Amsterdam. Nous n'avions pas de musique, alors un petit groupe d'enfants devait chanter *Le Beau Danube bleu*. Nous avons commencé les répétitions dans le petit espace vide près de la porte du dortoir. Le tout était affreusement discordant au début, mais après quelques faux départs, les enfants ont compris ce qu'il fallait faire. J'ai répété la danse aussi bien que possible, pendant qu'Iesy organisait quelques sketches avec les garçons les plus âgés. Nous prenions tout cela très au sérieux, et surtout nous avions quelque chose à faire. Nous pouvions ainsi vaincre l'ennui.

Le jour du spectacle est arrivé. Comme pour notre précédente représentation, nous avons regroupé toutes les tables du réfectoire au milieu afin de former une scène. Avec l'aide de quelques sœurs, nous avons accroché une corde (je n'ai aucune idée de l'endroit où elles l'avaient dénichée) à travers la pièce afin de pouvoir étendre deux couvertures et ainsi constituer des rideaux. Quatre garçons étaient chargés d'ouvrir et de fermer ces rideaux lorsque c'était nécessaire. Toutes les chaises de notre théâtre improvisé étaient occupées et, à l'ouverture des rideaux, je n'en ai pas cru mes yeux lorsque j'ai vu au premier rang la doyenne du camp, *Frau* Stania et quatre femmes gardes qui étaient venues assister au spectacle. J'ai murmuré aux « acteurs » de faire de leur mieux afin de ne pas embarrasser sœur Luba. Alors que les enfants chantaient « *Die Danube so blau so blau so blau* », j'ai entamé la chorégraphie que j'avais exécutée tant de fois à Amsterdam.

Le spectacle a duré une heure et a remporté un franc succès. Bien sûr, nous étions parfois très maladroits car nous n'avions ni souffleur, ni costumes, mais l'auditoire a été indulgent et a applaudi aux bons moments. Un peu avant la fin, les gardes et la doyenne du camp nous ont quittés. Sœur Luba les a raccompagnées jusqu'à la porte et a laissé échapper un soupir de soulagement lorsqu'elles sont parties. Elle n'a pas attendu une seconde pour nous dire à quel point elle était fière de nous. Et nous pouvions voir qu'elle était heureuse que tout se soit bien passé.

Le succès de notre spectacle a eu pour fâcheuse conséquence d'attirer l'attention des femmes gardes sur la maison des enfants. Quelques jours plus tard, deux d'entre elles sont venues nous rendre visite un après-midi dans le dortoir. Tous les enfants présents dans la pièce ont interrompu leurs activités et tout le monde s'est tu. Personne ne bougeait le moindre muscle pendant qu'elles marchaient lentement parmi nous. L'une d'elles s'est entichée de Max et lui a gentiment demandé son nom. Bien que très maigre, Max était encore joli garçon avec ses cheveux noirs et ses yeux bleus.

La femme a engagé la conversation avec lui. Je les observais depuis le haut de mon lit. Elle a dit à Max qu'elle avait vu le spectacle et qu'elle était désolée que nous ne disposions pas de musique.

— Si j'avais un harmonica, je pourrais en jouer, a approuvé Max.

— Je vais t'en trouver un, a-t-elle répondu.

Après le départ des gardes, Max est venu me trouver.

— Tu as entendu, Hetty ? Elle va me rapporter un harmonica.

Je lui ai conseillé de ne pas se faire trop d'illusions là-dessus. Les gardes n'étaient pas dignes de confiance.

Le plus étonnant dans cet échange entre mon frère et cette femme était qu'ils s'étaient compris sans parler la même langue : il s'était exprimé en hollandais et elle en allemand.

Deux jours après, les deux femmes sont revenues dans notre dortoir au cours de l'après-midi.

Les enfants ont fait silence et se sont immobilisés, mais la gentillesse dont elles ont fait preuve les a détendus et ils ont repris leurs activités. L'une d'elles – celle qui appréciait Max – nous a appris qu'elle s'appelait Hilde. Elle l'a immédiatement cherché et lui a remis un petit paquet. À l'intérieur, il a découvert deux paires de chaussettes et, à notre grande surprise, un magnifique harmonica. Le visage de mon frère irradiait de bonheur. Il s'est tout de suite mis à jouer et a été rapidement en mesure d'exécuter une petite mélodie. La gardienne le regardait en souriant. Quant à moi, assise comme à mon habitude sur le lit supérieur, j'observais la scène d'en haut. Je m'interrogeais : était-il possible qu'une femme SS ait un cœur ? Non, il valait mieux rester sur nos gardes, je n'avais aucune confiance en elle. J'ai appelé Max et lui ai glissé à l'oreille d'être prudent. Il a acquiescé. Puisqu'il venait de recevoir un cadeau, les autres enfants se sont rapprochés de la femme, qui semblait ravie de toute cette attention. En partant, les deux femmes nous ont précisé qu'elles repasseraient nous voir prochainement.

À partir de février 1945, il est devenu de plus en plus difficile d'obtenir de la nourriture, et sœur Luba avait du mal à en trouver suffisamment pour nous tous. Il faisait un froid glacial et lorsqu'elle revenait bredouille, elle était fatiguée et découragée. Dans ces moments-là, je comprenais que la sorcière était en fait une femme de cœur. Elle enlevait les bottes de sœur Luba et massait ses pieds fatigués pendant que sœur Hella lui rapportait un plat avec de l'eau chaude afin de pouvoir les baigner. Je regardais sœur Luba se détendre et reprendre peu à peu des forces, alors qu'elle se confiait en polonais aux oreilles attentives de la sorcière qui lui parlait d'une voix douce pour la calmer et lui permettre de repartir en quête de nourriture.

À la suite d'une de ces occasions, sœur Luba m'a demandé de l'accompagner. Ainsi que nous l'avions déjà fait si souvent, nous avons traversé le camp en direction de la cuisine ; cette fois-ci nous visions la cuisine numéro un. Elle fournissait le camp des hommes et était sous la responsabilité d'un *Kapo* polonais. Sœur Luba s'est entretenue avec cet homme, le visage éclairé par son sourire éclatant. Je ne comprenais pas exactement ce qui se disait, mais il semblait lui avoir demandé de patienter. À ce moment-là, le *Scharführer* est arrivé en courant du fond de la cuisine en criant qu'il s'était coupé avec un couteau. Sœur Luba a réagi au quart de tour : elle était infirmière et elle pouvait l'aider. Il l'a incitée à le suivre dans son bureau pour prodiguer les soins d'urgence au blessé. Je suis restée debout près de l'entrée ; de là, je voyais ce qu'il se passait à l'intérieur. De la vapeur d'eau s'échappait des énormes fourneaux de la cuisine dans laquelle il faisait très chaud. Les prisonniers travaillaient sans relâche, de nombreux ordres leur étaient donnés, mais je n'en comprenais aucun. J'ai patienté un long moment, peut-être plus d'une demi-heure, avant que sœur Luba ne réapparaisse avec le *Scharführer* qui avait désormais la main bandée. Lorsqu'il est revenu dans la cuisine, il a demandé au *Kapo* de donner suffisamment de nourriture à sœur Luba pour la maison des enfants et il a ajouté que, dorénavant, elle pouvait venir tous les jours.

Quatre prisonniers ont été chargés de transporter les récipients de nourriture jusqu'à la maison des enfants. À partir de ce jour, obtenir de la nourriture est devenu moins compliqué. J'ai appris plus tard que ce *Kapo* polonais avait un faible pour sœur Luba. Il lui avait même avoué que lorsque la guerre serait terminée, il voulait l'épouser.

Le 24 février 1945, j'ai eu quinze ans. Sœur Luba avait appris par certains des enfants que c'était mon anniversaire et, le matin, elle m'a prise dans ses bras et m'a souhaité beaucoup de bonheur.

Lorsque je lui ai dit que j'avais quinze ans, elle m'a conseillé de ne surtout jamais révéler mon âge aux SS qui me classeraient immédiatement comme une adulte, ce qui pourrait avoir de fâcheuses conséquences pour « une jolie fille comme moi ».

J'ai acquiescé. Je comprenais l'allemand de mieux en mieux chaque jour.

— Dis-moi, m'a-t-elle demandé. As-tu tes chaleurs ?

Je ne comprenais pas ce qu'elle voulait dire, je lui ai donc fait répéter la question. Puis, en un éclair, j'ai compris qu'elle voulait savoir si j'étais déjà réglée.

Je lui ai répondu par l'affirmative, puis elle a voulu savoir si je les avais encore. J'ai secoué la tête pour lui répondre par la négative. Elle a eu l'air contrarié et m'a pris la main en me demandant si je souhaitais les avoir à nouveau, car elle pouvait solliciter la femme médecin afin que je prenne un traitement.

— Oh non ! lui ai-je dit dans un allemand encore hésitant. Je n'y tiens pas du tout.

Je ne préférais pas penser aux problèmes que cela engendrerait pour moi dans de pareilles circonstances. À contrecœur, sœur Luba a respecté mon refus.

Ce jour-là, sœur Luba m'a emmenée avec elle pour aller chercher de la nourriture. Elle pensait que puisque c'était mon anniversaire, Fritz, qui travaillait à la réserve, pourrait peut-être me faire un cadeau, et elle avait raison. À notre retour, tard dans l'après-midi, j'ai montré aux enfants le beau salami que m'avait donné Fritz. J'avais pu le transporter sans la moindre difficulté dans la poche agrandie de ma salopette. Même si le salami m'avait été offert pour mon anniversaire, il ne m'était pas venu à l'esprit de le garder pour moi seule. Nous partagions absolument tout ce que nous trouvions.

Plus tard dans la journée, j'ai été appelée dans la salle à manger. La doyenne du camp, *Frau* Stania, et son bras droit nous rendaient visite. Sœur Luba semblait tendue, mais parvenait tout de même à esquisser un sourire.

— Hetty, *Frau* Stania est venue te chercher pour t'emmener te promener avec elle. Va chercher ton manteau et peigne-toi un peu.

Sœur Luba m'a regardée avec insistance pour m'intimer de ne pas poser de question. J'ai obéi et, à mon retour dans le réfectoire où m'attendaient les deux femmes, *Frau* Stania m'a prise par la main en me demandant de la suivre et nous avons toutes les trois quitté le baraquement. Une fois arrivées dehors, nous nous sommes dirigées vers l'extrémité du camp, vers l'endroit où se trouvait le crématorium. La température était clémente et il faisait beau. Nous sommes passées devant le baraquement appelé *Das Revier* (l'infirmerie), c'était là qu'étaient envoyés les prisonniers mourants sans espoir de rémission. Du moins, c'était sa fonction jusqu'au début du mois de janvier car désormais tous les baraquements étaient des infirmeries et le crématorium ne pouvait plus suivre la cadence.

Alors que nous passions devant, je n'ai perçu aucun son en provenance de l'infirmerie. Lorsque nous étions sorties de la maison des enfants, la doyenne m'avait demandé comment je m'appelais, puis ne m'avait plus adressé la parole. Elle se contentait de me tenir doucement la main. Après quelques minutes, nous sommes arrivées au niveau de la barrière près d'un mirador. Le bras droit de la doyenne a crié quelque chose au garde. Je n'ai pas compris ce qu'elle disait mais le garde a hoché la tête. Elle a alors sorti une clef de sa poche, a ouvert la porte et nous sommes sorties des limites du camp. C'était une sensation étrange de me retrouver à l'extérieur. Après avoir parcouru vingt mètres, la doyenne s'est installée sur un petit amas de bruyère. Elle m'a fait une place à côté d'elle, puis a repris sa conversation avec son bras droit.

Il me semblait que *Frau* Stania avait complètement oublié ma présence à ses côtés. Cela m'a donné l'occasion de mieux l'observer. C'était une grande femme, aux cheveux noirs et bouclés. Ses pommettes saillantes indiquaient des origines polonaises ou russes. Elle avait la peau claire et des yeux sombres et intelligents. Comment une femme aussi belle pouvait-elle effectuer un travail aussi cruel ? me demandais-je. En revanche, son bras droit avait bien la tête de l'emploi : c'était une grande femme forte avec des cheveux châtains. Elle avait également les pommettes saillantes des Slaves, ses yeux étaient gris clair et sa bouche formait un cruel rictus. Les deux femmes portaient les fameuses jupes à carreaux des *Prominents*. Elles avaient également les mêmes bottes de cuir que les gardiennes, qui brillaient tellement qu'on aurait pu se voir dedans. Comme si elle avait senti l'examen méticuleux dont elle faisait l'objet, *Frau* Stania s'est tournée vers moi et m'a demandé mon âge.

Je me suis immédiatement souvenue du conseil de sœur Luba et lui ai répondu que j'avais juste treize ans aujourd'hui.

— « Oh ! c'est ton anniversaire aujourd'hui. Comme c'est charmant ! »

J'ai hoché la tête. Après ce bref échange, elle a de nouveau focalisé son attention sur son assistante. Il m'était difficile de m'entretenir avec *Frau* Stania car elle parlait allemand et polonais, et moi, je ne parlais vraiment que hollandais.

Livrée à moi-même, j'ai commencé à observer les environs. Derrière moi se trouvait un petit bâtiment de briques rouges dans une clairière entourée d'une barrière haute de deux mètres. Cela m'a fait un choc lorsque je me suis rendu compte qu'il s'agissait en fait du crématorium où ces deux charmants garçons avaient été envoyés pour travailler l'année dernière. Il n'y avait personne pour le moment. Le bâtiment semblait vide et aucune fumée ne sortait de la cheminée. Il n'y avait pas de cadavres dans la cour autour du bâtiment. J'ai détourné le regard.

J'ai repéré quelques conserves de sardines vides sur le sol et je me suis levée pour en ramasser deux. La doyenne n'avait même pas remarqué que je m'étais éloignée de plusieurs mètres. Je suis ensuite revenue m'asseoir et j'ai commencé à remplir les boîtes de sable. J'ai sélectionné quelques-unes des bruyères qui se trouvaient près de l'endroit où nous étions assises et j'ai créé une mini-plante décorative qui aurait pu agrémenter l'intérieur de n'importe quelle maison. Cela faisait du bien d'être capable de fabriquer quelque chose d'aussi délicat au milieu de tout ce chaos.

Soudain, *Frau* Stania s'est souvenue de ma présence et s'est tournée vers moi. Je lui ai montré ce que j'avais fait, elle m'a dit que c'était joli. Je lui ai alors tendu une de mes créations en lui disant que je l'avais faite pour elle.

Elle l'a regardée puis, après avoir hésité un moment, elle a demandé à son assistante de la prendre car nous étions sur le départ. J'ai montré du doigt la seconde boîte avec les plantes et j'ai demandé : « Sœur Luba ? ». *Frau* Stania a hoché la tête en signe d'approbation. J'ai ramassé la conserve et l'ai transportée avec précaution.

Lorsque nous sommes arrivées à la maison des enfants, *Frau* Stania m'a dit au revoir d'un ton amical qui, comme je pouvais le constater dans ses yeux, était sincère. En revanche, le regard de sa suivante trahissait son soulagement d'être enfin débarrassée de moi. Je les ai toutes deux remerciées de m'avoir permis de les accompagner dans leur promenade, puis je me suis aussitôt dirigée vers l'intérieur de notre baraquement afin de trouver sœur Luba et de lui offrir ma plante décorative. Elle était heureuse de me revoir. Elle s'inquiétait de savoir pourquoi la doyenne avait personnellement demandé à ce que je l'accompagne pendant sa promenade. Les heures que j'avais passées dehors avaient été une grande source d'inquiétude pour elle. Le soir, en guise de cadeau d'anniversaire, elle m'a offert une tranche de pain supplémentaire, que j'ai aussitôt partagée avec mes frères.

En effet, nous avons tous eu droit à une tranche de pain accompagnée de salami, ce soir-là, et les enfants m'ont chanté *Joyeux Anniversaire*. Erica est venue me lire un poème qu'elle avait écrit en hollandais :

Joyeux Anniversaire à toi
Je te donne ce pain sans beurre car je n'en ai pas
Mais je suis certaine que tu le mangeras.
J'espère que tu fêteras tes seize ans à Amsterdam
Avec tes parents et tes frères : Jacky et Sam
(On appelait Max, Sam, à l'époque)

Erica m'a alors tendu sa tranche de pain, son repas du soir, mais je n'ai pas pu accepter. Le simple fait qu'elle ait souhaité me donner son pain montrait que j'étais aimée et qu'elle était heureuse que je m'occupe d'elle. Je l'ai embrassée et tous les enfants ont applaudi. Ce soir-là, nous nous sommes tous couchés le sourire aux lèvres, et lorsque sœur Mala est venue nous dire de nous endormir au moment de l'extinction des feux, nous avons tous obéi sans rechigner.

Le jour suivant, un colis avait été déposé pour moi de la part de la doyenne du camp. Il contenait une jupe à carreaux noirs et blancs ainsi qu'un pull en laine. Cela m'allait parfaitement. Sœur Luba était radieuse, elle était si fière de moi. En effet, j'étais parvenue à toucher la corde sensible de la doyenne du camp, qui avait décidé d'aider sœur Luba dans sa quête de nourriture pour nous.

Dans tout le camp, la vie est devenue insupportable. Le froid, le manque de nourriture, l'appel et les indescriptibles conditions de surpopulation dans les autres baraquements avaient pour conséquence des morts innombrables. Dans le camp des femmes, les montagnes de cadavres grossissaient à vue d'œil. Et lorsque nous regardions par nos fenêtres, ce paysage de désolation morbide s'étendait à perte de vue. Même si l'odeur des corps en décomposition était absolument atroce, nous ne la sentions plus.

Depuis la maladie de Phillipje, c'est-à-dire un peu plus d'un mois auparavant, deux femmes nous veillaient toutes les nuits. Elles étaient là surtout pour les enfants en bas âge. Il était également rassurant pour les plus grands de voir une faible lumière et d'entendre les chuchotements des deux sœurs lorsque nous nous réveillions au milieu de la nuit. J'ai moi-même à plusieurs reprises éprouvé ce sentiment de réconfort quand je sortais d'un sommeil trop agité. Je dormais rarement sereinement car mon esprit était en permanence sur le qui-vive, à l'affût du moindre danger pendant la nuit.

Au cours des derniers jours du mois de février 1945, nous avons appris que certains des hommes du groupe des diamantaires qui étaient partis le 4 décembre 1944 étaient de retour à Bergen-Belsen dans le camp des détenus. Avec mes frères, nous nous demandions si notre père se trouvait parmi eux. Ainsi, lorsque les gardes sont revenues nous voir, Max a demandé à Hilde de se renseigner pour savoir si papa était dans le camp des hommes. Max m'a alors appelée et m'a dit que *Frau* Hilde avait besoin de plus d'informations sur lui. Max lui avait déjà donné le nom de mon père, mais elle voulait aussi connaître sa date de naissance.

J'ai hésité un peu avant de lui répondre : « C'est le 22 avril 1902. »

Elle a alors promis de mener une enquête, mais je voyais bien dans ses yeux qu'elle était fausse et indigne de confiance. Lorsqu'elle est partie, j'ai demandé à mon frère de redoubler de prudence.

Un après-midi, *Frau* Hilde est venue nous rendre visite toute seule. Les petits enfants, qui étaient désormais habitués à sa présence, se sont amassés autour d'elle. Ils n'avaient aucune idée du danger qu'elle représentait. D'après moi, elle abusait de leur candeur pour les interroger sur sœur Luba. Elle voulait savoir, par exemple, si nous avions suffisamment à manger. Un jour, elle m'a priée de m'asseoir à ses côtés et m'a demandé mon âge.

J'ai menti en lui répondant que j'avais treize ans, ainsi que me l'avait conseillé sœur Luba.

J'ignore si elle savait que je mentais car il aurait été facile pour elle de vérifier cette information, mais Max a fait diversion en demandant s'il était possible d'obtenir un gâteau à la crème.

Mon Dieu ! ai-je pensé. Quel courage il a de réclamer une telle chose ! *Frau* Hilde lui a dit qu'elle ferait ce qu'elle pourrait, puis l'a attiré vers elle. Elle a mis une main sur ses parties génitales et l'a tenu serré contre elle. Mon frère a essayé de se libérer de cette étreinte et lorsqu'elle a vu notre étonnement, elle s'est levée pour prendre congé.

— À bientôt, a-t-elle dit à Max. Puis elle a disparu.

Max était légèrement perturbé par l'expérience, mais il s'est très vite remis. *Frau* Hilde est revenue deux jours plus tard avec une petite boîte qu'elle a donnée à Max. À l'intérieur, il y avait deux gâteaux à la crème ainsi qu'un sandwich au jambon et au salami. Max m'a tendu la boîte et a remercié Frau Hilde pour son cadeau. Elle lui a donné une petite tape amicale sur la tête et est partie quelques minutes plus tard. J'ai moi-même remis la boîte et son précieux contenu à sœur Luba, qui a coupé les gâteaux et le sandwich en minuscules parts pour que chaque enfant puisse en profiter. Les minuscules portions étaient délicieuses et je doute fort qu'aucun d'entre nous aurait été capable de manger un gâteau en entier tant nos estomacs avaient perdu l'habitude de ce genre de nourriture.

Avant le départ de *Frau* Hilde, Max l'avait interrogée sur papa et elle lui avait répondu que l'enquête était en cours. Si nous avions été plus âgés et plus sages, nous nous serions sans doute abstenus de faire ce genre de requête à une femme SS, car nous mettions ainsi en péril l'anonymat de notre père dans le camp. Attirer l'attention sur quelqu'un pouvait être fatal à cette personne, mais nous étions trop naïfs pour le savoir.

Le lendemain de mon anniversaire, je me suis rendu compte que nous ne connaissions pas la date de celui de sœur Luba, aussi, à son retour des cuisines, lui ai-je posé la question. Il m'a fallu un certain temps pour obtenir une réponse. Alors qu'en Hollande, comme dans beaucoup d'autres pays, l'anniversaire correspond au jour de naissance, en Russie et en Pologne il est célébré le jour de la fête du saint d'après lequel on a été nommé. Après de nombreuses tentatives d'explications culturelles, nous avons décidé que son anniversaire était le 5 mars.

Cela ne nous laissait pas beaucoup de temps pour organiser quelque chose. Je n'avais que neuf jours devant moi. J'ai décidé de consulter Inge et Gretel, deux femmes hollandaises d'origine allemande qui nous rendaient parfois visite. Gretel travaillait au dispensaire médical des SS et elle pouvait se procurer les médicaments dont avait besoin sœur Luba si l'un de nous était malade. Inge et Gretel ne disposaient pas de laissez-passer pour venir dans notre baraquement, alors j'ai demandé à notre gardienne de les laisser entrer chaque fois qu'elles se présenteraient. Dès leur arrivée dans l'après-midi, j'ai sollicité leur aide. J'ai expliqué à Inge que je voulais trouver un cadeau à sœur Luba pour son anniversaire, quelque chose de vraiment joli si possible. Ensuite, je l'ai priée de rédiger un petit poème en allemand que je pourrais réciter le jour de son anniversaire. Inge a dit qu'elle essaierait. En échange, je lui ai promis de la nourriture. Cette conversation s'est déroulée dans notre enceinte en fin d'après-midi, à l'écart des petites oreilles indiscrètes qui auraient pu révéler notre secret à sœur Luba. Inge et Gretel ne sont revenues que quatre jours plus tard. Inge avait composé un poème sur un vieux morceau de papier. Elle y vantait toutes ses vertus ainsi que je les lui avais décrites.

Inge m'a expliqué la signification de certains mots pour être bien sûre que je comprenne tout, et j'étais très satisfaite du résultat. Comme cadeau, elle m'a montré une magnifique écharpe en soie noir et blanc de la marque hollandaise « De Bonnetterie ». J'étais ravie qu'elle ait réussi à trouver quelque chose d'aussi beau à Bergen-Belsen, un article provenant d'une maison aussi prestigieuse que ce magasin d'Amsterdam où seuls les plus riches pouvaient se fournir. J'ai interrogé Inge sur la façon dont elle s'était arrangée pour dégoter un si beau foulard.

— C'était à l'une des femmes du camp de l'étoile, elle l'avait toujours dans sa valise, a-t-elle répondu.

— Combien en veut-elle ? ai-je demandé.

— Elle te l'échange contre un pain et demi.

— Et vous, combien voulez-vous toutes les deux pour le poème ?

Inge a regardé Gretel, puis elle a annoncé qu'elles en voulaient un demi-pain.

J'ai réfléchi pendant un instant. Il n'y avait pas de doute. Le foulard et le poème étaient exactement ce que je voulais offrir à sœur Luba.

— D'accord, je vous trouverai les deux pains, mais ils seront coupés en tranches. Je ne pourrai pas avoir deux pains d'un seul tenant.

Elles ont accepté mes conditions, puis nous nous sommes mises d'accord sur le nombre de tranches que contenait un pain. Au final, je devais leur fournir trente-quatre tranches de pain en deux fois.

Une fois les détails de la transaction réglés, j'ai demandé à Inge de m'apporter le poème dès le lendemain, afin d'avoir le temps de le mémoriser avant l'anniversaire de sœur Luba. Inge a promis de revenir avec le poème écrit en majuscules d'imprimerie, car elle avait remarqué que j'avais eu du mal à déchiffrer son écriture. Alors que je regardais s'éloigner Inge et Gretel, je me suis aperçue que je ne savais même pas dans quel baraquement elles vivaient. Je n'en avais aucune idée, mais cela m'était égal. J'étais simplement heureuse de les avoir rencontrées.

Je suis retournée dans notre baraquement pour parler de mon projet à Iesy.

— Il faut que je réunisse l'équivalent de deux pains pour pouvoir obtenir ce magnifique châle et payer Inge et Gretel pour le poème, lui ai-je dit.

Iesy n'a pas répondu immédiatement et je voyais bien qu'il pensait que ce serait une chose difficile à accomplir. Des gens se faisaient tuer pour une tranche de pain et il nous fallait en trouver trente-quatre. Pourtant, d'une manière ou d'une autre, il fallait que l'on y arrive : sœur Luba était vraiment chère à nos cœurs.

— À mon avis, le seul moyen d'y parvenir, c'est que chacun de nous donne la moitié de sa ration journalière deux soirs de suite. Qu'en penses-tu, Iesy ?

Iesy avait un air très sérieux :

— C'est beaucoup demander, nous avons eu très peu de nourriture ces derniers jours.

— Je sais bien que ce sera un vrai sacrifice pour chacun de nous, mais je ne vois pas d'autre moyen, à moins d'entrer par effraction dans la réserve.

Iesy est resté silencieux pendant un moment, puis il a suggéré de demander aux autres s'ils étaient d'accord. Je me suis tournée vers quelques enfants qui se trouvaient juste à côté de nous pour leur dire de rassembler tout le monde dans le dortoir. Bientôt tous, sauf les tout-petits, étaient regroupés autour de moi. Je leur ai parlé des projets pour l'anniversaire de sœur Luba et de ce que nous attendions d'eux.

— C'est votre ration de pain. Si vous ne souhaitez pas en donner la moitié deux soirs de suite, vous n'y êtes pas obligés.

Pourtant, ils ont tous été d'accord. Cela montrait à quel point les enfants aimaient sœur Luba. Il a donc été convenu que je ramasserais la moitié de leur pain le soir même et le lendemain.

Le matin suivant, lorsque Inge et Gretel m'ont apporté le poème, je les ai invitées à revenir aux environs de dix-sept heures trente pour récupérer la première partie de notre livraison.

Tout au long de la journée, j'ai étudié et récité le poème pour l'apprendre par cœur. J'avais également décidé de fabriquer une boîte de présentation pour le beau châle. J'ai réussi à me procurer un carton dans lequel j'ai découpé deux cœurs que j'ai recouverts avec le tissu d'une robe d'été que je possédais encore. Il faisait de toute façon trop froid pour la porter. Ainsi, en deux jours j'ai fabriqué une très jolie boîte munie d'un couvercle. J'étais très satisfaite du résultat.

Le soir, le ramassage du pain s'est déroulé sans heurt. J'ai trouvé deux serviettes relativement propres dans mon casier que j'ai décidé d'utiliser pour livrer les tranches de pain. Le premier soir, j'ai collecté le pain pendant le repas sans que la sœur responsable ne remarque rien. Au bout de la salle à manger, il y avait une seconde porte qui menait dans le couloir et qui était très rarement utilisée. Je l'ai empruntée pour échapper à la vigilance de sœur Luba. J'ai couru jusqu'au bout du couloir avec le pain. Inge et Gretel m'attendaient près de la porte de l'enclos. Je leur ai tendu le paquet et elles m'ont donné le châle enveloppé dans un morceau de papier. Elles sont vite reparties car il commençait à faire sombre et Bergen-Belsen n'était pas un endroit où il faisait bon se promener la nuit. Je suis retournée à l'intérieur et ai caché le châle dans mon casier.

Le jour suivant, les enfants se sont également séparés de la moitié de leur ration quotidienne.

Même s'ils étaient affamés, leur amour pour sœur Luba demeurait plus fort que leur faim. Elle était tout pour nous. Elle était devenue notre mère à Bergen-Belsen, notre confiance en elle n'avait aucune limite, et notre amour était inconditionnel. Elle était l'ange gardien qui prenait soin de nous.

Le matin du 5 mars 1945 est arrivé. De bonne heure, nous nous sommes levés pour nous nettoyer le visage, nous laver les mains et nous coiffer. Les plus grands s'occupaient des plus jeunes. Tout le monde s'est aligné pour mon inspection finale, puis nous nous sommes dirigés vers la salle à manger. Lorsque nous sommes entrés, nous ne nous sommes pas assis comme à notre habitude, mais nous avons formé deux rangs, les grands derrière, les petits devant, face à la porte. Sœur Luba, qui avait été informée la veille que sa présence serait requise, est entrée dans la pièce et spontanément les enfants ont entonné la chanson d'anniversaire hollandaise dont le titre était *Elle vivra longtemps, hourra*. Sœur Luba était si heureuse que son visage s'est illuminé d'un sourire. Les enfants avaient bien gardé le secret.

Après la chanson nous avons demandé à sœur Luba de s'asseoir sur la chaise spécialement décorée pour l'occasion puis j'ai récité le poème :

Schwester Luba, diesen Namen wohl genannt,
mit Achtung und Liebe ist sie bekannt.
Sie schafft von früh bis abends spät,
sie ist es, die sich in unserer Mitte dreht.

Der Tag hat noch nicht angefangen,
Wo ist Schwester Luba? Zu der Küche ist sie schon gegangen.
Für ihre Kinder schafft sie den Morgenbrei,
das ist ihr bestimmt nicht einerlei.
Die Kinder warten mit grosser Frage,
was bringt Schwester Luba heute für uns zu Tage?
Ganz hoch beglückt kommt sie zurück, wenn sie aus der Küche Kartoffelsuppe mit Speck hat heraus gekriegt.
Alle am Platza alle sind froh, denn das Essen macht das Leben erträglig noch so.
Keine Mühe, kein Gang ist Schwester Luba zu viel,
Sie hat nur einen Gedanken zu erreichen ihr Ziel.
Und dieses galt ihren Kindern die ihr sind anvestraut,
Sie schützt mit beiden Händen jedes einzeln Haupt.
War der Iesy krank viele Wochen schwer,
Gönnte die Luba sich gar keine Ruhe mehr.
Ihr Sinn und Gedanke galt dem kranken Kinde,
Wie konnte Schwester Luba es besser geschwinde.
Und endlich mit Geduld und Macht,
Bekam der Iesy wieder Kraft.
So hat die Luba immer ein Sorgenkind
Und weiss auch immer Rat geschwind.
Die Leni ist krank und recht schwer,
Luba läuft traurig hin und her.
Und abends wenn alles schön liegt in tiefer Ruh,
Luba kommt rein und steckt ihrem Schützling noch eine Krätftigung zu.
Und dann das ein Mal dass die Kinder hatten keine Schuhe,
Die ,« organisiert » Schwester Luba im Nu.
Und so ruht unser ganzes Leben in ihrem Schoss,
Und wir sind sie ihr dankbar klein und gross.

Viel zu sagen habe ich nicht mehr,
Jetzt noch einen Wunsch,
Schnell komme die Freiheit für uns alle hier.

En voici une traduction libre vers le français :

Sœur Luba, ce nom te va à ravir,
Notre respect et notre amour nous pouvons te garantir.
Dès l'aube et jusqu'à ce que minuit sonne,
Pas une seule fois tu ne nous abandonnes.

L'aurore de ses rayons nous abreuve,
Et trouve sœur Luba à pied d'œuvre,
À la cuisine chercher notre repas.
Les enfants l'attendent, demandant quand elle reviendra,
Et ce qu'elle va ramener aujourd'hui pour satisfaire tel ou tel petit estomac.
Comme elle est heureuse lorsque le quotidien
Se compose de soupe de patates et de pain.
Tous prennent place, tous sont présents,
Car manger emplit nos vies d'un doux sentiment.
Plus de portails ni de barrières,
Rien ne résiste à sa volonté de fer.
Elle va toujours se démener
Pour ses petits protégés.
Si l'un d'eux tombe malade, des semaines durant,
Luba ne connaîtra pas de repos jusqu'à ce que soit guéri cet enfant.
Leni est malade et déjà
Luba ne cesse de faire les cent pas.
Et à la nuit tombée quand règne le silence,
Luba encore debout son remède lui dispense.

Lorsque les enfants se trouvèrent sans souliers,
Luba décida d'aller en dérober.
Nos vies sont entre ses mains, nous n'avons pas peur de l'avouer,
Et tous, petits et grands, lui sommes reconnaissants,
Inutile d'en ajouter plus avant,
Nous vous souhaitons joie, santé et bonheur,
Et que la liberté vienne sonner pour nous tous de bonne heure.

Sœur Luba, sous le charme, restait assise sur sa chaise. Je lui ai offert son cadeau, puis je lui ai appris ce qu'il en avait coûté aux enfants pour l'obtenir. J'ai ensuite passé mes bras autour de son cou, l'ai embrassée en lui disant : « Nous vous aimons, sœur Luba. » Après de pareilles marques d'affectation, sœur Luba et les autres sœurs avaient toutes la larme à l'œil. Alors, notre sœur, quittant sa chaise, s'est dirigée vers les enfants et a pris dans ses bras chacun d'eux pour les remercier. Ensuite, nous nous sommes tous assis autour de la table pour prendre notre petit déjeuner avec sœur Luba. Elle n'est pas sortie ce jour-là, elle a envoyé sœur Hermina à sa place, qui a emmené Max avec elle.

Sœur Luba est restée parmi nous toute la journée et certaines des petites filles rivalisaient pour obtenir une étreinte ou un câlin. La journée a été très bonne, jusqu'à la visite de deux gardiennes en fin d'après-midi. J'étais dans le dortoir comme d'habitude lorsque j'ai été appelée dans la salle à manger. Quand je suis entrée, j'ai vu sœur Luba discuter avec les deux femmes qui me tournaient le dos. Sœur Luba est venue à ma rencontre et m'a prise par la main en disant : « Les gardes veulent que tu récites le poème de ce matin », et elle m'a doucement poussée vers elles.

L'une des gardiennes s'appelait Irma Grese, et était crainte pour sa grande brutalité. Chaque fibre de mon corps me disait d'être prudente. Ces gardiennes n'avaient rien à voir avec celles qui nous rendaient habituellement visite. Mon instinct me disait que ces femmes étaient mauvaises. Finalement, j'ai réussi à rassembler suffisamment de courage pour réciter le poème, mais lorsque je suis arrivée au vers qui disait : « Et que la liberté ... », j'ai hésité et ai dit à la place : « Je vous souhaite un joyeux anniversaire du fond de nos cœurs. »

Où avais-je trouvé les mots ? Je ne saurais le dire. Je ne connaissais que très peu d'allemand et je crois fermement qu'une puissance divine a formé les mots dans mon esprit afin que je puisse les leur dire. Sœur Luba semblait soulagée et les gardes ont dit que c'était un très joli poème, mais elles n'avaient pas l'air sincères. J'ai été autorisée à retourner dans le dortoir. Cependant, je savais qu'elles n'en resteraient pas là.

Deux jours plus tard, j'ai de nouveau été appelée dans la salle à manger. Là, j'ai vu sœur Luba et certaines de ses aides debout devant un officier SS qui respirait la méchanceté. Il était assis sur un tabouret, et Irma Grese et l'autre garde se tenaient près de lui. Le visage de sœur Luba était rouge et sa bouche formait un rictus. J'ai compris que quelque chose n'allait pas. Irma Grese s'est tournée vers moi à mon arrivée et a dit : « *Obersturmführer** *Herr* Fox veut te parler. »

Elle m'a poussée en direction de l'officier. C'était un homme petit et très mince qui portait des lunettes, derrière lesquelles se trouvaient des yeux d'un noir perçant. Ses cheveux étaient également noirs. Il ne portait pas de casquette, son uniforme était noir et il tenait un petit fouet en cuir dans la main droite. Puisqu'il était assis, ses yeux étaient à la même hauteur que les miens. Il me fixait avec insistance, puis d'une voix douce, il m'a demandé :

— Comment t'appelles-tu ?

— Hetty Werkendam, *Herr Obersturmführer*.

— Comment t'appelles-tu ? a-t-il répété doucement. Il me regardait droit dans les yeux. Il me faisait penser à un serpent et j'ai commencé à paniquer.

Mon cœur battait la chamade lorsque j'ai répété : « Hetty Werk... »

— Esther, tu veux dire, Esther et pas Hetty, a hurlé *Obersturmführer* Fox.

J'ai fait un pas vers l'arrière, mais j'ai tout de même réussi à murmurer : « Oui, Esther. »

— J'ai appris que tu avais posé des questions à propos de ton père, a-t-il dit.

— Oui, *Herr Obersturmführer*.

— Et comment s'appelle ton père ? a-t-il demandé très doucement.

Il me fixait à nouveau comme s'il voulait m'hypnotiser.

---

* Le terme *Obersturmführer* est un grade SS équivalent à lieutenant. (NdlT)

— Mon père s'appelle Maurice Werkendam.

— Bien, a-t-il dit doucement. Maurice Werkendam ?

J'ai hoché la tête en signe d'approbation, mais c'est alors que la colère de Fox a explosé : « Moïse, tu veux dire Moïse, et pas Maurice. »

Je tremblais de peur, et sans avoir besoin de me retourner, je sentais que sœur Luba et les autres sœurs étaient également terrifiées à l'idée de ce qui allait m'arriver. Puis Fox s'est calmé et m'a demandé toujours avec la même douceur feinte :

— Quel âge as-tu ?

Je me souvenais de l'avertissement de sœur Luba, mais il connaissait mon nom de naissance et celui de mon père. Il avait donc pu vérifier les registres. Si je lui disais que j'avais treize ans, il saurait que je mentais.

— Quatorze ans, *Herr Obersturmführer,* ai-je alors répondu.

En entendant ma réponse, Fox a regardé les deux gardiennes, mais sœur Luba est intervenue sans lui laisser le temps de répliquer.

— *Herr Obersturmführer,* la petite a la permission spéciale du commandant de rester dans la maison des enfants, a-t-elle précisé avec son sourire éclatant.

Visiblement Fox l'ignorait, et après avoir consulté à voix basse les deux gardes, il m'a indiqué que je pouvais partir. Sœur Hella m'a attirée dans la pièce d'à côté car je tremblais comme une feuille. J'ai éclaté en sanglots et ai cherché refuge en me blottissant dans ses bras. Sœur Hella m'a serrée contre elle en essayant de me réconforter.

J'ai entendu Fox hurler quelque chose à sœur Luba, mais je n'ai pas compris ce qu'il lui disait. Dieu merci ! Fox et les deux gardes sont partis, après avoir informé sœur Luba et sœur Hermina qu'elles devaient dorénavant porter le costume des prisonnières, les menaçant même de les corriger personnellement si elles ne lui obéissaient pas.

Après leur départ, sœur Luba était furieuse.

— Qui a parlé de la maison des enfants aux SS ? demandait-elle. C'est forcément l'un d'entre nous.

Comment l'un d'entre nous aurait pu faire une telle chose ? C'était peut-être les deux gardiennes qui nous rendaient visite dans le dortoir ? Elles semblaient avoir glané des informations auprès des enfants. Il était évident que de nombreuses personnes jalousaient la position de sœur Luba. La jalousie et la haine qu'inspiraient les gens mieux lotis que les autres étaient monnaie courante dans le camp.

Sœur Luba était très triste de ne plus pouvoir porter de vêtements civils, car elle était désormais connue comme une *Prominent*. Sœur Hella et Maria se sont immédiatement mises au travail pour confectionner le costume. Grâce à ses connaissances, sœur Luba avait rapidement mis la main sur quelques vestes d'hommes rayées gris et blanc. Maria les a dépiquées avec beaucoup de soin, et avec l'aide de sœur Hella, elle a confectionné une veste en tweed et une jupe droite qui allaient très bien à sœur Luba. Celle-ci continuait de porter également son fidèle chemisier bleu pour compléter la tenue.

En voyant le résultat final, sœur Luba a accepté son destin et le premier jour où elle a porté sa nouvelle tenue, je l'ai complimentée : cela lui allait à ravir. Elle a souri et m'a fait un gros bisou. À partir de ce jour, elle a porté son costume comme s'il s'était agi d'une création parisienne.

Chapitre 9

Pour une obscure raison, les SS avaient décidé que les cadavres devaient être empilés dans une structure en bois. Les détenus du camp des hommes avaient donc été mis au travail. Des camions chargés de planches de bois étaient arrivés et les pauvres prisonniers travaillaient dur pour amasser les corps. Leur labeur commençait tôt le matin et s'achevait tard le soir, le tout sous la supervision d'un *Kapo* et de quelques gardes SS. Nombre d'entre eux mouraient d'épuisement et étaient à leur tour entassés avec les autres.

Le temps était de nouveau agréable et le soleil brillait sur le paysage désormais familier. Par une journée ensoleillée, j'ai décidé d'examiner de plus près les piles de corps. J'ai quitté le baraquement et traversé l'étroite route qui nous séparait du champ. Beaucoup de prisonniers étaient morts pendant la nuit et de nouveaux tas de corps étaient éparpillés un peu partout. J'ai enjambé quelques-uns des cadavres tout en regardant si je ne voyais pas quelqu'un que je connaissais, lorsque du coin de l'œil j'ai aperçu deux grandes femmes qui passaient devant l'infirmerie.

Elles se tenaient droites et semblaient fortes et en bonne santé. Leurs pommettes saillantes indiquaient qu'elles provenaient d'Europe de l'Est. Elles m'ont ignorée et ont poursuivi leur route. Puis j'ai remarqué une petite dame âgée qui venait de la direction opposée. Elle tenait dans sa main un morceau de pain. De toute évidence, elle était très mal en point : elle marmonnait et chantait pour elle-même. Les deux grandes femmes sont passées devant elle, puis après avoir parcouru quelques mètres, elles sont revenues vers la malheureuse. Elles l'ont assommée et, d'un mouvement vif, elles se sont emparées du morceau de pain et se sont échappées. J'étais sous le choc, les pieds rivés au sol. Tout s'était produit si vite. Les deux femmes étaient déjà hors de vue. Lorsque j'ai de nouveau été capable de bouger, je me suis approchée de la vieille dame. Elle gisait sur le sol, là où elle avait été assommée, et ne semblait plus respirer. Le coup qu'elle avait reçu, ajouté à sa chute brutale, avait eu raison d'elle.

Son cadavre me bloquait la route. Après quelques instants d'hésitation, je l'ai doucement enjambée. Encore sous le choc, j'ai voulu me rendre aux toilettes à côté de notre baraquement. Les latrines n'étaient pas loin de l'endroit où je me trouvais et d'où je pouvais même les apercevoir.

Lorsque je suis entrée, l'obscurité était totale car le bâtiment ne possédait aucune fenêtre. J'ai attendu que mes yeux s'habituent à la pénombre avant de m'avancer au fond du couloir. Les commodités semblaient raisonnablement neuves et n'avaient pas été beaucoup utilisées. Des souches d'arbres avaient été disposées devant un trou large et profond dans le sol de telle sorte à pouvoir s'asseoir. Il m'était impossible de sonder la profondeur exacte de ce trou car la seule lumière se trouvait à l'entrée du bâtiment. Alors que j'étais sur le point de m'asseoir, j'ai entendu des voix qui s'exprimaient en polonais s'approcher. L'entrée s'est assombrie alors que deux personnes entraient. Je me suis rendu compte avec effroi qu'il s'agissait des deux femmes qui avaient assommé la vieille dame pour le petit morceau de pain. Comprenant alors le danger que j'encourais, j'ai été parcourue par un frisson d'angoisse. J'avais été le seul témoin de leur méfait et je me retrouvais seule dans ce bâtiment vide avec ces deux femmes. Elles n'ont heureusement pas remarqué ma présence. J'ai retenu mon souffle, tout en demeurant le plus immobile possible. Elles étaient en grande conversation.

Je m'attendais à les voir venir s'asseoir à côté de moi sur les souches, lorsque quelque chose de très étrange s'est produit. Aucune des deux femmes ne s'est assise, elles se sont contentées de soulever leurs jupes pour uriner contre le mur en restant bien droites, puis elles ont laissé retomber leurs jupes et sont ressorties. J'étais tellement heureuse qu'elles ne m'aient pas vue que j'ai poussé un soupir de soulagement. Soudain, j'ai compris ce que je trouvais de si différent à ces femmes. En fait, ce n'étaient pas des femmes, mais des hommes qui se promenaient incognito dans le camp des femmes et qui se servaient de leur grande force physique pour voler de la nourriture. D'un pas rapide, je me suis dirigée vers la maison des enfants, où je me savais en sécurité.

Je m'étais déjà rendue plusieurs fois en cuisine avec sœur Luba, aussi connaissais-je le chemin à travers le camp ainsi que la procédure pour passer le poste de contrôle SS. Un jour, de mon propre chef, j'ai décidé de me rendre seule à la réserve pour voir si je pouvais obtenir un petit extra pour Max et Jacky car notre approvisionnement en nourriture s'amenuisait de jour en jour. Un groupe d'une vingtaine d'enfants polonais et hongrois était arrivé la semaine précédente. Pourtant, le dortoir ne s'était pas agrandi et les SS avaient refusé d'augmenter nos rations quotidiennes. L'air à l'extérieur annonçait déjà le printemps, comme je m'apprêtais à entamer cette longue marche.

Le camp des femmes était grand et les différents baraquements, qui n'avaient pas été construits en lignes droites, étaient éparpillés ici et là au milieu de zones boisées. La conception était radicalement différente de celle du *Sternlager,* le camp de l'étoile, où les baraquements avaient été érigés en lignes droites dans un espace bien plus petit, le rendant rapidement surpeuplé. À l'origine, cet endroit avait dû être conçu pour recevoir des vacanciers, pensais-je alors que je parcourais la route qui serpentait à travers le camp. Quelle funeste destinée pour un lieu de vacances !

Lorsque je suis passée devant la morgue, j'ai vu la montagne de corps qui s'étendait sur une zone de la taille d'un terrain de football. Sur ma gauche se trouvaient deux baraquements qui servaient d'hôpitaux. Max et Jacky, qui s'étaient échappés le temps d'une promenade interdite une semaine auparavant, m'avaient rapportée que tante Bets était dans l'une d'elles. J'ai donc regardé à l'intérieur avec beaucoup d'attention et, en effet, j'ai aperçu tante Bets assise dans son lit derrière l'une des fenêtres. Je me suis arrêtée et lui ai fait signe. D'abord, elle n'y a pas prêté attention, puis elle m'a reconnue et m'a répondu. (À partir de ce jour, je m'étais promis de lui faire signe chaque fois que je passerais devant son baraquement, ce que j'ai fait, jusqu'au jour où elle n'a plus été là.) J'ai poursuivi mon chemin, en prenant mon temps car c'était la première fois que je traversais le camp toute seule.

Non loin de moi, deux prisonnières étaient en train de découper un cadavre. J'ai marché aussi vite que possible, loin de cette vision atroce. En dépit de toutes les horreurs dont j'avais été témoin, cela m'a profondément choquée. Je savais que, quoi qu'il arrive, jamais au grand jamais je ne pratiquerais le cannibalisme.

En arrivant près de la porte du camp des femmes, j'ai remarqué les baraquements sur le flanc de la colline. J'entendais crier et pleurer, et alors que je me rapprochais, j'ai vu une vingtaine de femmes alignées. Les unes après les autres, les femmes devaient se pencher vers l'avant au-dessus d'un tabouret, leurs culottes baissées. Armé d'un long fouet, un *Kapo* frappait chacune d'elles sur les fesses de toutes ses forces. J'entendais le bruit que l'instrument de torture faisait lorsqu'il touchait la chair. Les femmes alignées étaient obligées de regarder ces atrocités pendant que, non loin de là, se tenait une gardienne, tout sourires.

J'ai couru jusqu'à la porte pour échapper à cette vision malsaine. Je savais que lorsque j'aurais passé la porte, les arbres atténueraient les cris des femmes. Au bout d'un moment, j'ai ralenti pour reprendre mon souffle. Dieu merci ! je n'entendais plus rien provenant du camp des femmes. Tout était paisible dans cette partie du camp, il n'y avait personne en vue. J'étais totalement seule et n'avais pas rencontré âme qui vive, même au niveau de la porte. À travers les arbres, je devinais la route par laquelle nous étions arrivés à Bergen. Il me semblait que cela faisait une éternité, alors qu'en réalité cela ne faisait qu'un an et un mois.

Alors que je m'approchais du poste de contrôle SS, mon cœur s'est mis à battre. J'allais pouvoir vérifier si j'étais capable de me débrouiller seule dans le camp ou pas. Ainsi que je l'avais fait avec sœur Luba, je me suis présentée dans le petit bâtiment où les SS surveillaient les allées et venues de tout un chacun.

Deux officiers SS étaient assis derrière un bureau devant la fenêtre ouverte donnant sur la route. Je me suis dirigée vers eux. Ils m'ont regardée et l'un d'eux m'a demandé où j'allais.

— Je viens de la maison des enfants et je vais voir *Herr* Fritz à la réserve.

— As-tu un numéro ?

— Oui, numéro 10564.

— Tu peux y aller, a-t-il dit après avoir inscrit une note dans le registre.

Cela a été plutôt facile, pensais-je alors que je passais la porte. Il ne me restait plus beaucoup de route à faire.

La réserve de nourriture se trouvait juste au-dessus de la route sur la gauche. J'étais en veine : Fritz se tenait sur le pas de la porte lorsque je suis arrivée. J'ai pris le taureau par les cornes et je lui ai posé directement la question.

— Bonjour *Herr Scharführer*. Pourriez-vous s'il vous plaît me donner un salami pour la maison des enfants ?

Il a baissé les yeux pour me regarder, et je lui ai offert mon plus beau sourire.

— Tu appartiens à la maison des enfants ?

— *Jawohl Herr Scharführer.*

Il s'est retourné et a appelé quelqu'un dans l'entrepôt pour qu'on lui amène un salami. Son interlocuteur a demandé à *Herr* Fritz s'il en désirait un petit ou un grand.

Il a hésité un moment avant de répondre : « Un grand ».

L'individu a disparu dans l'entrepôt et Fritz m'a dit qu'il avait du travail et est également parti, me laissant seule à la porte. Il m'a semblé attendre une éternité avant de le voir réapparaître avec un grand salami.

— Qu'est-ce qui vous a pris autant de temps ? ai-je demandé.

Il m'a expliqué qu'il avait montré le salami à *Herr* Fritz pour être sûr que c'était bien ce qu'il désirait, puis il me l'a tendu. Cette fois-ci, j'étais en mesure de le transporter facilement jusqu'à la maison sans le faire voir. Le salami a glissé dans la chaussette de mon père que j'avais cousue à l'extrémité de ma poche. Il était ainsi indécelable, noyé dans la largeur de ma salopette.

Je suis repartie pour la « maison ». Lorsque je suis arrivée à hauteur du poste de contrôle SS, j'ai fait un signe de la main depuis la route et l'officier m'a répondu, indiquant que je pouvais passer. Tout se déroulait sans heurt. Je me rapprochais de la porte du camp des femmes où il n'y avait personne, et j'ai donc poursuivi ma route vers la maison des enfants. Personne en vue non plus au niveau des baraquements, où j'avais été le témoin involontaire des sévices infligés à ces femmes. Je préférais ne pas penser aux blessures qu'elles devraient soigner.

J'ai accéléré le pas car il se faisait tard et la nuit commençait déjà à tomber. Un brouillard gris s'était formé et même si je voyais encore distinctement la route, les baraquements sur le côté se perdaient peu à peu dans la brume. Je savais que je devais encore passer devant les montagnes de cadavres et que bien d'autres dangers m'attendaient si quiconque se doutait de ce que je transportais. Les gens étaient prêts à tuer pour un petit morceau de pain. J'ai de nouveau accéléré la cadence, mais à court d'haleine j'ai dû ralentir.

— Reste calme, me disais-je. Si tu cours, tu vas te faire remarquer.

Je savais qu'à Bergen-Belsen, il ne fallait pas montrer sa peur. Sinon, les plus forts pouvaient en profiter, et éventuellement vous tuer. Je me suis donc forcée à ne pas courir. Le calme angoissant de la morgue sur ma gauche m'indiquait que j'étais presque arrivée à bon port. Je voyais même briller la petite lumière au-dessus de l'entrée de notre baraquement. En dépit de mes bonnes résolutions, sur les derniers mètres, je me suis mise à courir vers le sanctuaire que constituait la maison des enfants. Lorsque je suis entrée dans le dortoir, tous les enfants étaient déjà dans la pièce. Notre ration quotidienne avait été distribuée plus tôt ce soir-là. Max m'a montré du doigt la tranche de pain qui m'attendait sur mon oreiller, qui n'était pas propre car il y avait des mois que je dormais dessus, mais cela m'était égal, c'était de la nourriture. Les petits s'étaient regroupés autour de moi, heureux de me revoir. Ils s'accrochaient à mes bras et aux pans de mon manteau, si bien qu'il m'était très difficile d'avancer vers mon lit à l'autre bout de la pièce. Lorsque j'y suis parvenue, je leur ai fait à tous un gros câlin et leur ai demandé d'être sages car j'avais quelque chose de spécial pour eux. Je suis montée dans mon lit et j'ai sorti le salami de ma poche. Il avait été fumé, il était donc d'une belle couleur acajou et sentait délicieusement bon. J'ai caché le salami derrière moi sous la couverture et j'ai mangé ma tranche de pain. Un gobelet d'eau m'attendait également. À la fin de mon maigre repas, j'ai appelé Max et Jacky et leur ai montré le salami.

— Où l'as-tu eu ? a demandé Max.

— C'est Fritz à la réserve qui me l'a donné, ai-je répondu. Va donc me chercher un couteau.

Les enfants s'étaient rassemblés autour de mon lit pour voir le beau salami, et je pouvais lire dans leurs yeux à tous qu'ils en voulaient une part.

Quelqu'un m'a tendu un couteau et j'ai demandé à tout le monde de se mettre en file indienne. J'ai découpé le salami et en ai donné une tranche à tous les enfants, mais j'ai donné une plus grande part à Max et à Jacky car ils étaient mes frères. Nous avons tous apprécié le salami qui contenait le poivre et le sel qui manquaient cruellement à nos organismes. Nous étions privés de sel depuis si longtemps que même une si petite quantité nous redonnait des forces. Le groupe d'enfants s'est lentement dispersé. Ils étaient tous reconnaissants que j'aie partagé cette nourriture avec eux. Il ne me restait qu'un très petit morceau de salami que j'ai conservé dans mon casier pour le donner à Max et à Jacky le lendemain.

Sœur Mala est venue dans le dortoir pour coucher les petits, et puisque l'extinction des feux était proche, nous avons tous suivi le mouvement. Sœur Mala nous a veillés toute la nuit, et chaque fois que je me suis réveillée, je l'ai vue assise à côté d'une autre femme, avec qui elle discutait à voix basse.

Au milieu du mois de mars, nous avons été informés que la Croix-Rouge allait effectuer une inspection. Les choses ont alors changé de manière impressionnante. Notre baraquement a été nettoyé du sol au plafond. Sœur Luba s'est vu accorder un plus grand nombre d'aides. Tous nos vêtements ont été examinés par sœur Hermina aidée de Zosua et de Helen (elles s'occupaient du dortoir pendant la journée ainsi que des enfants malades). J'ai aidé à choisir quels vêtements chaque enfant allait porter le jour de l'inspection. Si certains habits avaient besoin d'être reprisés, ils étaient confiés à sœur Hella ; s'ils étaient sales, ils étaient consciencieusement lavés. Nous avons reçu un message provenant de *Frau* Stania, la doyenne du camp, avec des instructions strictes : il fallait être habillé proprement et avoir l'air heureux. Si une personne de l'organisation nous demandait si nous étions bien traités ou si nous avions suffisamment à manger, nous devions répondre par l'affirmative. Les jours qui ont suivi, on nous a répété sans cesse ce que nous devions faire et ne pas faire. Sœur Hermina nous a appris que ce jour-là nous mangerions notre repas principal le midi.

Le jour J, la salle à manger était méconnaissable. Les longues tables avaient été recouvertes de draps blancs et chaque enfant avait devant lui une épaisse tranche de pain blanc beurré. La porte s'est ouverte laissant entrer trois hommes et une femme. Chacun d'eux portait un brassard blanc marqué d'une croix rouge sur le bras gauche. Ils étaient escortés par *Frau* Stania, la femme médecin et d'autres membres de l'équipe médicale. À notre grande surprise, M. Weiss accompagnait également le groupe. J'étais très heureuse de le revoir. Je me suis assise en bout de table et nous avons trouvé une chaise pour qu'il puisse nous rejoindre. Il se trouvait que la visite de la Croix-Rouge coïncidait avec la Pâque juive ; aussi M. Weiss a lu le livre de prières qu'il avait apporté avec lui avant le début du repas. Il n'y avait pas de *matzot* (pains non levés [azyme]), mais cela n'avait aucune d'importance, car nous avions du pain blanc bien nourrissant. M. Weiss transportait également une boîte de chocolats, apparemment offerte pour nous par la Croix-Rouge. Une femme habillée comme une infirmière, avec un tablier blanc, s'est approchée de M. Weiss et lui a pris la boîte de chocolats en lui assurant qu'elle les distribuerait aux enfants. Je connaissais cette femme, c'était l'assistante du dentiste. Je ne l'avais pas du tout appréciée à l'époque et je ne l'appréciais guère plus ce jour-là.

M. Weiss m'a posé de nombreuses questions. Il désirait savoir si les sœurs étaient gentilles avec nous, ce que nous faisions de nos journées. Je lui ai expliqué comment nous vivions et, bien sûr, je lui ai demandé si mon père était de retour à Bergen-Belsen. M. Weiss a confirmé qu'une vingtaine d'hommes du groupe des diamantaires étaient revenus de Mauthausen, mais il ne savait pas qui ils étaient.

— C'est difficile de savoir, a-t-il dit, le camp des détenus est séparé du camp de l'étoile par la section hongroise, ce n'est donc vraiment pas facile d'en découvrir plus.

Il a cependant promis d'essayer.

La pièce était pleine à craquer, les enfants bavardaient avec entrain. Les gens de la Croix-Rouge s'entretenaient avec sœur Luba et les autres sœurs, qui arboraient toutes un sourire radieux. Un des délégués de l'organisation parlait allemand et *Frau* Stania restait près des représentants afin de ne pas manquer un seul mot.

Ils sont ensuite venus s'asseoir avec les enfants pour leur parler. L'un d'eux s'est approché de moi pour me demander comment je m'appelais. Il a alors inscrit mon nom dans son calepin. Puis il a voulu savoir si le camp avait adopté une politique juste à notre égard, si nous avions suffisamment à manger, si nous étions battus. J'ai répondu oui aux deux premières questions et non à la troisième. L'homme m'a souri et a continué à prendre des notes dans son carnet. Il a finalement dû partir car le groupe s'apprêtait à examiner le dortoir et le reste du baraquement.

Certaines des pièces d'en face dans le couloir étaient occupées par des Roumaines qui n'étaient arrivées que quelques semaines auparavant. L'une d'elles avait un beau bébé que j'étais allée voir à plusieurs reprises. Je savais que sœur Luba donnait de la nourriture à cette femme et son enfant, bien qu'elle n'ait pas été autorisée à venir de notre côté.

M. Weiss est resté avec nous pendant que les autres terminaient l'inspection. Lorsque l'assistante dentaire est revenue, il m'a présentée à elle.

— Je la connais déjà. Je l'ai rencontrée dans la clinique dentaire du camp de l'étoile.

La femme m'a regardée avec insistance, puis a paru se souvenir.

— Je ne travaille plus dans le camp de l'étoile à présent. Je suis responsable de la clinique des SS. Montre-moi tes dents, m'a-t-elle ordonné.

Je lui ai fait mon plus beau sourire pour exposer mes dents de devant.

— Les dents ne sont pas en trop mauvais état, mais je n'aime pas la couleur de tes gencives, a-t-elle dit. Elles sont trop rouges. Viens me voir un jour à la clinique, je verrai ce que je peux faire.

J'ai refermé la bouche en sachant très bien que je n'irais jamais voir cette femme. Elle était trop fausse. Je savais que si nous nous étions rencontrées dans d'autres circonstances, je ne lui aurais jamais confié mes dents, même si je devais toutes les perdre. Les enfants qui avaient été témoins de la scène se sont tous approchés pour se faire examiner les dents, et la femme a dû s'exécuter. Max a reçu le même verdict que moi, ses gencives étaient trop rouges. Ce n'était pas étonnant, nous manquions de tout et notamment d'une alimentation correcte et de vitamines.

La porte de la salle à manger s'est ouverte et sœur Luba est revenue de l'inspection avec sœur Hermina. Elles ont informé M. Weiss que le groupe avait déjà quitté le baraquement. Il s'est levé à contrecœur, puis il a pris mes mains dans les siennes.

— Tu es une fille courageuse, Hetty, a-t-il dit. Je verrai ce que je peux faire pour ton père et te tiendrai au courant.

Nous étions tristes de voir M. Weiss partir. J'ai resserré mon emprise sur ses mains, mais il s'est délicatement dégagé. Il devait partir. L'assistante du dentiste était partie elle aussi mais pas sans vous avoir donné les chocolats. Avec une dernière tape sur la tête de chacun, M. Weiss nous a dit au revoir et a rapidement quitté la pièce pour rejoindre les autres.

Nous nous sentions tous très seuls après son départ, mais nous avions une consolation de taille, puisque nous avions tous eu droit à un grand morceau de chocolat. Pour une fois, sœur Luba nous a laissés décider quand nous voulions le manger. Elle nous a simplement conseillé de ne pas tout manger d'un seul coup pour ne pas être malade. Bientôt, nous avions tous regagné le dortoir, où nous nous sommes installés pour discuter des événements de l'après-midi. Les enfants étaient plus optimistes quant à l'avenir. C'était la première fois depuis des mois que nous étions entrés en contact avec des gens extérieurs au camp.

Quelle belle façade les SS avaient réussi à édifier avec notre aide à tous, afin de tromper la Croix-Rouge ! Ce soir-là, nous n'avons pas eu de dîner, mais ce n'était pas grave car nous avions déjà mangé presque tout notre chocolat. Il m'en restait la moitié, que j'ai cachée dans mon casier pour le lendemain.

Cette visite a soulevé en nous un profond désir de liberté. Je me sentais à l'étroit entre les murs du baraquement, et j'ai alors décidé de retenter ma chance à la réserve. Nous étions à la mi-mars et le temps était très clément pour la saison. Tôt le matin, je suis sortie en cachette du baraquement. Tout était encore très calme dans le camp. Lorsque je suis passée devant la morgue, j'ai remarqué que la pile de cadavres avait considérablement augmenté, mais je n'y ai pas prêté grande attention. À présent, j'étais habituée à voir des morts avec leurs yeux grands ouverts et leurs bouches déformées dans d'horribles rictus. Peut-être était-ce leur manière de nous dire qu'ils avaient enfin été libérés de cette torture barbare et des privations du camp. Je suis passée devant l'hôpital où j'ai cherché tante Bets, mais elle n'était plus à la fenêtre. Je n'ai pas osé me rendre à l'intérieur pour prendre de ses nouvelles. Je me suis alors tournée vers les corps qui gisaient sur le sol pour voir si elle se trouvait parmi eux. Je ne l'ai pas vue. Je suis restée un moment à scruter les cadavres de ces femmes. J'étais triste, car j'étais certaine qu'elle était morte. Je me souvenais d'elle comme d'une femme douce et toujours souriante. Son mari, oncle Harry, que nous surnommions tous oncle Lapin dans son dos, était également quelqu'un de très gentil.

J'ai poursuivi ma route. Il me restait encore un bon bout de chemin à parcourir. Je suis passée devant de nombreux baraquements et il n'y avait personne en vue. J'ai remarqué qu'il existait d'autres espaces semblables à notre baraquement, entourés de grillage. J'avais entendu dire qu'ils étaient occupés par des Hongrois. Ils bénéficiaient d'un traitement particulier. De même que les familles Ascher et Soep qui jouissaient de baraquements séparés.

Comme la fois précédente, il n'y avait personne au niveau de la porte du camp des femmes. Au travers des arbres, je distinguais le lavoir et, juste à côté, le dépôt où étaient entreposés vêtements et autres denrées. Des prisonnières polonaises travaillaient dans la réserve sous les ordres de *Frau* Hilde. Alors que je descendais l'artère principale du camp, je me demandais où ils avaient tous bien pu passer. À ce moment-là, j'ai vu la silhouette courbée et pitoyable d'un prisonnier. Il n'était plus qu'un squelette dans un costume rayé blanc et gris, et il tenait une grosse citrouille à hauteur d'yeux. À ses pieds, on pouvait lire une pancarte qui disait « Je suis un voleur ». J'avais été témoin de bien des traitements vicieux à Bergen-Belsen, mais cela n'amoindrissait en rien la pitié que je ressentais pour ce pauvre homme. Ses joues creusées, ses yeux ternes et sans vie enfoncés dans ses orbites m'ont touchée au plus profond de mon âme. Alors que je me rapprochais, je pouvais entendre le SS crier à l'infortuné : « Garde les bras levés, voleur ! » et je le voyais soulever la citrouille de quelques centimètres. Je souffrais avec lui. Cette citrouille devait lui sembler peser une tonne. Je n'avais aucune idée du temps qu'il avait pu passer accroupi là, mais même un homme en bonne condition physique n'aurait pu supporter cette position très longtemps. Ce pauvre squelette avait une telle volonté de vivre qu'il endurait admirablement la torture. Je me demandais combien de temps il tiendrait encore ainsi.

Je me suis dirigée vers la fenêtre ouverte, en évitant soigneusement de regarder le prisonnier, et j'ai donné mon numéro au SS.

— Tu ferais bien de te tenir tranquille, si tu ne veux pas être punie comme lui, a-t-il dit.

J'ai hoché la tête et lui ai fait mon plus beau sourire. Il m'a autorisée à passer, puis je me suis dirigée directement vers la réserve. Arrivée là-bas, j'ai appris que ni Fritz ni les deux femmes hollandaises du camp de l'étoile n'étaient là, et le *Kapo* présent ne voulait pas me donner la moindre nourriture.

— Reviens quand Fritz sera là, a-t-il dit.

Ma déception était immense. J'avais entrepris la longue marche dans l'espoir d'obtenir un autre salami. À contrecœur, j'ai commencé à rebrousser chemin pour revenir à la maison des enfants. Alors que j'arrivais près du poste de contrôle SS, j'ai remarqué que le pauvre prisonnier était désormais à genoux, mais il tenait toujours la citrouille.

Comme la fois précédente, j'ai fait un signe à l'officier qui a hoché la tête pour indiquer que je pouvais passer. J'étais très tourmentée de ne rien ramener à manger pour Max et Jacky, mais je ne cessais de me répéter que j'essaierais à nouveau bientôt. La nourriture s'était faite de plus en plus rare ces derniers jours. Certaines fois, sœur Luba revenait les mains vides, et nos rations se résumaient à une tranche de pain par jour que nous recevions le soir.

Sans même m'en rendre compte, j'avais déjà passé la porte du camp des femmes et je me rapprochais d'une maison sur deux étages qui se dressait dans un espace déboisé. J'ai remarqué un chariot en bois, généralement utilisé pour transporter les cadavres, garé devant un toboggan, en bois lui aussi, qui partait de la fenêtre de l'étage pour arriver dans le chariot. En me rapprochant, j'ai vu deux prisonniers attraper des pains qui tombaient et compter en même temps le nombre de pains qui étaient répertoriés par d'autres prisonniers. Je les entendais compter à voix haute en polonais : « Quatre-vingt-sept, quatre-vingt-huit ». En voyant tout ce pain dans le chariot, je suis allée me mettre juste à côté du *Scharführer* qui dirigeait les opérations. Il m'a dévisagée un instant puis a souri. Ma décision était prise : j'allais voler un de ces pains. Je préférais ne pas envisager ce qui pouvait m'arriver si je me faisais prendre. Je me suis approchée du chariot jusqu'à ce que son bois touche ma poitrine. J'ai reculé mes jambes d'un pas, de manière à pouvoir cacher le pain sous mon manteau. Je me tenais immobile à côté du *Scharführer*, qui ne prêtait plus attention à moi. Deux prisonniers me faisaient face, ils attrapaient les pains et les plaçaient en rangs dans le chariot. Ils comptaient à voix haute. En fait, ils répétaient les nombres annoncés par les trois hommes qui se trouvaient à l'étage. Enfin ma chance est venue, car les hommes au sol n'étaient pas d'accord avec le nombre de pains envoyés par les autres.

— Quatre-vingt-neuf pains, a dit l'un d'eux.

— Non, a dit l'homme en face de moi, quatre-vingt-sept.

L'homme à la fenêtre a commencé à s'énerver en polonais. J'ai prétendu être très intéressée par l'altercation et j'ai levé la tête pour observer les hommes à l'étage. Je ne comprenais pas un mot de ce qui se disait, pas plus que le *Scharführer*. Il a donc exigé des hommes qui se trouvaient à l'étage de lui expliquer quel était le problème. Ils lui ont dit qu'ils avaient envoyé quatre-vingt-neuf pains en bas, ce qui a engendré une protestation des hommes près du chariot. Je savais que le moment était venu. Les deux hommes devant moi me tournaient le dos, tout comme le *Scharführer*. Tous regardaient l'homme qui était à la fenêtre. Je restais totalement immobile puis, lentement, j'ai commencé à avancer mon bras gauche pour m'emparer de l'un des pains dans le chariot. Ma main a saisi l'objet de mes convoitises. Je l'ai alors soulevé aussi doucement que possible au-dessus du chariot. À l'exception de mon bras, je demeurais parfaitement immobile à côté du *Scharführer*. Je suis ensuite parvenue, dans le même mouvement, à le dissimuler sous mon large manteau. J'ai laissé échapper un soupir de soulagement inaudible. Les hommes débattaient toujours du nombre de pains, tandis que le *Scharführer* les réprimandait. Je suis restée une poignée de secondes supplémentaires devant le chariot puis, toujours aussi lentement, j'ai amorcé quelques pas pour repartir.

Le *Scharführer* était tellement impliqué dans son échange avec les prisonniers polonais qu'il n'a même pas remarqué que je partais. En parcourant les dix premiers mètres j'étais persuadée que mon vol allait être découvert d'une minute à l'autre ; mais quand je me suis rendu compte que ce n'était pas le cas, j'ai accéléré la cadence. Dès l'instant où je n'ai plus entendu leurs cris, je me suis mise à courir et ne me suis arrêtée, hors d'haleine, qu'après avoir regagné le dortoir.

Les enfants ont sursauté en me voyant entrer en trombe, puis ils se sont rapidement mis à sourire quand ils ont vu le pain que je tenais comme un trophée au-dessus de la tête. J'étais aux anges car non seulement j'avais réussi à voler un pain, mais en plus je l'avais fait juste sous le nez du *Scharführer*. Les enfants se sont réunis autour de moi pour entendre tous les détails de mon escapade. Ils me bombardaient de questions. L'un d'eux m'a demandé si j'avais eu peur et ce n'est qu'à ce moment-là que je me suis rendu compte de l'énormité de ce que j'avais fait. Si on m'avait attrapée, la punition aurait été terrible et j'aurais dû prier la miséricorde divine. J'en avais froid dans le dos et préférais ne pas trop m'attarder sur cette pensée. Je me suis alors interrogée sur ce qui pourrait se passer si le *Scharführer* se souvenait que j'appartenais à la maison des enfants. Il valait mieux ne laisser aucune trace. J'ai donc pris le couteau pour couper le pain en petits morceaux que j'ai ensuite distribués aux enfants qui m'entouraient. Max et Jacky ont reçu la plus grosse part. Les dernières miettes dévorées, je me sentais plus à l'aise et, au bout de quelques heures, j'ai été complètement rassurée. Personne n'avait fait le lien entre la disparition du pain et ma présence sur les lieux.

Le temps a changé du jour au lendemain : des vents froids et des trombes d'eau se sont abattus sur le camp, rendant les conditions de vie encore plus difficiles pour les prisonniers. Nous savions que les adultes enduraient chaque jour l'appel de longues heures durant, depuis tôt le matin jusque tard dans l'après-midi. Privés de vêtements et de nourriture, nombre de prisonniers succombaient pendant ces heures cruelles. Lorsque les *Kapo*s frappaient sans pitié ces pauvres gens et qu'ils ne parvenaient pas à se relever, ils les laissaient mourir dans la boue à l'endroit même où ils étaient tombés.

Deux jours après mon escapade avec le pain, Judy et Mickey sont venus me trouver pour me dire que Jacky s'était glissé hors de l'enceinte une heure auparavant pour aller dans la réserve où était stocké le pain et en voler un. Il était revenu quelques minutes plus tôt accompagné de l'officier SS qui l'avait pris sur le fait. Je descendais de mon lit pour m'assurer que Jacky allait bien, lorsqu'il est entré dans le dortoir entouré des autres enfants. Je lui ai demandé des explications. Jacky a alors haussé les épaules, les yeux pleins de défi.

— Tu l'as fait, alors je voulais le faire moi aussi, a-t-il dit.

— Mais Jacky, tu ne te rends pas compte que ce que tu as fait était très dangereux.

Il a hoché la tête.

Ma colère s'est totalement dissipée et je lui ai demandé ce qu'il s'était passé.

— J'ai pris le pain et je me suis enfui avec, mais le *Scharführer* m'a couru après et m'a rattrapé. Il m'a repris le pain et m'a donné quelques grosses claques tout en me criant dessus, puis il m'a lâché.

— Comment te sens-tu maintenant ?

— Ça va, a-t-il répondu en levant fièrement la tête. J'ai même pas eu mal.

Je l'ai pris dans mes bras et l'ai supplié de ne pas recommencer.

Le temps était mauvais et les enfants ne pouvaient pas jouer dehors. Le dortoir était de plus en plus surpeuplé, mais cet entassement présentait un avantage : la température de la pièce devenait supportable grâce à la chaleur que dégageaient nos corps. Notre odeur et celle de nos literies devaient être épouvantables, mais nous ne les remarquions plus. Nous nous blottissions contre ceux dont nous nous sentions proches.

Leni, qui était malade depuis le début du mois de février, n'avait pas quitté son lit depuis des semaines. Nous lui tenions compagnie chacun notre tour, lui apportions sa tranche de pain quotidienne, mais la pauvre pouvait à peine se nourrir, elle dépérissait. Elle mâchait patiemment des bouchées de pain, mais parfois l'effort était trop grand pour elle. Bella, qui était d'une patience infinie avec elle, essayait de la nourrir tous les matins, mais bien souvent elle gardait, avec notre bénédiction, le pain que Leni n'avait pu avaler. Bella le donnait à son frère, Bram, qui nous rendait visite tous les jours, et même s'il ne restait pas pour dormir, il faisait partie de notre groupe.

Il y avait toujours quelqu'un au chevet de Leni et nous l'aidions également à utiliser le pot. Elle était tellement maigre, mais elle ne se plaignait jamais. Leni était si faible que lorsqu'elle s'installait sur le pot, son intestin sortait parfois de son corps. Lorsque cela se produisait, nous ne savions pas quoi faire. Nous voulions à tout prix lui éviter la moindre douleur ou gêne. Sœur Zosua ou Helen venaient alors nous aider et appuyaient le plus doucement possible sur ce qui restait des fesses de Leni pour repousser l'intestin à l'intérieur. Nous, nous étions impuissants, mais il y avait toujours quelqu'un auprès d'elle pour l'aider à regagner son lit. Nous avions acquis une sagesse inhabituelle pour notre jeune âge. À mesure que le temps passait, nous nous étions habitués à venir en aide aux petits, qui, à cause de la malnutrition, n'étaient plus en mesure de garder leurs intestins à l'intérieur de leur corps. Gerry C. était devenu expert en la matière et c'était toujours lui que l'on appelait lorsque cela arrivait à Gerry v. P., âgé d'à peine deux ans.

La troisième semaine de mars 1945, Judy et Louky m'ont annoncé que Jacky était très malade. Je suis immédiatement descendue de mon lit pour voir ce qu'il avait. Il somnolait, mais lorsque j'ai appelé son nom, il s'est efforcé de s'asseoir et m'a regardée avec des yeux enfiévrés.

— Comment te sens-tu ? Tu es malade ?

— Oui, je ne me sens pas très bien, a-t-il répondu. J'ai affreusement mal à la tête. Pourrais-tu m'apporter un peu d'eau ?

— Oui, bien sûr.

J'ai dit à mon petit frère de s'allonger, puis je me suis dirigée vers mon casier pour lui ramener une des aspirines qui me restaient. J'ai attendu qu'il soit bien installé avant de demander à Judy de veiller sur lui car je devais accompagner sœur Luba en cuisine. Cependant, lorsque je suis arrivée dans le réfectoire, j'ai appris qu'elle était déjà partie avec Iesy et Gerry. Cela m'était complètement égal car il faisait un froid glacial dehors. Je suis retournée sur mon lit, d'où je pouvais garder un œil sur Jacky tout en observant ce qu'il se passait dehors.

Les montagnes de cadavres grossissaient à vue d'œil. La nourriture se faisait de plus en plus rare. Notre bienfaiteur SS, Maximillian, avait réussi à nous obtenir de grands sacs de farine, qu'il avait fait livrer le soir. La nuit, pour ne pas se faire prendre par les SS, sœur Hella, Maria et la sorcière avaient cuisiné des quenelles. La nourriture n'arrivait plus que par elles au cours des quelques derniers jours. Faire fonctionner les poêles du réfectoire pour pouvoir faire bouillir l'eau pour les quenelles s'était révélé particulièrement difficile. Tous les lits du dortoir avaient déjà une ou deux lattes de moins, car c'était là notre unique source de combustible. La casserole que nous avions précédemment utilisée comme pot de chambre avait été récurée pour permettre de cuisiner les quenelles. Cela nous était égal, et ne posait de problème à personne puisque c'était pour nous nourrir.

Je suis descendue de mon lit pour vérifier comment se sentait Jacky. Louky, qui se trouvait près de lui, s'est écarté pour me laisser passer.

À ce moment précis, nous avons entendu un grand tumulte provenant de la salle à manger. Toutes les personnes présentes dans le dortoir se sont figées, craignant un danger. La porte du dortoir s'est ouverte d'un seul coup pour laisser entrer Rau, le *Scharführer* responsable des différentes équipes de travail. Son visage était déformé par la colère et sa bouche écumait de rage. Il criait : « Bande de criminels ! Troupeau de porcs ! » Puis il a commencé à nous frapper avec une matraque. Le bras levé au-dessus de la tête, il m'a regardée droit dans les yeux. Par miracle, j'ai échappé au coup ; en revanche, Louky n'a pas eu cette chance et l'a reçu en pleine tête. Je l'ai entendu pousser un râle au moment de l'attaque brutale. La terreur avait gagné tout le dortoir. Pourtant, tout était déjà terminé, et Rau avait quitté la pièce. Nous l'avons entendu hurler dans le couloir, alors qu'il sortait du baraquement. Personne n'a parlé pendant quelques secondes, nous étions tous terrifiés. Je me suis tournée vers Louky et lui ai demandé s'il se sentait bien. Il était très pâle, mais il a malgré tout réussi à esquisser un sourire afin de me rassurer sur son état. J'ai appelé Iesy, parce que je voulais qu'il s'occupe de Louky pendant que j'allais voir ce qu'il s'était passé dans le réfectoire. La pièce était devenue un véritable chaos, les tables et les chaises avaient été renversées, le poêle brûlait toujours, et la porte grande ouverte laissaient voir des lattes de bois. Dans un coin de la pièce, sœur Hella était allongée sur son lit avec sa mère, la sorcière, à son chevet. Elle était dans un piteux état : son visage était tuméfié au niveau des yeux et ses avant-bras montraient des traces de blessures. Maria, qui avait également reçu quelques coups, était dans une bien meilleure condition physique. Elle a même été en mesure de m'expliquer ce qui avait provoqué la colère de Rau.

Sœur Hella était devant le poêle au moment où Rau était entré dans la pièce sans prévenir. Il l'avait donc prise sur le fait. Nous ne disposions pas d'outils pour couper les lattes de bois en plus petits morceaux, il nous fallait donc les brûler entières en les poussant au fur et à mesure qu'elles se consumaient.

La vision d'une simple prisonnière qui brûlait la propriété de l'État allemand avait suffi à mettre Rau dans tous ses états. Il n'avait jamais besoin de bons prétextes pour adopter ce type d'attitude. Il était craint dans tout le camp pour sa cruauté envers les détenus. Heureusement qu'elles n'étaient que trois dans la salle à manger à son arrivée : Sœur Hella, sa mère et Maria. Je suis retournée dans le dortoir, où chacun tentait de se remettre du choc causé par l'incident. Jacky semblait avoir dormi durant toute la scène, malgré le vacarme. Il avait très chaud. J'ai posé un gant de toilette humide sur son front pour faire baisser sa température.

À l'époque, je ne me doutais absolument pas que Jacky avait été infecté par le typhus. À mesure que les jours passaient, de plus en plus d'enfants, moi y compris, avaient contracté cette maladie mortelle, à cause des poux et des punaises qui nous attaquaient pendant la nuit. La journée nous étions tranquilles, mais, durant notre sommeil, nous nous faisions dévorer par ces insectes. Bien souvent, le matin, nous nous réveillions recouverts de grandes marques rouges sur le visage et le corps, accompagnées de violentes crises de démangeaisons. Après avoir observé un instant les cheveux crasseux et les visages sales des enfants, j'ai décidé d'y remédier. Je leur ai demandé d'aller se laver les mains et le visage et de me retrouver à l'entrée du couloir afin que je puisse inspecter leurs cheveux. J'ai demandé à quelqu'un d'apporter une chaise et j'ai pris les ciseaux de couturière de ma mère, un peigne et le peigne antipoux.

J'ai commencé avec les garçons. Leurs cheveux leur arrivaient désormais aux épaules. Je les ai coupés sans relâche et, au fil des heures, je suis devenue de plus en plus douée. Après avoir considérablement réduit la longueur de leurs cheveux, j'ai passé le peigne antipoux dans leurs tignasses. Les garçons étaient à peu près propres ; ils n'étaient pas nombreux à avoir des poux. En revanche, lorsque je me suis attaquée aux filles un peu plus tard dans l'après-midi, les choses étaient bien différentes. La situation était moins critique pour les petites filles qui dormaient dans une partie séparée du dortoir. Lorsque j'eus terminé de m'occuper d'elles, j'ai décidé de m'arrêter pour la journée.

Le matin suivant, je me suis occupé des filles plus âgées. J'ai commencé avec Phoebe. Je lui ai d'abord coupé les cheveux avant de les inspecter à la recherche de poux. Elle n'en avait que quelques-uns. J'étais soulagée car nous partagions le même lit elle et moi. Je les lui ai enlevés grâce au peigne antipoux, puis les ai tués en les écrasant entre mes doigts. Je me réjouissais chaque fois que j'entendais le petit bruit qu'ils faisaient avant de mourir. J'étais loin de penser que je risquais ma vie en agissant ainsi !

Ce matin-là, j'ai raccourci les cheveux de la plupart des filles. Lorsque le tour de Bella est arrivé, j'ai tout de suite vu, avant même de toucher son épaisse chevelure noire, les lentes qui grouillaient sur la couche extérieure. Les poux sautaient presque de sa tignasse. Je lui ai demandé si sa tête la démangeait.

— Oui, a-t-elle répondu, mais que puis-je faire ?

— Pour commencer, il faudrait les laver sous le robinet à l'extérieur.

— *Brr*, trop froid, a-t-elle dit.

Force était de constater qu'elle avait raison. Je lui ai demandé de rester assise sans bouger, j'allais voir ce que je pouvais faire pour l'aider. J'ai passé le peigne antipoux dans ses cheveux et le résultat a été terrible, tout le peigne était recouvert de poux de toutes les tailles. Je n'ai même pas tenté de les tuer et me suis contentée de secouer le peigne au-dessus du sol. Une fois par terre, les poux se sont éparpillés dans toutes les directions, et avec certaines des filles nous avons essayé de les écraser sous nos semelles. J'avais eu tort de secouer le peigne comme je l'avais fait. Pourtant, même si j'avais déjà vu beaucoup de poux depuis que j'étais à Bergen-Belsen, la multitude présente sur la tête de Bella me dégoûtait au point de vomir. J'ai dit à Bella que je ne pouvais rien faire. Bella, qui avait bon caractère, s'est alors contentée de hausser les épaules pour dire que ce n'était pas grave.

À ce moment-là, Bram, le frère de Bella, est entré dans le baraquement, créant ainsi une bonne diversion. Bella s'est levée de la chaise pour aller chercher la tranche de pain que Leni n'avait pas voulu manger le matin même. Comme à son habitude, elle l'avait gardée pour Bram. Le frère et la sœur étaient très proches, ils étaient toujours là l'un pour l'autre.

J'ai mis un terme à ma carrière de coiffeuse et suis partie à la recherche de sœur Hermina. Je l'ai trouvée dans la salle à manger en conversation avec sœur Hella, qui se remettait lentement de sa rencontre avec Rau. Ses yeux étaient moins enflés et elle a réussi à esquisser un faible sourire à mon intention lorsqu'elle m'a vue. J'ai parlé de l'état déplorable des cheveux de Bella à sœur Hermina et des poux qui nous infestaient presque tous, en insistant sur le fait qu'il fallait prendre des mesures pour les éradiquer. Elle m'a dit qu'elle en parlerait avec sœur Luba pour voir ce qu'elles pourraient faire. Comme elle l'avait promis, deux jours plus tard, quatre grands récipients de baume visqueux sont arrivés. Nous avons dû en enduire nos cheveux pendant toute une nuit.

C'était un remède répugnant, mais nécessaire. Tout le monde s'est couvert la tête de cette chose gluante, sauf ceux qui étaient déjà trop malades. Jacky avait été l'un des premiers à attraper le typhus mais, depuis, nombre d'enfants étaient alités. Nous avons également appliqué un peu de baume sur les joints de nos lits dans l'espoir d'éradiquer les punaises, qui nous attaquaient sans relâche pendant la nuit. Les garçons ont fait la grimace lorsqu'ils ont dû faire pénétrer la masse gluante dans leurs cheveux. Les filles étaient écœurées elles aussi et relevaient soigneusement leur chevelure au-dessus de leur tête afin d'éviter tout contact avec leur peau ou leur cou. Les enfants les plus âgés ont apporté leur aide aux plus petits, jusqu'à ce nous ayons tous l'air de clowns jaunes. Ce soir-là, nous nous sommes couchés plus tard que d'habitude, mais le calme est revenu et nous nous sommes tous finalement endormis.

Chapitre 10

Un soir de la fin du mois de mars, juste avant l'extinction des feux, sœur Mala est montée sur un tabouret dans le dortoir et a réclamé l'attention de tout le monde. Lorsque le calme s'est fait, elle nous a appris que l'armée britannique se rapprochait et que les troupes anglaises n'étaient plus qu'à une centaine de kilomètres de Bergen-Belsen. Nous ne pouvions en croire nos oreilles. Quelqu'un lui a demandé comment elle avait été mise au courant, et elle nous a alors expliqué qu'il y avait une radio cachée dans le camp des hommes et que c'était ainsi qu'ils avaient eu l'information. Mon Dieu ! Était-ce vrai ? Allions-nous vraiment bientôt être libérés ? Nous nous sommes tous mis à parler en même temps, mais sœur Mala nous a demandé de rester tranquilles car les SS devenaient de plus en plus nerveux.

Durant les semaines qui avaient précédé, nous avions eu de nombreuses alertes contre les raids aériens de l'armée britannique, dont les avions effectuaient des vols de reconnaissance. Les SS avaient donné des instructions strictes quant à l'utilisation des lumières la nuit, et toute personne qui dérogeait à ses règles était exécutée sur-le-champ. Nous recouvrions donc les fenêtres de couvertures tous les soirs de manière que sœur Helen puisse faire brûler une bougie. Elle avait besoin de lumière car de nombreux enfants étaient gravement infectés par le typhus.

Les SS ont commencé à effectuer des patrouilles durant la nuit. Le nombre de reconnaissances aériennes augmentait alors que la ligne de front se rapprochait. Parfois, nous pouvions même entendre le bruit des canons. C'était pour nous la plus douce des musiques. Tous les soirs, sœur Mala nous tenait informés sur l'avancée des forces de libération.

— Les enfants, disait-elle, soixante-dix kilomètres, puis le soir suivant : soixante kilomètres.

Pour nous les choses n'avançaient pas assez vite. Les conditions de vie dans le camp empiraient de jour en jour. La nourriture était désormais une denrée si rare que les prisonniers étaient à l'affût de la moindre feuille verte dans les arbres ou du moindre brin d'herbe sur le sol. Les gens mouraient et personne n'enlevait les corps.

Nous étions le 30 mars 1945. Sœur Luba était épuisée et sœur Hermina s'est donc proposée de la remplacer pour se rendre en cuisine et mendier de la nourriture. Elle m'a invitée à venir avec elle, et nous avons entamé la longue marche vers la cuisine. De la neige était tombée pendant la nuit et tout le camp en était recouvert. Le bruit de nos pas était complètement étouffé. De gros nuages formaient une chape de plomb au-dessus de nos têtes. L'air était frais et tout semblait immobile.

Après environ une heure de marche, nous sommes arrivées à destination, puis sœur Hermina a eu une longue conversation avec un Polonais. Je n'arrivais pas à suivre ce qu'ils se disaient, mais, lorsque nous sommes reparties, sœur Hermina m'a dit qu'elle pouvait revenir dans l'après-midi chercher des récipients de nourriture pour la maison des enfants. C'était une excellente nouvelle et j'ai commencé à discuter joyeusement avec sœur Hermina pour qui j'éprouvais une très vive affection.

Nous traversions une jolie zone boisée juste avant d'arriver à la porte du camp des femmes, lorsque j'ai remarqué des points noirs sur le sol. En y regardant de plus près, je me suis rendu compte qu'il s'agissait de grosses pommes de terre. J'ai libéré ma main de l'étreinte de sœur Hermina, qui la gardait blottie dans la sienne à l'abri, dans la poche de son manteau, puis je me suis précipitée vers les patates qui gisaient sur le sol en poussant un cri de joie. J'en avais déjà trois dans les bras et m'apprêtais à en récolter d'autres lorsqu'une ombre menaçante s'est dessinée sur la neige immaculée et qu'une paire de bottes noires et brillantes est apparue dans mon champ de vision.

Je me suis alors lentement redressée, en tenant toujours les tubercules dans les mains, pour me retrouver nez à nez avec la célèbre garde SS Irma Grese. Mon sang s'est changé en glace et mon cœur s'est mis à battre la chamade.

— Eh bien ? a-t-elle dit, exigeant une explication.

Avant que je ne puisse lui répondre sœur Hermina est intervenue :

— S'il vous plaît, la petite n'était pas en train de voler. Elle pensait simplement qu'il était dommage de laisser de la bonne nourriture ainsi par terre dans la neige et elle les ramassait pour les ramener aux enfants.

Pendant un moment, Grese m'a regardée dans les yeux comme pour s'assurer que sœur Hermina disait bien la vérité et à ma grande surprise a dit :

— C'est d'accord, tu peux en ramasser encore quelques-unes.

Je n'arrivais pas à y croire et n'ai pas bougé d'un centimètre.

— Tu es autorisée à en ramasser d'autres, a répété sœur Hermina.

Je n'avais pas confiance en Grese et je m'attendais à recevoir une correction à tout moment. Je me suis tout de même baissée pour ramasser deux pommes de terre supplémentaires. Sœur Hermina m'a ensuite demandé de la remercier. J'ai levé la tête vers la femme qui tenait ma vie entre ses mains et j'ai dit :

— Merci beaucoup, *Frau Oberaufseherin* *.

D'un mouvement de tête, elle nous a indiqué que nous pouvions partir.

Au total, j'avais ramassé six pommes de terre et en avais garni mes poches. Elles étaient très lourdes, m'obligeant à me déplacer plus lentement. Mes jambes sont devenues douloureuses

---

* Le terme *Oberaufseherin* correspond, dans les camps de concentration nazis, au grade de surveillante-chef (très haute position sociale). (NdlT)

des chevilles aux mollets. Je l'ai dit à sœur Hermina qui m'a soulagée de quatre, qu'elle a placées dans les poches de son manteau. Ainsi délestée de ce poids, j'essayais de marcher plus rapidement, mais cela s'est révélé impossible. Je traînais des pieds et je souffrais d'un terrible mal de tête. Je ne comprenais pas ce qui m'arrivait. Sœur Hermina marchait devant moi, me demandant de me presser, mais j'en étais incapable.

Nous sommes enfin arrivées au baraquement, où je me suis dirigée droit vers mon lit. Je suis parvenue à y grimper. Dieu merci ! il me restait encore quelques aspirines, et j'en ai avalé une après qu'une petite fille m'eut apporté un gobelet d'eau. J'ai retiré mon pull et ma salopette les mains tremblantes, puis j'ai trouvé dans mon casier un haut de pyjama en flanelle qui appartenait à ma mère et je l'ai enfilé. Il était bien trop grand pour moi, mais qu'importe. Je tremblais de manière incontrôlable, j'avais une forte fièvre. J'ai rampé sous la couverture et me suis allongée. Je tentais de bouger le moins possible afin de soulager mon mal de tête. Au bout d'un moment, les choses se sont un peu calmées et j'ai remarqué que Max aussi était alité.

Apparemment la nouvelle de ma maladie s'était répandue comme une traînée de poudre et un flot ininterrompu d'enfants venait à mon chevet pour savoir comment je me sentais. C'était une véritable bénédiction car ils m'apportaient de l'eau lorsque j'avais soif. Max se plaignait de son mal de tête, alors je me suis traînée au pied de mon lit pour sortir une aspirine de mon casier et la lui ai tendue. Quelqu'un lui a apporté un peu d'eau et, au bout d'un moment, je l'ai vu sombrer dans un sommeil agité. Dieu merci ! Jacky se sentait bien mieux et il se tenait désormais assis dans son lit.

Par la suite, j'ai eu une nouvelle poussée de fièvre. Tout mon corps me faisait mal et mes jambes semblaient s'être changées en plomb. Les heures avaient dû passer sans que je m'en rende compte car Phoebe est montée dans notre lit pour se préparer pour la nuit. Le moindre de ses mouvements perturbait mon sommeil fiévreux. Je lui ai demandé de se tenir le plus loin possible de mon corps et de dormir sur le côté du lit.

Phoebe et moi partagions le même lit depuis presque trois mois. Nous dormions tête-bêche et jusqu'à présent nous n'avions jamais eu de problèmes car nous étions toutes deux petites et avions profité de la chaleur de nos corps au cours des nuits froides ; mais aujourd'hui sa présence me dérangeait. J'ai passé une nuit épuisante, tout mon corps irradiait de fièvre.

Juste avant l'extinction des feux ce soir-là, sœur Luba était venue me voir et avait posé sa main fraîche sur mon front brûlant. Elle avait l'air très inquiète et avait posé un gant humide sur mon visage pour me rafraîchir.

Le lendemain, Phoebe s'est réveillée tôt et m'a apporté de l'eau, mais je n'ai pu en prendre que quelques gorgées car elle était très froide. Le reste de l'eau a servi à humidifier le gant pour me rafraîchir. Quelqu'un m'a apporté un oreiller afin que je puisse redresser un peu la tête. Les migraines étaient affreuses et je n'osais plus bouger un seul muscle. Je savais que les quatre premiers jours étaient les pires et que si le malade survivait, la fièvre tombait le dixième jour. Après quoi, des points rouges couvraient les bras, les jambes et le ventre du malade. J'étais allongée sur le dos, les bras le long du corps. Mes jambes me faisaient si mal que je ne pouvais plus les bouger. J'ouvrais un peu les yeux de temps en temps. Ma vision était si floue que je les refermais aussitôt car la lumière me faisait mal.

J'avais la sensation que la journée se déroulait lentement, même si je n'avais aucune notion du temps. Ce devait être la nuit car Phoebe était à nouveau à mes côtés. Elle m'avait réveillée lorsqu'elle était montée se coucher, et lorsqu'elle s'était glissée sous la couverture, elle avait remué si brutalement qu'une douleur insupportable avait envahi mon corps. Je l'avais suppliée de rester immobile. Phoebe, qui n'était pas malade, essayait de ne pas bouger, mais une personne normale se retourne régulièrement pendant la nuit. Ainsi, lorsqu'elle a remué de nouveau, j'ai perdu patience et lui ai crié de ne plus bouger. M'entendant, Leni, dont le lit se trouvait juste en dessous du mien, a proposé à Phoebe de descendre dormir avec elle afin que je puisse me reposer. Phoebe a accepté. Quel soulagement de pouvoir rester ainsi immobile sans être dérangée. Je me suis assoupie oubliant le temps qui s'écoulait.

Parfois mon mal de tête était si fort que j'avais l'impression d'être au fond d'un puits. Je ne voyais et n'entendais plus rien, je savais simplement que j'étais toujours en vie. Puis lorsque j'ai commencé à émerger de l'obscurité, j'ai à nouveau pu discerner des bribes de conversation. J'ai notamment entendu distinctement sœur Helen crier : « Ils ont encore coupé l'eau, les fourbes. »

Durant les longues heures au cours desquelles la fièvre s'était emparée de tout mon être, quelqu'un m'avait abreuvée de gorgées d'eau et avait régulièrement humidifié le gant avec de l'eau fraîche. Cependant, après quelques minutes, ce dernier était à nouveau chaud et je le retirais car son poids était plus que je ne pouvais supporter. Je n'avais aucune idée du nombre de jours qui s'étaient écoulés depuis le début de ma maladie. Plongée dans une demi-torpeur, la voix de sœur Luba m'a éveillée. Lentement mon esprit s'est éclairci et j'ai dû fournir un gros effort pour ouvrir les yeux. Je ne me sentais pas bien, mais sœur Luba a insisté.

— Hetty, réveille-toi. Le docteur est venu t'examiner.

Ouvrant les yeux un instant, j'ai vaguement distingué sœur Luba et le docteur Bimko debout près de mon lit. J'ai refermé les yeux, je sombrais à nouveau dans l'inconscience.

— Ouvre la bouche, Hetty. Je vais te donner un peu de sucre de raisin que le docteur nous a ramené, a dit sœur Luba.

J'ai ouvert la bouche pour avaler la poudre froide et très fine.

— Avale ça, m'a encouragée sœur Luba.

J'ai fait un effort pour faire descendre la substance le long de ma gorge desséchée.

L'eau froide m'a aidée à avaler, mais j'ai été soulagée lorsque sœur Luba a reposé ma tête sur l'oreiller. Les yeux fermés, je les entendais se diriger vers Max, ainsi que tous les enfants malades du dortoir. La nuit suivante et celle qui lui a succédé, tous les souffrants ont reçu une cuillerée de sucre de raisin, afin de nous donner l'énergie nécessaire pour combattre cette terrible maladie.

Un matin, je me suis réveillée pour me rendre compte que je n'étais plus fiévreuse. Lentement, j'ai levé mon bras droit et y ai remarqué dessus les points rouges révélateurs du typhus. J'ai inspecté mon bras gauche qui en était également couvert. J'ai regardé en direction de Max et lui ai demandé comment il se sentait.

— J'ai toujours un léger mal de tête, mais je me sens bien mieux qu'avant.

Ensuite, j'ai baissé mon regard et ai vu Robby qui me regardait de ses yeux pleins de fièvre.

— Donne un peu d'eau à Robby et monte sur mon lit pour prendre de l'aspirine dans mon casier pour lui et Max, s'il te plaît, ai-je demandé à l'un des enfants qui arrivait avec un gobelet d'eau.

Lorsque j'ai été sûre que Robby et Max avaient reçu le nécessaire, je me suis tournée face à la fenêtre et ai sombré dans un sommeil réparateur.

J'avais dû dormir toute la journée, malgré les bruits horribles et les cris qui provenaient de l'extérieur. Dans mon sommeil, j'avais conscience que l'eau n'était plus coupée et que les femmes dehors étaient complètement mortes de soif, mais rien ne pouvait perturber mon repos. Je me suis réveillée lorsque j'ai entendu une petite voix appeler mon nom. J'ai ouvert les yeux doucement, Judy et sa sœur Mickey me contemplaient.

— Est-ce que tu te sens un peu mieux? m'a demandé Judy.

— Oui, un peu.

Elles ont toutes deux souri à ma réponse.

— Judy, ai-je poursuivi. Peux-tu me rapporter un gobelet d'eau chaude? Il me faut absolument une tasse de thé.

Les deux sœurs sont parties en direction de la salle à manger, où je savais que la sorcière gardait une casserole d'eau sur le poêle. Je me suis à nouveau assoupie, pendant ce qui m'a paru un long moment, avant leur retour. Je me suis redressée sur les coudes avec difficulté. Cela m'a demandé un gros effort. C'était la première fois que je parvenais à soutenir ma tête depuis que j'étais tombée malade. Judy m'a tendu le gobelet d'eau chaude mais l'a posé sur mon matelas. Comme je ne m'en sentais pas la force, Judy a ouvert la boîte de thé prise dans mon casier. J'ai plongé quelques feuilles de thé dans l'eau chaude et j'ai porté le gobelet lentement à mes lèvres pour en prendre une petite gorgée avec beaucoup de précaution. Cela m'a fait un bien fou de sentir le breuvage chaud descendre le long de ma gorge. C'était la première boisson chaude que j'ingérais depuis plusieurs jours.

Max me regardait depuis son lit et m'a demandé d'une voix faible ce que je buvais. Je lui ai proposé un peu de mon thé et il a accepté.

J'ai pris quelques gorgées supplémentaires avant de tendre le gobelet à Judy pour qu'elle le lui apporte.

Le petit Robby, qui se trouvait dans le lit au-dessous de celui de Max, me regardait avec des yeux suppliants.

— Voudrais-tu aussi un peu de thé Robby ? ai-je demandé.

Il a acquiescé d'un hochement de tête et j'ai demandé à Max de lui en laisser un peu, mais ce dernier en voulait davantage.

— D'accord, ai-je dit. Donnes-en un peu à Robby, on pourra en refaire.

Ainsi, Judy et Mickey sont reparties chercher de l'eau chaude. Je me suis recouchée, totalement épuisée. Notre petit thé improvisé m'avait vidée de toute mon énergie. Pour la première fois, j'étais pleinement consciente de ce qu'il se passait autour de moi. Regardant par la fenêtre, j'ai vu un groupe de prisonniers pousser un chariot plein de cadavres en direction du crématorium. Il semblait faire un froid terrible dehors. Le garde SS avait une bande de tissu blanc autour du bras. Il était habillé pour affronter le froid et avait levé le col de son manteau afin de protéger ses oreilles. Les pauvres prisonniers constituaient cependant un tableau des plus macabres. Avec juste la peau sur les os et une chemise de coton sur le dos, ils accomplissaient cet effroyable travail. Leurs mouvements étaient lents, mais, à ma grande surprise, le *Scharführer* ne semblait pas s'en préoccuper et ne poussait pas les hommes à accélérer la cadence. De toute façon, les hommes étaient trop faibles pour pousser le chariot plus vite. Ils s'arrêtaient régulièrement pour reprendre leur souffle.

Sœur Hella se tenait près de mon lit. Son visage était radieux, elle était si contente que je sois enfin sur la voie de la guérison. Judy et Mickey se tenaient à ses côtés.

— Comment te sens-tu, ma petite Hetty? Je suis si contente que Max et toi soyez hors de danger, a-t-elle dit en se tournant vers mon frère.

Elle est allée le voir et l'a embrassé, puis a repositionné ses oreillers pour qu'il soit plus à l'aise.

Judy qui tenait le second gobelet d'eau chaude, s'est rapprochée et me l'a tendu. Elle est montée sur mon lit et a pris la petite boîte bleue contenant le thé. J'en ai refait un peu et en ai pris quelques gorgées avant de le tendre à Judy pour qu'elle le donne à Max. Pour la première fois, je commençais à regagner des forces. Mon frère appréciait la boisson, mais il en a tout de même laissé pour Robby.

Une fois le thé terminé, sœur Hella m'a expliqué que tous les SS arboraient une bande de tissu blanc au bras en signe de capitulation car les troupes anglaises étaient désormais toutes proches. Tout le monde attendait avec appréhension ce qu'il allait se passer dans les prochains jours. Sœur Hella m'a également raconté que, quelques jours auparavant, des prisonniers avaient dû creuser un énorme trou devant l'infirmerie pour y enfouir les cadavres. Il s'agissait d'un charnier.

J'ai regardé dehors, de la neige fondue tombait et la nuit était proche.

Il était environ dix-huit heures et les prisonniers poussaient toujours le chariot chargé de corps. Je me demandais quand ils pourraient regagner leurs baraquements ?

Quelqu'un m'a apporté un petit morceau de farine cuite. On aurait dit un biscuit, mais il était dur comme de la pierre et le goût en était vraiment indescriptible car la farine n'était que mi-cuite. Les sœurs l'avaient préparé sur le poêle de la salle à manger. Il n'y avait rien d'autre à manger. C'était apparemment la seule nourriture disponible depuis quatre jours et il était également difficile de se procurer de l'eau. Cela faisait deux jours qu'elle était à nouveau coupée. Pourtant, ces conditions de vie déplorables ne pouvaient atténuer le sentiment d'excitation qui nous envahissait.

Nous avons entendu des bruits de pas précipités dans le couloir et le silence s'est installé dans le dortoir. Les pas semblaient se diriger vers le réfectoire. Nous nous sommes remis à parler puisque le danger semblait écarté, et c'est alors que notre porte s'est ouverte et que sont entrées sœur Hermina et une femme qui représentait *Frau* Stania. Le silence s'est fait derechef et sœur Hermina nous a appris que notre camp serait inspecté par l'armée britannique le jour suivant. Le commandant avait ordonné que chacun reste dans son baraquement. Le silence absolu devait être observé pendant cette visite. Quiconque désobéirait serait abattu sur-le-champ.

La messagère est partie après avoir délivré l'ordre, mais sœur Hermina est restée et l'a répété pour que nous comprenions tous la gravité de la situation. Il était l'heure d'aller nous coucher. La plupart des enfants étaient encore extrêmement malades, même si certains d'entre nous étaient sur la voie de la guérison. Nous n'avons pas beaucoup parlé ce soir-là car nous étions tous préoccupés, plongés dans nos pensées. Je me demandais si la liberté était vraiment à portée de main. J'étais très fatiguée et je voulais dormir. Je me suis tournée vers la fenêtre et j'ai vu que les prisonniers continuaient de pousser un chariot rempli de cadavres, éclairés par une lampe au kérosène.

Le matin suivant, ceux qui se sentaient suffisamment bien se sont levés tôt. La tension était palpable, mais nous avions encore quelques heures devant nous avant que le *Kapo* posté devant notre baraquement ne nous intime l'ordre de demeurer silencieux. Lorsqu'il l'a fait, tout le monde s'est immobilisé dans le dortoir. Il n'y avait plus aucun bruit. Le silence s'est prolongé quelques minutes, puis nous avons entendu des pas approcher. J'ai retenu mon souffle, puis j'ai regardé par la fenêtre et je les ai vus.

Deux gardes SS escortaient, baïonnettes dégainées, un jeune soldat anglais qui portait un petit drapeau blanc. Les Allemands avaient un air sinistre tandis que le jeune soldat gardait la tête bien haute. Il regardait droit devant lui, mais de temps en temps, son regard était attiré par les montagnes de cadavres. Le petit groupe est passé devant notre baraquement rapidement et alors qu'ils disparaissaient au loin je mourais d'envie d'appeler le soldat anglais pour lui demander de m'assurer que la liberté était bien toute proche.

Aussitôt l'inspection terminée, chacun dans le dortoir s'est immédiatement remis à parler. Iesy, qui était guéri depuis peu, a fait l'effort de venir près de mon lit. Il était encore très faible et se servait d'un bâton comme d'une canne. Il a levé la tête vers moi. Ses yeux, bien que profondément enfoncés dans ses orbites et marqués de lignes sombres, brillaient de bonheur et d'espoir.

— Hetty, guéris vite, car notre calvaire est presque terminé. Nous serons bientôt à nouveau libres.

Il a ri comme lui seul savait le faire lorsqu'il était sûr de ce qu'il avançait. J'ai hoché la tête.

Max n'avait pas eu le loisir d'observer le groupe d'inspection car son lit n'était pas situé à côté d'une fenêtre.

— De quoi avait-il l'air ? a-t-il demandé à propos du soldat anglais.

— De quelqu'un de bien, a répondu Iesy.

— J'ai beaucoup aimé son nez qu'il gardait résolument levé vers le ciel, ai-je ajouté.

Tous ceux qui écoutaient se sont mis à rire.

Sœur Luba est entrée dans le dortoir et nous a demandé de faire silence. Elle nous a annoncé que personne n'était autorisé à sortir des limites de l'enceinte. Sa bouche formait toujours cette même mimique, il était par conséquent hors de question de lui désobéir. Notre bonne humeur s'est alors envolée car nous nous sommes rendu compte que nous étions toujours vulnérables.

Avant son départ, sœur Luba est venue jusqu'à mon lit pour voir comment se passait ma convalescence. Elle est également allée voir Max et Robby ainsi que les enfants qui étaient encore très malades à l'autre bout de la pièce.

Le calme est revenu dans le dortoir lorsque les enfants en bonne santé sont sortis pour jouer dehors. Le bruit de leurs voix animées nous parvenait. De là où nous étions, on aurait pu croire qu'il s'agissait d'enfants normaux. Max et Robby s'étaient rendormis et Iesy était remonté dans son lit pour se reposer. Pour ma part, j'étais bien réveillée, mais je restais allongée, sans bouger. Les événements de la matinée m'avaient comme exténuée. Je regardais par la fenêtre d'où je ne voyais que les montagnes de corps décharnés. Mais ce jour-là, aucun prisonnier ne s'en occupait.

Le temps paraissait figé. Dehors, rien ne bougeait. Il n'y avait que le ciel gris et les cadavres. J'ai fermé les yeux et, dans mon esprit, je revoyais le soldat anglais escorté par les féroces gardes SS. Je savais que cette brève vision des trois individus lorsqu'ils sont passés sous ma fenêtre resterait à jamais gravée dans ma mémoire.

Plus tard dans la journée quelqu'un m'a apporté des biscuits de farine secs, mais je ne les ai pas pris car je ne me sentais pas la force de les mâcher. Je n'ai rien mangé, mais je ne ressentais plus la faim. La seule chose que je désirais, c'était rester au lit pour me reposer. Je ne me rendais plus compte ni de ma maigreur, ni de ma faiblesse. C'était désormais une habitude, les enfants venaient me voir pour s'enquérir de mon état et m'apporter les choses dont j'avais besoin comme une tasse d'eau ou le pot de chambre. Ils m'aidaient et me tenaient le pot lorsque je devais m'en servir. Je suis persuadée que même une infirmière expérimentée n'aurait pas pu mieux m'assister que ces petites de neuf et dix ans.

La nuit est venue et avec elle le sommeil, porteur d'oubli et de guérison pour les malades.

Le jour s'est levé, ce samedi 14 avril 1945, et nous avons appris que les gardes SS avaient déjà été remplacés par des soldats hongrois dans les miradors. Le camp en lui-même était très calme. Comme s'il était pris dans une brume irréelle attendant la suite des événements. Je dormais plusieurs heures d'affilée à présent. Il s'agissait probablement de la méthode de mère nature pour me requinquer. Alors que le jour faiblissait, sœur Luba est venue à mon chevet afin de savoir si j'avais suffisamment de forces pour sortir de mon lit et marcher. Je n'en avais aucune idée, puisque j'en avais été jusqu'alors incapable.

— Pourquoi ? ai-je demandé. Que se passe-t-il ?

Sœur Luba m'a alors murmuré que Maximillian avait envoyé un message pour dire que la porte située près du crématorium n'était pas verrouillée et qu'il y enverrait deux camions pour récupérer les enfants à minuit car les SS avaient placé des explosifs dans tout le camp pour le détruire une fois que les prisonniers auraient ingéré du pain empoisonné. Peut-être la léthargie, qui s'était emparée de moi après cette terrible maladie, m'a-t-elle fait prononcer ces terribles paroles, mais je lui ai répondu que je ne me sentais pas la force de m'échapper. Sœur Luba a regardé autour d'elle. Il y avait tant d'enfants malades qu'elle a décidé d'abandonner l'idée de la fuite. Elle m'a embrassée sur la joue et m'a dit de me rendormir.

Lorsqu'elle est partie, Max m'a interrogée sur notre échange de messes basses. Je lui ai dit qu'il ne s'agissait de rien d'important. Il ne m'a pas cru mais s'est abstenu de poser plus de questions.

— Je pense que je me lèverai demain, a-t-il dit.

— Tu es sûr que tu es prêt ?

— J'essaierai. On verra bien. J'utiliserai un bâton comme Iesy.

Sœur Mala nous a demandé de nous tenir tranquilles et de nous rendormir. Elle a éteint la lumière, mais je n'arrivais pas à trouver le sommeil. La nuit était loin d'être calme. J'entendais des mitrailleuses en action au loin et des cris sauvages. Sœur Mala a soufflé la bougie qu'elle gardait généralement allumée auprès d'elle pour se rendre au chevet des enfants malades. Elle ne voulait pas attirer l'attention sur nous pendant l'attaque. J'ai essayé de regarder par la fenêtre mais il faisait nuit noire. J'avais si peur que j'ai tiré la couverture au-dessus de ma tête comme pour me protéger du mal.

J'ai finalement dû m'endormir car j'ai été réveillée par le bruit que faisaient d'autres enfants. Quel soulagement de voir la lumière du jour. Max avait concrétisé son projet de sortir du lit. Il était debout et parlait avec Leni. Lorsqu'il a vu que j'étais réveillée, il s'est avancé en titubant vers moi, en se tenant aux lits pour éviter de basculer vers l'avant. Il s'est assis aux pieds de Robby et a levé la tête dans ma direction.

— Comment te sens-tu aujourd'hui ?

— Je n'ai pas encore la force de me lever.

— Peut-être demain ! a-t-il dit avec enthousiasme.

Iesy nous a rejoints pour prendre de mes nouvelles et pour savoir si nous avions entendu les mitrailleuses la nuit dernière. Il nous a appris que les soldats hongrois avaient tué plus de quatre cents personnes, qui avaient essayé de s'échapper. Voilà ce qui expliquait les cris horribles qui avaient hanté mes rêves. Nous étions abasourdis par la nouvelle.

— Pourquoi les prisonniers ont-ils pris ce risque alors que les Anglais sont si proches ? ai-je demandé.

— C'est une bonne question, a dit Iesy. Ils ont dû perdre l'esprit au dernier moment.

Max s'est levé et a invité Iesy à l'accompagner dans la salle à manger pour voir ce qu'il s'y passait. Robby souhaitait également se lever et j'ai appelé Judy et Phoebe qui se trouvaient non loin de là pour qu'ils aident Robby à s'habiller chaudement. Il avait l'air tellement mince une fois sorti de sous sa couverture. Ses vêtements étaient trop grands pour lui, mais j'étais heureuse de le revoir sur ses pieds. Judy l'a emmené faire une petite promenade.

Lorsqu'ils sont partis, le petit Yiddele est venu timidement me voir. Ce garçonnet de trois ans était arrivé dans notre baraquement, quelques semaines auparavant, avec un groupe d'enfants polonais et roumains qui étaient en bonne santé et bien nourris. Je ne pouvais pas avoir de conversation avec lui car nous ne parlions pas la même langue, mais il s'était attaché à moi avant que je ne tombe malade.

— Salut Yiddele. Comme c'est bon de te revoir. Comment vas-tu ?

Yiddele m'a regardé avec de grands yeux. Je ne savais pas s'il me comprenait. Soit il était heureux de me retrouver, soit il se sentait seul. Il ne bougeait pas de mon lit. Au bout d'un moment, j'ai envoyé Phoebe chercher une petite fille polonaise pour lui parler. Lorsqu'elle est arrivée, je lui ai demandé, à l'aide de gestes, de discuter un peu avec Yiddele. Elle s'est penchée vers lui et lui a parlé en polonais, mais il la regardait des mêmes yeux avec lesquels il me regardait et ne lui a pas répondu. Au bout d'un moment, elle a abandonné. Elle a tourné les yeux vers moi et a haussé les épaules, comme pour dire « Je ne peux rien faire de plus ». Puis, elle est partie.

Nous avons appris que la nuit précédente à minuit la plupart des SS avaient quitté le camp. *Frau* Stania, la doyenne du camp, et de nombreux *Prominents* et *Kapos* s'étaient enfuis avec eux.

Nous étions le 15 avril 1945 et c'était l'anniversaire de ma mère. Mes pensées allaient vers elle. Je me demandais ce qu'elle était en train de faire et je priais pour qu'elle aille bien.

Le dortoir était plein à craquer. De nombreux enfants étaient désormais en voie de rémission du typhus, mais la plupart étaient encore trop faibles pour s'aventurer au-dehors. Ils discutaient entre eux et un sentiment d'espoir dominait l'atmosphère.

L'heure du déjeuner était passée depuis longtemps, mais il n'y avait rien à manger. On ne nous avait rien donné non plus pour le petit déjeuner, mais personne ne songeait à la nourriture. Il y avait de l'électricité dans l'air.

Il était quinze heures trente. J'étais couchée, la tête sur mon oreiller. L'excitation m'avait totalement épuisée.

— Hetty, Hetty! ai-je entendu.

J'ai levé la tête et ai vu Inge qui essayait de se frayer un passage au milieu d'un groupe d'enfants. Inge était la femme hollandaise, d'origine allemande, qui avait, avec son amie Gretel, composé le poème pour l'anniversaire de sœur Luba.

Visiblement, elle aussi avait été très malade : elle avait beaucoup maigri. Elle s'est servie d'un tabouret pour monter sur mon lit. Après que nous eûmes toutes les deux repris notre souffle, elle m'a demandé :

— Comment vas-tu Hetty? Tu as l'air encore bien malade.

— Je vais bien. Je suis juste un peu faible, c'est tout.

Avant de pouvoir dire autre chose, nous avons entendu du bruit dans le couloir. Une femme hurlait en polonais. Le silence s'est immédiatement imposé dans le dortoir. Puis la porte s'est ouverte d'un seul coup et quelqu'un a crié : « Les Anglais sont ici, les Anglais sont ici. »

Pendant un moment personne n'a bougé, puis toutes les personnes en mesure de marcher ont couru aussi vite que possible vers la clôture pour voir nos libérateurs.

J'étais assise sur mon lit, incapable de bouger. Mon cœur battait la chamade. J'aurais tout donné pour être parmi eux et courir moi aussi vers la clôture. J'ai regardé par la fenêtre et j'ai vu le groupe qui disparaissait déjà au loin. Seul Iesy, qui avançait péniblement à l'aide de son bâton, était toujours visible. Juste derrière lui se trouvait Yiddele qui courait aussi vite que ses petites jambes le lui permettaient.

Cette vision d'Iesy qui luttait pour traverser ce champ de cadavres, et du petit Yiddele, m'a émue jusqu'aux larmes et lorsque je me suis retournée pour voir Inge, la réalité de la situation m'a frappée : nous étions enfin libres.

— Nous sommes libres, Inge ! Nous sommes libres ! ai-je crié.

Nous pleurions toutes les deux dans les bras l'une de l'autre, nous nous balancions d'avant en arrière. La liberté, la liberté tant espérée, était enfin à notre portée.

Au bout de quelques heures, les enfants qui avaient couru vers la clôture sont revenus dans le dortoir et nous ont raconté ce qu'il s'était passé lorsque nos libérateurs étaient entrés dans le camp. Des tanks surmontés de haut-parleurs avaient remonté l'artère principale en annonçant que nous étions libres. Les soldats anglais avaient immédiatement pris le contrôle des cuisines car une rumeur prétendait que les SS avaient préparé de la nourriture empoisonnée pour les prisonniers. Il fallait donc d'abord tout nettoyer afin d'avoir de la nourriture le lendemain. Personne ne s'est interrogé pour savoir comment les Anglais avaient eu vent de tout ceci, parce que cela nous était complètement égal : nous étions libres et l'avenir était redevenu radieux.

Après avoir promis de revenir rapidement, Inge est partie vers dix-sept heures afin de trouver Gretel et d'aller aux nouvelles.

La nuit tombait déjà lorsque Max est entré dans le dortoir. Il m'a fièrement montré deux paires de chaussettes en laine et un pull.

— Comment te les es-tu procurés? ai-je demandé.

— Les prisonniers sont entrés par effraction dans la réserve. J'y suis allé et je me suis servi.

Il avait traversé tout le camp! D'où tirait-il toute cette nouvelle énergie? Il s'était levé ce matin pour la première fois depuis longtemps et se déplaçait à l'aide d'un bâton et, malgré cela, il avait couru jusqu'à la clôture et avait apparemment parcouru une grande distance. Il était bien plus fort que moi! Il était hors de question pour moi de sortir de mon lit et encore moins de marcher. Le typhus semblait m'avoir affectée plus que d'autres enfants.

Cette nuit-là, il n'y a pas eu de couvre-feu et les sœurs nous ont laissés vaquer à nos occupations. Personne ne songeait à la nourriture, l'adrénaline nous aidait à tenir le coup, même si finalement l'épuisement a eu raison de nous. Du haut de mon lit, j'ai demandé aux plus grands de coucher les petits. Le sommeil nous a tous gagnés et le calme s'est installé dans le dortoir.

Tôt le lendemain, un véritable exode s'est opéré dans notre baraquement : tous les garçons sont partis chercher de la nourriture. Ils voulaient également essayer d'établir un contact avec nos libérateurs. Les petits sont restés à jouer dans l'enceinte. Au cours de la matinée, sœur Luba et sœur Hermina sont venues voir comment nous nous portions. Elles ne sont pas restées longtemps avec nous car elles voulaient se rendre dans les cuisines pour nous rapporter un peu de nourriture. Cela faisait deux jours que nous n'avions rien eu à manger. Le thé était arrivé tôt ce matin-là et le gobelet de liquide sucré m'avait fait l'effet d'un ange qui se posait sur ma langue, comme aurait dit mon oncle Max. Je pouvais sentir le pouvoir guérisseur du liquide chaud qui descendait dans mon estomac.

Ma convalescence était plus lente que celle de certains autres enfants et j'étais heureuse de pouvoir me reposer dans le dortoir désormais beaucoup plus calme. Je n'ai reçu la première visite d'un de nos libérateurs qu'à la mi-journée. Entouré par certains de nos enfants, il est venu à mon chevet et s'est présenté comme étant le révérend Ted Aplin, un prêtre canadien. La communication n'était pas aisée car, à l'époque, je ne parlais pas anglais. Il m'a demandé si je me sentais bien : « *Are you okay ?* »

J'ai compris le terme « *okay* » et j'ai acquiescé. Le prêtre m'a ensuite posé une question à propos de Leni. Je ne comprenais pas ce qu'il voulait savoir. L'unique raison pour laquelle je savais qu'il parlait d'elle était parce qu'il la montrait du doigt.

— C'est Leni, me suis-je donc contentée de dire.

Il l'a observée un instant. La pitié se lisait dans son regard. Notre Leni avait l'air si frêle, elle n'avait littéralement plus que la peau sur les os. Un photographe est entré et le prêtre lui a demandé de prendre une photo d'elle. Jacky, qui était assis sur le lit du dessous, a tendu le cou de telle sorte à apparaître également sur le cliché. Après avoir pris quelques photographies supplémentaires, le prêtre et le photographe sont partis. Les enfants qui les avaient accompagnés par curiosité ont également quitté le dortoir pour jouer dehors. Les températures étaient clémentes et le ciel arborait son habituelle couleur grise.

Environ une heure plus tard, Max est entré très excité accompagné d'un grand soldat anglais qui portait un béret pourpre (signe qu'il appartenait au régiment des parachutistes, ai-je appris plus tard). Ils sont venus vers mon lit.

— Hetty, je te présente Max Monash, a dit Max. C'est un cousin de papa.

— Vraiment ?, ai-je demandé au soldat souriant, qui avait une moustache noire et des yeux marron et chaleureux.

— Oui, je crois bien, a-t-il répondu. Votre père s'appelle Maurice, n'est-ce pas ?

J'ai acquiescé. Mes yeux examinaient son visage, je ne trouvais pas d'air de famille. Max Monash m'a posé de nombreuses questions pour obtenir des nouvelles de différents membres de la famille. Une demi-heure plus tard, il est parti avec Iesy et Max. Il a promis de revenir le jour suivant.

Avant son départ, il m'a donné un grand morceau de chocolat, que j'ai partagé avec certains des enfants.

Lorsque le dortoir est redevenu plus calme, je me suis rendu compte que ce qui m'avait le plus impressionné à propos de Max Monash, c'était la parfaite santé qu'il affichait ainsi que son excellente condition physique. Il avait l'air propre et, dans l'ouverture de son encolure, j'avais aperçu sa plaque avec son nom ainsi qu'un pendentif *Chaï** en or.

J'aurais aimé avoir suffisamment de forces pour me lever car il semblait se dérouler toutes sortes d'événements à l'extérieur du baraquement.

Comme promis, Max Monash est revenu le jour suivant. Il était accompagné de plusieurs personnes de la Croix-Rouge. Parmi eux se trouvaient un jeune homme appelé Jaap Ebeling Koning et une jolie infirmière, tous deux Hollandais. Tous les autres étaient anglais. Jaap était un personnage charismatique, et les enfants étaient attirés par son magnétisme. Ils le touchaient pour s'assurer qu'il était bien réel et lui posaient mille questions à la fois. Jaap était merveilleux avec eux et il leur a donné une grande tablette de chocolat, tout en les avertissant de ne pas tout manger d'une seule traite.

---

* *Chaï* signifie « cadeau » en hébreux. Cela désigne traditionnellement le pendentif que l'on offre aux nouveau-nés pour les protéger du malheur. Le symbole sur le médaillon associe deux lettres de l'alphabet hébreu (*het* et *yod*) pour former le mot « vie ». Beaucoup d'hommes le portent encore à l'âge adulte. (Note de l'auteur)

Au bout d'un certain temps, Jaap a demandé aux enfants en bonne santé d'aller jouer dehors pour que ceux qui étaient malades puissent se reposer dans le calme. Ensuite, il est venu jusqu'à mon lit pour me demander comment je me sentais.

Jaap était vraiment quelqu'un d'extraordinaire et de gentil. Il avait environ vingt et un ans et avait rejoint la Croix-Rouge lorsque le sud de la Hollande avait été libéré. Il avait un sourire enjôleur qui indiquait immédiatement qu'il était quelqu'un de confiance. Il est resté avec nous plus longtemps que les autres. Les conditions de vie dans notre baraquement ne s'étaient pas améliorées et l'odeur de la maladie et des corps crasseux devait certainement être répugnante, mais peu lui importait, et son sourire radieux nous mettait du baume au cœur.

La journée du mardi 17 avril 1945 a été plus tumultueuse. C'était une magnifique journée. Les fenêtres du dortoir étaient grandes ouvertes afin de permettre à l'air de se renouveler et de laisser entrer la chaleur. Tôt le matin, des camions chargés de corps sont passés devant notre baraquement, et sur certains, des SS étaient assis au sommet du tas de cadavres. Ils se dirigeaient vers le charnier situé près du crématorium. Pendant ce temps-là, un énorme bulldozer est arrivé et a commencé à creuser une seconde fosse juste devant ma fenêtre. Une quarantaine de soldats hongrois ont dû s'avancer jusque devant notre baraquement et former deux rangs. Un officier anglais orchestrait ce qui semblait être un appel car un à un les soldats sortaient du rang et criaient. Je n'avais aucune idée de ce que cela signifiait, mais l'opération a duré environ une heure, puis ils sont partis vers la morgue.

Lorsque le trou pour le charnier a été suffisamment grand, un camion chargé de corps en décomposition est arrivé ; six SS étaient assis au milieu des cadavres. Ils ont dû décharger le camion et mettre les corps dans la fosse. Les soldats anglais étaient tendus et furieux après avoir été témoins des atrocités perpétrées par les Allemands. Si l'un des SS n'allait pas assez vite ou qu'il faisait tomber un bras sur le sol alors qu'il transportait un corps, ils le frappaient avec la crosse de leurs fusils et lui disaient : « Attention, garçon, attention ! » Les SS semblaient être sous pression. De plus, leurs uniformes autrefois immaculés étaient désormais sales et en désordre.

Un SS portait toujours sa casquette et cela a rendu un soldat anglais, en poste juste en dessous de ma fenêtre, si furieux, que d'un rapide mouvement de son fusil, il la lui a retirée, manquant sa tête de peu. La casquette a tournoyé dans les airs avant d'atterrir sur le rebord de ma fenêtre. En voyant cela, le soldat anglais s'est précipité et, après m'avoir saluée, a retiré la casquette avec le bout de son arme.

Tout au long de la journée, les SS apportaient les corps, que la décomposition rendait gluants, dans le charnier. Ces officiers SS qui étaient toujours restés à distance de ces contingences macabres, afin d'éviter toute contamination, se tenaient désormais debout au milieu des corps puants à un stade avancé de décomposition.

Je n'ai été témoin que de l'enterrement de ces pauvres gens, mais j'ai appris plus tard que les corps étaient chargés à la morgue dans des camions. Les soldats anglais battaient ponctuellement les SS qui ne montraient pas suffisamment de respect envers les morts.

L'une des prisonnières a remarqué le Dr Fritz Klein au sein du groupe de SS. Elle l'a alors interpellé :

— Alors Dr Klein, quel effet ça fait de se retrouver de l'autre côté de la barrière ?

— Attends un peu et un jour on se retrouvera à Auschwitz.

Cette bête immonde ne voulait pas accepter la défaite.

Le Dr Klein avait été responsable des expériences menées à Auschwitz, où les prisonniers n'étaient rien de plus que des rats de laboratoire. C'était également lui qui avait eu la responsabilité de désigner qui était en mesure de travailler et qui allait dans les chambres à gaz. Par la suite, il a été condamné à mort par pendaison par le tribunal de Nuremberg.

Le matin suivant, l'ensevelissement des morts s'est poursuivi, mais les Anglais ne frappaient plus les SS par ordre de leurs supérieurs, en raison de la convention de Genève.

Quel dommage ! Les prisonniers avaient apprécié le spectacle.

En milieu de matinée, sœur Luba est venue me voir. Elle avait un petit morceau de papier dans la main sur lequel était inscrit un message en allemand. Elle m'a appris que Maximillian, notre bienfaiteur SS, se cachait dans le bâtiment des toilettes près de notre baraquement. Elle avait besoin de récupérer pour lui des vêtements plus discrets pour lui permettre de s'échapper.

— Il nous a aidés et maintenant c'est à notre tour de lui apporter notre soutien, a dit sœur Luba.

Tout ce que je possédais, c'était une ancienne chemise de mon père. J'ai commencé à fouiller dans mon casier et n'ai pas tardé à la trouver. Je l'ai tendue à sœur Luba. Elle est partie et près de dix minutes plus tard, j'ai aperçu Maximillian qui passait dans le couloir devant la porte ouverte du dortoir. Nos regards se sont croisés un instant alors qu'il jetait furtivement un œil dans la pièce. Il avait l'air débraillé et sale, mais ce qui m'a le plus marqué était la terreur que l'on pouvait lire sur son visage. Il avait bien changé depuis la dernière fois qu'il était venu nous voir. C'était alors un homme puissant et arrogant qui avait le pouvoir de vie et de mort. Désormais, il n'était plus qu'un misérable lâche.

Sœur Luba est revenue me dire que Maximillian se cachait dans la petite pièce située à l'entrée du couloir.

— Hetty, je voudrais que tu écrives une lettre pour dire aux Anglais que sans son aide nous serions tous morts de faim le dernier mois, pour demander aux libérateurs d'être cléments avec lui.

Elle m'a tendu un papier et un stylo. Je ne voulais pas le faire, mais elle a insisté. J'étais encore très faible et je n'ai pas eu le courage de résister plus longtemps. De plus, je remettais très rarement en cause le jugement de sœur Luba. Je me suis assise sur mon lit et ai écrit en hollandais :

Cet homme, répondant au nom de Maximillian, a apporté son aide aux enfants de la maison des enfants en leur fournissant de la nourriture au cours du dernier mois. Ne soyez pas trop durs avec lui.

J'ai signé en indiquant mon nom et mon âge. J'ai expliqué à sœur Luba ce que j'avais écrit et lui ai tendu le papier, qu'elle a soigneusement plié avant de partir.

Puisque j'étais toujours bloquée dans mon lit, je n'avais aucune idée de ce qu'il se passait dans le couloir, mais je songeais au fait que nous cachions l'ennemi juste sous le nez de nos libérateurs, lesquels dirigeaient toujours les opérations d'ensevelissement de milliers de cadavres juste à l'extérieur de notre baraquement. Cette situation me mettait mal à l'aise, mais je ne savais comment y remédier.

Après tous ces événements, je me suis sentie très fatiguée. J'ai décidé de me reposer un peu. J'ai tourné le dos à la fenêtre, car la vue de tous ces corps que l'on empilait les uns par-dessus les autres dans le charnier me déprimait trop. Puisque nos libérateurs n'étaient plus autorisés à les molester, les SS étaient bien moins attentionnés avec les morts. Parfois, au lieu de porter un corps jusqu'à sa sépulture, ils se contentaient de le traîner sur le sol. Les membres des cadavres dont le stade de décomposition était le plus avancé se détachaient, et parfois le corps jeté dans la tombe béante n'avait plus de tête.

C'était plus que je ne pouvais en supporter. J'étais encore très affaiblie par le typhus. Je ne parvenais pas à me souvenir si j'avais déjà avalé quelque chose depuis le début de la journée, ni d'ailleurs les jours précédents. Mon esprit était embrumé. Il s'était passé tant de choses dernièrement. Advienne que pourra, pensais-je, je me lèverai demain.

Le dortoir était désert dans la journée car les enfants jouaient dehors au soleil ou allaient se promener à travers le camp. Seuls Bella, Mala, Leni, Maurice et moi-même étions toujours alités. Bella et Maurice étaient encore très malades, même s'ils avaient passé le seuil le plus critique. Mala et moi nous sentions bien mieux. Étonnamment, malgré son état d'extrême faiblesse, Leni n'avait pas eu le typhus.

Inge est revenue me voir dans l'après-midi. Je l'ai réprimandée de n'être pas revenue plus tôt. Elle se sentait tellement mieux qu'elle a réussi à grimper sur mon lit sans l'aide de personne.

— Où donc étais-tu passée, Inge ?

— Eh bien, après t'avoir quittée dimanche, je suis partie à la recherche de Gretel dans la pharmacie des SS. C'est là-bas que j'ai découvert qu'elle avait pris le contrôle de la rotonde, les anciens quartiers privés des SS. Elle a mis en place un hôpital de fortune et j'essaie de l'aider du mieux que je peux.

— Tu dors dans les quartiers des SS ?

Rien que le fait de l'imaginer là-bas me faisait froid dans le dos. Lisant la terreur dans mes yeux, elle m'a tout de suite assuré que tous les SS avaient quitté le bâtiment.

— Les SS sont sous les verrous. Ils ont tous été arrêtés, a-t-elle ajouté.

Je n'étais pas convaincue, ayant l'impression qu'ils pouvaient revenir à tout moment.

— Voyons, n'aie pas peur Hetty, m'a-t-elle dit en me serrant dans ses bras. Les SS sont partis, nous sommes libres maintenant.

Au bout d'un moment, j'ai fini par me calmer et accepter ses explications. Elle m'a tenu compagnie pendant deux heures. Nous avons parlé longuement, puis elle a dû s'en aller pour aider Gretel. À contrecœur, je l'ai laissée repartir. Je l'ai prise dans mes bras et lui ai promis d'essayer de me lever le lendemain.

— Très bien, a dit Inge. On se voit très bientôt.

Elle m'a donné un baiser, s'est laissée glisser jusqu'en bas du lit et s'en est allée.

Le lendemain, j'ai attendu que le dortoir soit quasiment vide pour me préparer à quitter mon lit. J'ai attrapé dans mon casier ma jupe à carreaux grise et mon pull et me suis habillée sur mon lit, tout comme je l'avais fait ces quatorze derniers mois. Quand j'ai été prête, je me suis laissée glisser avec précaution de mon lit sur la chaise qui se trouvait en bas.

De là, j'ai pu atteindre facilement le sol, tout en me raccrochant au lit. Alors que je me tenais debout, les jambes tremblantes, ma jupe est tombée à mes pieds. J'avais effectivement perdu beaucoup de poids et désormais elle était bien trop grande pour moi. Mon manteau pendait au bout du lit et je me suis souvenue qu'il avait une épingle de sécurité sous le col, qui me servait à le fermer lorsque le vent soufflait pendant l'appel. J'ai pris l'épingle pour tenir ma jupe. Jusque-là, tout allait bien.

J'ai essayé de marcher, mais mes jambes étaient tellement faibles que je pouvais à peine tenir debout. Je mettais lentement un pied devant l'autre tout en m'accrochant aux lits de chaque côté.

— C'est bien Hetty, je suis contente de te voir à nouveau debout, a dit Leni, qui observait ma progression depuis son lit.

J'ai levé la tête et lui ai souri, alors que je passais devant elle. J'avais déjà atteint la porte et lorsque je suis entrée dans le couloir, il n'y avait personne en vue. Je me suis dirigée vers la salle à manger en me tenant aux murs. Lorsque j'ai jeté un œil dans le réfectoire, j'ai vu qu'il était désert. Tout le monde était sorti. J'ai décidé de pousser jusqu'aux toilettes séparées à l'aide d'une porte en bois brut au bout du couloir. Bien sûr ce n'étaient pas des toilettes à eau, il s'agissait plutôt d'un seau avec une planche de bois posée dessus. Néanmoins, la pièce offrait l'avantage de l'intimité. Je ne voulais pas utiliser le seau, mais je me suis tout de même assise sur la planche. J'ai alors commencé à prier Dieu pour le remercier de nous avoir libérés et pour lui demander de veiller sur mon père et ma mère et de les conduire sains et saufs à la maison.

J'ai alors été submergée par l'émotion et de grosses larmes se sont mises à couler le long de mes joues. J'ai fini par reprendre mon calme et ai essuyé mes larmes d'un revers de manche. J'ai attendu encore quelques minutes et lorsque je suis sortie, j'ai bien refermé la porte derrière moi.

Lentement, j'ai poursuivi ma route dans le couloir sombre vers la porte ouverte et la lumière du jour. Je voulais me retrouver à l'air frais. Alors que je me rapprochais de la porte, un soldat anglais est entré. Pendant un moment, il est resté immobile, laissant ses yeux s'habituer à la pénombre. Lorsqu'il m'a vue, il s'est dirigé vers moi et m'a demandé en allemand si j'étais Hetty. Je lui ai répondu par l'affirmative. Il était content de me trouver car il était venu me chercher à la demande des enfants qui étaient supposés chanter pour les soldats anglais, mais se refusaient à le faire sans moi.

L'espace d'un instant, j'ai hésité. J'avais peur et j'étais sur mes gardes.

— Où sont les enfants? ai-je demandé.

Voyant ma gêne, le soldat m'a souri et m'a dit :

— Il ne faut pas avoir peur, je vais te conduire auprès d'eux. Ils sont tout près d'ici.

Il m'a proposé son bras pour m'aider à descendre les quelques marches qui menaient à l'enceinte, puis je me suis dirigée très lentement vers la porte. Voyant que je ne marchais pas très bien, le soldat n'a pas gaspillé sa salive et m'a tout de suite prise dans ses bras pour me porter jusqu'à l'endroit où les enfants s'étaient regroupés autour d'une Jeep. Il m'a délicatement posée à l'arrière du véhicule.

Les enfants se sont rapidement regroupés autour de moi et Max m'a expliqué que les soldats voulaient qu'ils chantent pour la radio, mais ils n'arrivaient pas à se décider sur le choix de la chanson. Finalement, après délibération, nous avons opté pour *Ferdinand le taureau**. Cette chanson appartenait au répertoire du duo hollandais Johnny & Jones, qui ont été envoyés à Auschwitz. Et, bien sûr, nous allions également chanter *Baraquement dix-sept*.

Après quelques faux départs et sous la direction de deux soldats, la chanson a donc été enregistrée. Lorsque les soldats ont été satisfaits du résultat, l'un d'eux a commencé à me poser des questions en allemand, puis a suggéré d'enregistrer notre entretien. Je lui ai dit que ma maîtrise de la langue était très limitée, mais il m'a répondu que cela conviendrait.

La plupart des enfants étaient rentrés dans le baraquement à présent, et le calme étant revenu, nous pouvions commencer sereinement l'entretien. Le soldat qui m'avait portée jusqu'ici était toujours présent et me souriait pour m'encourager. Le magnétophone était prêt, le soldat m'a donc posé la première question :

— Comment t'appelles-tu ?

— Hetty Werkendam, ai-je répondu.

— Quel âge as-tu ? a-t-il continué.

— J'ai quinze ans.

---

* Chanson datant de 1938 et inspirée du célèbre conte pour enfants de l'auteur espagnol Munro Leaf publié en 1936. (NdlT)

L'entretien* s'est poursuivi. Nous l'avons enregistré deux fois pour plus de sûreté. Les soldats m'ont remerciée et celui qui m'avait portée à l'aller s'est levé pour me ramener.

J'étais très heureuse de tout cela, mais j'étais loin de me douter que cet entretien serait diffusé dans le monde entier. Plus tard, j'ai appris que des membres de ma famille et des amis m'avaient entendue jusqu'à Buenos Aires, en Belgique, en Hollande et en Suède. Ainsi le peu de gens que je connaissais, et qui avaient été épargnés comme moi, ont su que j'avais également survécu.

---

* Voir l'annexe p. 449 pour les entretiens, avec l'aimable autorisation de la BBC.

Chapitre 11

Nous étions le samedi 21 avril 1945, c'était l'anniversaire de mon père. Le soleil brillait lorsque les ambulances et les camions sont venus nous chercher pour nous emmener hors de Bergen-Belsen. Des soldats avec des brassards de la Croix-Rouge sont entrés dans le dortoir et nous ont dit de tout laisser derrière nous. Nous avions juste le droit de prendre les vêtements que nous portions. Ils nous ont expliqué vouloir de cette manière éviter une épidémie de typhus. Nous avons immédiatement paniqué à l'idée de partir vers un endroit inconnu.

Le traumatisme des précédentes évacuations était encore frais dans nos esprits. Ceux qui se portaient bien et qui pouvaient marcher sont partis les premiers dans les camions. J'ai crié depuis ma fenêtre afin d'être autorisée moi aussi à monter dedans car Max et Jacky se trouvaient parmi les partants, mais le camion a quitté le camp sans moi. Je suis descendue de mon lit aussi vite que j'ai pu, mais j'étais encore trop faible pour aller très loin. Lorsque je me suis arrêtée pour reprendre mon souffle, un soldat m'a prise dans ses bras et m'a emmenée jusqu'à l'ambulance qui attendait. J'ai regardé autour de moi et j'ai vu que Leni et Maurice se trouvaient déjà à l'intérieur. Tous deux étaient allongés sur une civière, et une dizaine d'enfants étaient assis à même le sol.

Tout d'un coup, je me suis rendu compte que j'avais laissé Robby seul à l'intérieur. J'ai essayé de quitter l'ambulance, mais un soldat de la Croix-Rouge m'en a empêchée. Je l'ai supplié de trouver Robby pour moi. J'étais au bord de la crise d'hystérie et ne cessais de crier son nom de toutes mes forces. Voyant ma détresse, le soldat a demandé à quelqu'un de se rendre à l'intérieur du bâtiment pour trouver Robby. Il a également demandé au chauffeur, qui avait hâte de partir avec tous ces enfants malades, de patienter un peu. Après cinq minutes environ, le soldat qui était parti à la recherche de Robby, est revenu avec lui ainsi qu'avec Yiddele. J'étais très heureuse de revoir les deux petits. Arrivés dans l'ambulance, ils se sont tous deux blottis contre moi. Je n'arrivais pas à croire que j'avais pu les oublier.

L'ambulance est partie et nous avons quitté cet endroit cauchemardesque. Le véhicule ne possédait pas de porte arrière, nous pouvions donc voir le paysage. Nous progressions sur une route bitumée et, rapidement, nous avons laissé le camp de concentration de Bergen-Belsen derrière nous. Après un court moment, nous sommes entrés dans un camp de récupération pour officiers allemands.

À première vue, c'était un bâtiment de briques rouges sur deux étages, bien entretenu, entouré de jardins et de pelouse. Notre ambulance s'est arrêtée devant ce qui semblait être un garage. Des soldats et des infirmières nous ont aidés à descendre de l'ambulance pour nous conduire jusque dans le garage, où le soleil entrait par les hautes fenêtres. Un soldat m'a posée sur une table, où un médecin m'a examinée. Je suis également montée sur la balance, je pesais trente-quatre kilos. Il a ensuite fallu que je me tienne debout, immobile. Un soldat s'est avancé avec ce qui semblait être une sorte d'aspirateur. L'infirmière a tenu l'embout sous ma jupe tandis que le soldat a actionné l'appareil qui produisait un nuage de poudre grise. L'opération a été répétée à plusieurs reprises : sous mon pull, dans mes cheveux. Je suis restée un moment dans cette brume grise jusqu'à ce qu'une infirmière me conduise à l'extérieur, où se trouvaient posées, sur de grandes tables, des montagnes et des montagnes de vêtements de toutes les tailles et de toutes les couleurs parmi lesquels chacun pouvait se choisir des habits propres. À côté des tables, j'ai aperçu la femme et son adorable bébé qui vivaient face à nous dans notre baraquement. Elle portait la magnifique jupe hongroise que sœur Luba m'avait donnée avant que je n'attrape le typhus.

Je me suis alors rendu compte que j'avais oublié de prendre les souvenirs de mon casier : le stylo Swann d'Herman ainsi que sa montre avec sa photo. Je les avais oubliés dans ma précipitation à embarquer dans l'ambulance pour suivre Max et Jacky. J'en étais tellement affectée que je me suis mise à pleurer. Ces derniers temps, j'étais en permanence au bord des larmes. Sœur Luba, qui était arrivée avec l'un des premiers camions, est venue me demander ce qui m'arrivait.

Elle m'a prise par la main et nous avons traversé une grande pelouse en direction d'un bâtiment à deux étages. Sœur Luba m'a promis d'envoyer quelqu'un au camp pour retrouver le stylo et la montre. Je savais bien que dès l'instant où nous étions partis de la maison des enfants, les anciens prisonniers allaient s'y précipiter comme autant de vautours.

Nous sommes entrées dans notre nouvelle maison et j'ai été ravie de voir sœur Hermina, toute propre et vêtue d'un bel habit blanc d'infirmière. Son épaisse chevelure ondulée était tirée vers l'arrière et cela lui allait à ravir. Elle a souri lorsqu'elle m'a vue arriver avec sœur Luba. Je lui ai immédiatement fait part de mon désarroi quant à la perte des précieux souvenirs de mon ami Herman. Elle a passé son bras autour de mes épaules et sœur Luba lui a assuré qu'elle allait envoyer quelqu'un pour voir s'il était possible de les ramener.

Sœur Hermina m'a emmenée dans la cuisine, qui était la première pièce à côté de l'entrée. À l'intérieur, il y avait une grande table entourée de chaises où elle m'a invitée à m'asseoir et, après quelques secondes, elle a posé un bol de porridge devant moi ainsi qu'un gobelet de thé bien chaud. Je n'ai pu en manger que deux cuillerées.

Ensuite, sœur Hermina m'a accompagnée à l'étage. J'ai dû me hisser là-haut en m'agrippant à la rampe. Je suis entrée dans une chambre charmante, qui ne comportait que deux lits et des draps d'un blanc immaculé. Je ne pouvais pas en croire mes yeux.

— Je peux dormir ici ? ai-je demandé à sœur Hermina.

— Oui. Une des petites Hongroises partagera la chambre avec toi.

Je suis allée jusqu'au lit, où j'ai caressé les draps blancs. Ils sentaient si bon ! Sœur Hermina a dit que nous devions redescendre pour voir si les autres enfants étaient arrivés.

Mon Dieu, pensais-je, mais où étaient Max et Jacky ?

J'avais de nouveau oublié Robby et Yiddele. J'ai suivi sœur Hermina en bas, en m'accrochant à la rampe des deux mains. Le hall d'entrée était bondé car tous les enfants étaient arrivés maintenant. Sœur Luba se tenait debout au centre de l'agitation. Des infirmières anglaises étaient également présentes et aidaient tout le monde à trouver un lieu pour dormir dans les nombreuses chambres du bâtiment. J'ai croisé Iesy et lui ai demandé s'il avait vu mes frères.

— Oui, a-t-il dit, ils vont bien. Ils sont partis explorer le camp, mais ils vont revenir, ne t'inquiète pas.

C'était étrange de dormir dans une chambre plutôt qu'un dortoir. Je me sentais terriblement loin de Max et de Jacky, mais les draps frais et le pyjama propre ont rapidement eu raison de mon malaise. Je ne me suis réveillée que tard le lendemain matin.

La jeune Hongroise était déjà levée. Je me suis donc habillée pour descendre. Sœur Luba se trouvait dans l'entrée, elle avait l'air très en colère. Je lui ai demandé ce qu'il se passait.

— Cette Française, Maria, que nous avons hébergée et nourrie dans notre baraquement, eh bien maintenant elle essaie de me remplacer, a-t-elle répondu.

J'ai regardé dans la direction indiquée par sœur Luba et j'ai vu Maria engagée dans une discussion animée avec deux infirmières de la Croix-Rouge française. J'ai commencé à me diriger vers elle, lorsque Jaap Ebeling est arrivé avec une très gentille infirmière hollandaise. J'ai expliqué la situation à Jaap et l'ai supplié de faire quelque chose pour y remédier. Nous sommes donc allés trouver Maria et les deux infirmières françaises. À mon grand étonnement, Jaap parlait couramment français et, après un bref échange, la position de sœur Luba a été restaurée. Jaap nous a présentées, sœur Luba et moi, puis a bien insisté sur le fait que c'était Luba qui était responsable de la maison des enfants.

Le temps était à la pluie et le ciel était gris. La plupart des enfants jouaient et couraient dehors sur la pelouse détrempée devant la maison. Je me suis dirigée vers eux, mais une fois arrivée, j'étais tellement fatiguée que j'ai rebroussé chemin vers la maison.

Il m'a fallu fournir un gros effort pour grimper les escaliers. Une infirmière est venue à ma rescousse et m'a couchée dans mon lit après avoir retiré mon pardessus et mes chaussures. Elle m'a apporté une couverture et m'a bordée avant de quitter la pièce. Lentement, j'ai senti le frisson qui me secouait depuis que j'étais sortie dehors battre en retraite, et une sensation de chaleur prendre sa place. Je me suis endormie et ne me suis réveillée que tard dans l'après-midi.

La jeune Hongroise est revenue lorsque le soir est tombé. C'était une grande fille qui paraissait plus que son âge. Elle devait avoir à peu près le même que moi. Elle n'était arrivée à Bergen-Belsen que quatre semaines avant la Libération. Elle n'avait pas enduré les longs mois de privation, la faim et le désespoir. Elle n'avait pas contracté le typhus. Elle était robuste et pleine d'énergie. Nous avons pu discuter un peu en allemand, partageant un vocabulaire très limité. Lorsqu'elle est entrée dans la chambre, elle a sorti plusieurs paquets de cigarettes de sa poche et de l'intérieur de son chemisier. Je la regardais, les yeux écarquillés de surprise.

— Que fais-tu donc avec toutes ces cigarettes ? ai-je demandé. Tu fumes ?

— Non, a-t-elle répondu, mais lorsque je rentrerai à la maison, ces cigarettes me rapporteront beaucoup d'argent et je pourrai m'acheter à manger. Je demande des cigarettes à tous les soldats.

Je n'y aurais jamais pensé. Les enfants d'Europe de l'Est, enfants des rues bien souvent, avaient un sens de la débrouillardise beaucoup plus développé que le nôtre, nous qui venions de l'Ouest. Il me semblait que nous avions des mentalités différentes. Je m'en étais d'ailleurs rendu compte à Bergen-Belsen. Je me rappelais encore la Polonaise qui était venue frapper à la porte de la salle à manger un soir. Je lui avais ouvert, elle tenait quelque chose enveloppé dans un tissu blanc.

— C'est de la viande, avait-elle murmuré. Puis, accompagnant le geste à la parole, elle avait levé le tissu et montré un magnifique cœur. Naïve comme je l'étais, rien d'étrange ne me semblait émaner de cette offre, et j'avais donc appelé sœur Luba pour qu'elle vienne parler avec cette femme. Sœur Luba était venue à la porte et avait demandé à la femme ce qu'elle voulait, mais lorsque celle-ci lui avait montré le cœur, sœur Luba s'était mise très en colère et lui avait ordonné de partir sur-le-champ. La femme avait pris la fuite. Sœur Luba m'avait alors conseillé d'être très prudente car ce cœur était un cœur humain. Je ne m'étais effectivement pas posé de questions. Mais où diable aurait-elle pu se le procurer autrement ? Les cuisines ne mettaient certainement pas ce genre de denrées à la disposition des prisonniers.

Lorsque ma compagne de chambre, dont j'ignorais le prénom, a eu terminé de remplir sa taie d'oreiller de cigarettes, je me suis dit que moi aussi j'en demanderais afin de préparer notre retour à la maison.

J'étais assise sur une chaise dans le vestibule. Mon bras droit me faisait souffrir car cela faisait trois jours que j'écrivais sans interruption. Jaap Ebeling Koning m'avait un jour demandé de coucher sur le papier ce qui m'était arrivé à Bergen-Belsen. Il m'avait ensuite expliqué qu'il s'agissait d'une demande qui émanait des quartiers généraux anglais, lesquels voulaient s'assurer que les horreurs perpétrées dans le camp seraient correctement relatées aux générations futures. Comment pouvais-je refuser d'accéder à une requête provenant de nos libérateurs? J'avais accepté et Jaap m'avait apporté du papier et un stylo. Il m'avait installée dans une petite pièce près de l'escalier, très calme; personne n'est venu m'y déranger. De temps en temps, une infirmière m'apportait du thé ou un sandwich. Toutes me demandaient si j'avançais comme je le souhaitais et me disaient de ne pas trop me surmener. Mon récit terminé, j'étais prête à le remettre à Jaap.

Je me fatiguais encore très rapidement et ne m'alimentais pas correctement. Les infirmières de la Croix-Rouge venaient à tour de rôle tenter de me persuader de manger un peu de porridge ou autre chose. Un matin, je leur ai demandé de me préparer un œuf sur le plat. Pendant des mois, dans le camp, j'avais eu envie de manger un œuf. L'infirmière qui était assise à côté de moi souriait lorsqu'elle a transmis ma demande à la cuisinière, mais, lorsque l'œuf a été devant moi, je n'ai pas pu le manger. L'odeur même de la nourriture me rendait malade et personne n'a réussi à me convaincre de manger cet œuf.

De là où j'étais assise dans le hall, je pouvais regarder par la porte ouverte les enfants qui jouaient à l'extérieur. Max, Jacky et d'autres garçons étaient partis en vadrouille « explorer le camp », comme ils disaient. De temps à autre, ils revenaient m'informer de leurs dernières découvertes. Iesy m'a raconté qu'un grand soldat anglais, aux cheveux roux clair, se faisait appeler oncle Tinus. Mon ami me suppliait de guérir rapidement pour que je puisse enfin le rencontrer.

Le temps pluvieux a perduré, mais j'avais décidé d'aller prendre l'air. J'ai remarqué que des soldats anglais étaient en train de construire des balançoires pour les enfants. Nos libérateurs étaient vraiment merveilleux ! Je les ai observés un instant, mais encore une fois j'ai senti la fraîcheur du jour me pénétrer et j'ai préféré rentrer me mettre au chaud.

J'étais à mi-chemin lorsque j'ai entendu quelqu'un m'appeler. Je me suis retournée et j'ai vu Maurice. Cela faisait un moment que je ne l'avais pas vu.

— Salut Maurice, où étais-tu dernièrement ?

— J'étais à l'hôpital, a-t-il répondu. Leni est morte, Hetty. Leni est morte.

Très amaigri, il flottait dans son manteau. Il avait les épaules tombantes et des larmes coulaient le long de ses joues creuses. Oubliant ma faiblesse, je me suis empressée de le prendre dans mes bras. Il a posé sa tête sur mon épaule pour épancher son immense chagrin. Je partageaix sa douleur et je me suis mise à pleurer avec lui. Au bout d'un moment, je me suis ressaisie et ai gentiment incité Maurice à en faire autant.

Lorsqu'il a levé son visage marqué par le chagrin, je lui ai demandé quand Leni s'était éteinte.

— Il y a deux jours.

— Sais-tu où elle a été enterrée ?

Maurice a secoué la tête, incapable de répondre.

— Ne t'inquiète pas, lui ai-je dit. Nous allons le découvrir.

Maurice a hoché la tête, toujours incapable de parler. J'ai dit à une infirmière qui passait qu'il venait de sortir de l'hôpital et qu'il avait besoin d'un lit. Elle a conduit Maurice dans le couloir, mais il a d'abord fallu que je lui promette de l'attendre dans l'entrée.

Je ne sais pas ce qui m'est arrivé au cours de cette libération émotionnelle avec Maurice, mais ensuite je me suis sentie beaucoup plus forte et j'ai été à nouveau capable de prendre des initiatives pour les enfants. Maurice avait besoin de moi et je devais me montrer à la hauteur et trouver la tombe de Leni pour lui. Lorsqu'il est revenu, nous nous sommes rendus ensemble dans la cuisine où, pour la première fois depuis la Libération, j'ai été capable de manger un bol de porridge en entier sans avoir la nausée.

Lorsque nous avons quitté la cuisine, Maurice a décidé d'aller se reposer. Je suis allée trouver sœur Luba pour lui annoncer la triste nouvelle à propos de Leni. Sa chambre se trouvait près de la cuisine et, lorsque je suis entrée, j'ai vu qu'elle était pleine de monde : en plus des sœurs Luba, Hermina et Hella, il y avait trois officiers anglais et un Canadien. Ils essayaient de communiquer, ce qui avait un effet des plus comiques. Les hommes explosaient de rire lorsque l'un d'eux ne trouvait pas les mots pour exprimer correctement ce qu'il voulait dire aux femmes, lesquelles ne parlaient pas anglais.

Le bruit de la radio en arrière-plan ne parvenait pas à couvrir totalement leur conversation. Le présentateur allemand annonçait que les Russes se rapprochaient de Berlin par l'Est et le Nord.

Toutes les personnes présentes dans la pièce ont fait silence. L'annonceur appelait tous les garçons âgés d'au mois douze ans à s'engager. Il continuait à annoncer les avancées des Russes alors qu'ils entraient dans la ville de Berlin. Il semblait que la bataille se livrait rue par rue car le présentateur annonçait aux garçons dans quelle rue ils devaient se rendre pour contrer l'offensive russe.

Soudain la diffusion a été brutalement interrompue : une voix anglaise a annoncé la mort de Hitler, puis l'hymne national anglais a été diffusé. L'officier canadien, qui jusqu'alors était paresseusement affalé dans son fauteuil avec l'une de ses jambes posée négligemment sur l'accoudoir, s'est précipitamment mis au garde-à-vous. Les autres soldats ont immédiatement suivi son exemple. Puis l'un d'eux a suggéré qu'ils feraient peut-être mieux de retourner à leurs postes car il se pouvait qu'il y ait du mouvement maintenant que les Russes étaient dans Berlin et que le Führer était mort. Les soldats sont donc partis et nous avons discuté des derniers événements, mais ce qu'il se passait à Berlin nous importait peu car en ce qui nous concernait, la guerre avait pris fin le 15 avril 1945.

Par une belle journée de printemps, le groupe habituel était réuni dans l'entrée lorsque Iesy a déclaré qu'il voulait manger de la soupe de poulet.

— Et pourquoi n'irions-nous pas voler un poulet dans une ferme ? a-t-il proposé.

Nous étions tous d'accord, mais j'ai dit :

— D'abord, il faut trouver où Leni a été enterrée.

Ce jour-là, notre groupe était constitué de Max, Iesy, Jacky, Maurice, Louky et moi-même. Nous avons traversé le champ en direction d'une zone boisée aux abords de la périphérie du camp. De petites tentes qui hébergeaient les soldats anglais avaient été dressées sous les arbres. Même si nous étions en pleine journée, certains d'entre eux dormaient tandis que d'autres étaient assis devant. L'un d'eux nous a appelés pour discuter un peu. Cela n'a d'ailleurs pas été chose facile car notre vocabulaire anglais se limitait à quelques mots, et pourtant nous avons été en mesure de découvrir où se trouvait le cimetière. Un des soldats m'a donné une brosse à dents ainsi qu'une petite boîte de dentifrice. Max en a également demandé car cela faisait des mois que nous n'avions pas pu nous laver les dents. Finalement, nous nous sommes tous retrouvés avec une brosse à dents puis, après les avoir remerciés de leur générosité, nous avons entamé notre marche vers le cimetière. Nous avons traversé lentement la zone boisée. Quel bien extraordinaire cela nous faisait de pouvoir marcher librement !

Rapidement nous avons remarqué, sur notre droite, une petite clairière avec une clôture blanche. Il s'agissait d'un cimetière. Alors que nous en pénétrions l'enceinte, un homme a traversé la clairière en se dirigeant droit vers nous. Il nous a demandé en polonais ce que nous voulions ou, du moins, cela y ressemblait. Croyant qu'il s'agissait peut-être du gardien, je lui ai tendu un morceau de papier avec le nom de Leni écrit dessus. Il est parti vers une zone ombragée et, lorsqu'il est revenu, il nous a montré du doigt un endroit au second rang, où des tombes avaient été fraîchement creusées.

La première fosse de ce charnier était déjà pleine, et le corps de Leni avait été placé dans la tranchée la plus récente. Nous sommes tous restés debout en silence, devant l'endroit que nous avait indiqué le Polonais, et nous avons médité : Leni était morte et aujourd'hui elle ne pouvait pas être avec nous pour profiter de la liberté.

Maurice gardait la tête baissée, mais il n'a pas pleuré. Il n'avait plus de larmes. Je voyais bien qu'il était soulagé de connaître l'endroit où reposait sa sœur. Je me suis retournée pour observer les arbres avec attention, cherchant à évaluer la distance qui séparait l'entrée de la tombe de Leni. Je voulais pouvoir me remémorer l'endroit où nous devions la laisser.

Après avoir quitté le cimetière, nous sommes restés un instant à discuter de ce que nous pouvions faire. Iesy nous a alors rappelé que nous devions encore trouver un poulet. Nous avons suivi la route et, lentement, notre moral s'est amélioré à mesure que nos pas nous séparaient du cimetière. Quinze minutes plus tard, nous sommes arrivés devant une ferme. Il devait être midi car le fermier et sa famille pique-niquaient tranquillement dehors au soleil. Alors que nous approchions, la femme s'est levée, a dit quelque chose aux personnes présentes et est rentrée dans la maison. Un à un, ils ont tous battu en retraite dans la maison, à l'exception d'une fillette d'une douzaine d'années. Elle est restée assise à nous regarder avec intérêt. Elle avait l'air en pleine santé, de même que le reste de sa famille. Au contraire de nous, ils n'avaient pas connu la faim pendant la guerre. Ils avaient été bien nourris. Comment pouvait-on croire qu'ils n'avaient pas su ou entendu ce qu'il se passait à Bergen-Belsen, à quelques kilomètres à peine de leur lieu de résidence ?

Le père est revenu pour dire à sa fille de rentrer. Iesy s'est approché de l'homme et lui a demandé si nous pouvions prendre un poulet. L'homme a secoué la tête et a demandé à nouveau à la fillette de se dépêcher. Ils sont rentrés dans la maison avec précipitation et ont refermé la porte derrière eux. Pendant un instant, nous sommes restés là indécis quant à ce que nous devions faire. Nous avons vu des poulets courir un peu partout à l'arrière de la maison, mais nous avions toujours en nous cette peur du « régime » et, en dépit de notre volonté, nous ne pouvions nous résoudre à mettre notre plan à exécution.

Nous avons poursuivi notre chemin. La route de campagne était déserte et le soleil brillait sur les champs qui s'étendaient devant nous. Le seul bruit alentour était celui du chant des oiseaux. Jacky et Max ouvraient la marche, puis venaient Louky et Iesy et, enfin, Maurice et moi-même. À un moment, Max et Jacky se sont arrêtés et se sont retournés pour nous attendre.

— Aussi loin que nous pouvons voir, il ne semble pas y avoir de maison. En plus, avec Jacky, on est très fatigués, on ferait peut-être mieux de rebrousser chemin et de rentrer à la maison, a dit Max.

Iesy n'était pas satisfait. Il trouvait que nous baissions les bras trop rapidement. Maurice et Louky voulaient rentrer eux aussi ; sans nous en rendre compte nous nous étions beaucoup éloignés du camp de récupération. Nous ne pouvions même plus l'apercevoir au loin. J'étais en queue de notre petit groupe, lorsque j'ai aperçu un mouvement dans les hautes herbes. Soudain, deux soldats anglais se sont avancés, nous menaçant de leurs fusils. J'ai senti les poils de ma nuque se hérisser, alors que je me rendais compte du danger dans lequel nous nous trouvions.

— Arrêtez-vous ! On ne bouge plus ! a dit l'un des soldats.

Nous nous sommes immobilisés tous les six. Tandis que le premier soldat nous maintenait en joue, le second nous a demandé nos papiers et l'endroit où nous nous rendions.

— Pas de papiers, enfants de la maison des enfants de Bergen-Belsen, ai-je répondu.

Apparemment, cela ne lui évoquait rien du tout, et il a lancé un appel vers le champ. Six autres soldats se sont montrés, armes à la main. Ils nous ont entourés et celui d'entre eux qui semblait être le responsable nous a brutalement demandé où nous allions et qui nous étions.

J'étais terrifiée et je me suis mise à trembler. Iesy a répété : « Nous sommes les enfants de la maison des enfants de Bergen-Belsen. »

Ils ont discuté entre eux quelques instants, puis l'un d'eux nous a fait signe de retourner vers notre camp.

Il était inutile de nous le dire deux fois. Nous avons couru aussi vite que nous le permettaient nos jambes. Involontairement, nous venions de croiser la route d'une patrouille. Nous avions totalement oublié que la guerre n'était pas encore terminée et nous avions, très certainement, franchi la ligne de démarcation des quarante kilomètres carrés que les Allemands avaient cédés sans condition aux Anglais, avant la libération de Bergen-Belsen.

Nous étions hors d'haleine lorsque nous sommes passés devant le cimetière. En apercevant la sentinelle anglaise au loin, nous savions que nous étions à nouveau tout près de notre camp. Nous nous sommes dit que nous avions eu beaucoup de chance. Nous avons vu les tentes des soldats et entendu le bruit d'une moto qui approchait rapidement. Nous avons regardé par-dessus notre épaule, et lorsque le soldat sur la moto a été en vue, il nous a interpellés. Nous n'avons pas attendu une seconde de plus et nous nous sommes immédiatement enfuis. Le soldat a continué à nous appeler :

— Hé, les enfants !

Iesy avait dû reconnaître la voix car il s'est retourné et m'a crié qu'il s'agissait du soldat dont il m'avait parlé, oncle Tinus.

Nous nous sommes tous arrêtés de courir et avons fait volte-face tout en gardant nos distances.

Le soldat a arrêté sa moto mais n'en est pas descendu.

— Les enfants, nous a-t-il dit en anglais, la guerre est terminée !

Nous nous sommes regardés les uns les autres, sans comprendre ce qu'il essayait de nous dire. Puis oncle Tinus a levé son bras en l'air en mimant un fusil et en disant :

— *Bang, bang, bang – finished.*
Max a été le premier à comprendre.
— Hetty, a-t-il crié, la guerre est terminée !
Iesy a couru en direction de Tinus et a répété :
— *Bang, bang, over* ?
— Oui, oui, a-t-il répondu en redémarrant sa moto pour continuer à répandre la bonne nouvelle.
Nous sautions de joie et hurlions de bonheur, puis nous avons couru en direction de notre bâtiment en criant la nouvelle alors que nous passions à côté des tentes des soldats.
— La guerre est terminée ! La guerre est terminée ! avons-nous dit à sœur Luba en entrant précipitamment dans sa chambre. Mais nous avons dû le lui traduire en allemand car elle ne comprenait pas ce que nous essayions de lui dire. Quel bonheur ! Nous avons ri, nous nous sommes embrassés, nous avons dansé et chanté. Toutes nos émotions refrénées ont rejailli et nous avons remercié Dieu d'avoir sauvé nos vies.

Le jour suivant, vingt canons ont été alignés sur deux rangées, les uns en face des autres, dans le champ devant notre bâtiment. Nous savions qu'il allait y avoir une cérémonie officielle pour annoncer la fin de la guerre. Le matin, des camions étaient arrivés et les soldats avaient déchargé des piles de munitions à côté de chaque canon. Sans avoir besoin qu'on leur dise, les enfants restaient à distance des engins aux allures dévastatrices, mais ils surveillaient de près la moindre manœuvre des soldats.

À dix-huit heures, nous nous sommes tous regroupés pour assister au spectacle. Des Jeep avec des officiers de haut rang à leurs bords sont arrivées. Il n'y avait ni podium ni microphone. Nous avons à peine entendu l'homme qui s'est adressé à la foule. Après quoi, tous les militaires britanniques présents ont crié à trois reprises, puis le clairon a joué l'air de *The last Post** et un silence de mort s'est installé autour de nous pendant deux minutes. À dix-neuf heures précises, un ordre a été crié et un soldat a brandi un drapeau blanc. Les soldats qui étaient restés au garde-à-vous, à côté des canons menaçants, sont passés à l'action et les ont chargés d'un mouvement rapide. Un second ordre a été donné et les gueules des dix premiers canons se sont dressées vers le ciel et la première salve a été immédiatement tirée. La deuxième vague de tirs a suivi. Chaque canon a tiré ses munitions en l'air à vingt et une reprises. Le bruit était insupportable. Nous avons couvert nos oreilles, mais cela ne servait à rien. La terre tremblait, l'air était noir et une odeur de putréfaction s'en dégageait. Puis tout a été terminé et le calme est revenu. Les soldats ont baissé les canons et les ont recouverts de leurs toiles de protection. Finalement, le camion est revenu pour les ramener.

Dans l'heure, le champ s'est vidé, exception faite des vingt tas de douilles en laiton vides et rutilantes que les canons avaient éjectées après chaque tir. Nous sommes allés les inspecter de plus près.

---

* *The Last Post* est un chant militaire britannique souvent utilisé au cours des funérailles et des cérémonies commémoratives en mémoire de ceux qui sont morts au combat. (NdlT)

Les gens les ramassaient pour les garder comme souvenirs. Max, Jacky et moi avons fait de même, emportant ainsi chacun une des douilles qui avait célébré la fin de la guerre. Iesy est venu à mon secours pour porter la mienne jusque dans ma chambre car elle était trop lourde pour moi. Je me suis assise pour examiner la douille brillante et j'ai essayé d'imaginer les destructions que pouvaient engendrer ces obus. Pourtant, celui que j'avais ramassé avait marqué le retour de notre liberté, et j'ai donc saisi le projectile désormais inoffensif afin d'y déposer un gros baiser.

Une semaine après la fin de la guerre, les Russes ont fait savoir qu'ils voulaient que leurs ressortissants reviennent immédiatement au pays. Les anciens prisonniers polonais et ukrainiens pouvaient également demander à rentrer. Ils avaient reçu un préavis de quarante-huit heures, leur train partirait de Celle le soir même à dix-neuf heures. Il ne s'agissait que de rumeurs dans un premier temps, puis l'information a été relayée par des messagers que la Croix-Rouge avait mandatés pour donner le détail des opérations. Aucun des enfants de la maison des enfants ne voulait partir, et sœur Luba se refusait même à l'envisager. Le jour suivant, le camp était plus calme, nous étions moins nombreux, beaucoup de gens avaient dû rentrer en Russie et en Pologne. Maintenant que la guerre était terminée, les soldats avaient moins d'obligations et plus de temps libre. Beaucoup d'entre eux rendaient visite à la maison des enfants et nous apportaient des cadeaux et des bonbons.

Ils ont construit une table de ping-pong dans le champ et Jacky est devenu plutôt doué.

Un jour, une équipe de cinéma est arrivée, alors que j'étais seule dans les parages, assise comme à mon habitude sur ma chaise dans l'entrée. Ils m'ont demandé d'aller m'installer sur la balançoire, où un gentil soldat m'a poussée doucement. Au bout d'un court moment, j'ai dû lui demander d'arrêter car la tête me tournait. Je n'avais pas encore complètement recouvré mes facultés, même si je m'alimentais beaucoup mieux. Les enfants qui étaient encore invisibles quelques instants auparavant sont alors apparus comme par magie. Ils voulaient tous être filmés sur la balançoire pour devenir des étoiles du cinéma*. Je suis rentrée pour aller chercher sœur Luba. Elle était le cœur de la maison des enfants et devait absolument figurer sur ce film avec nous. L'équipe de tournage a dirigé sa caméra vers la table de ping-pong où Jacky jouait comme un pro. Max, qui observait la scène, donnait des conseils de jeu à son partenaire, Gerry, mais je dois bien avouer que Jacky était vraiment le meilleur.

Le temps était plutôt mitigé et je sentais à nouveau les effets du froid, j'ai donc décidé de rentrer à l'intérieur juste au moment où l'équipe de tournage a remis une cloche à sœur Luba pour « qu'elle rappelle les enfants à l'intérieur ». Ils se sont immédiatement exécutés et j'ai presque été

---

* Le film en question se trouve aujourd'hui au musée impérial de la Guerre à Londres (British Imperial War Museum) et ce n'est que quarante années plus tard que je l'ai visionné pour la première fois. (Note de l'auteur)

bousculée par tous les enfants qui se précipitaient à l'intérieur. L'équipe a voulu tourner la séquence de la cloche un certain nombre de fois jusqu'à ce qu'ils soient entièrement satisfaits, puis ils sont repartis.

Les jours et les semaines se suivaient et nous reprenions lentement des forces. Nos joues se remplissaient et nos corps se remplumaient. Le beau temps a contribué à nous remettre d'aplomb physiquement et mentalement, si l'on peut dire. Parfois, nous entendions encore des enfants se réveiller en sursaut et hurler en pleine nuit, mais nous nous remettions peu à peu du traumatisme et des outrages que nous avions subis. J'avais réussi à me convaincre que les SS ne reviendraient pas et que nous étions réellement hors de danger.

À plusieurs reprises, j'avais demandé à Jaap s'il savait quand nous serions en mesure de rentrer chez nous, mais chaque fois il s'était contenté de me sourire et de me dire de faire preuve de patience. J'adorais Jaap, de même que tous les enfants. Dès qu'il arrivait, nous nous précipitions autour de lui et, quand il repartait, il nous manquait.

Un jour, il nous a dit que nous pouvions écrire des lettres pour informer qui nous voulions que nous étions toujours en vie. J'avais donc écrit une lettre à la famille Pomstra à Amsterdam pour les tenir au courant de notre situation. Je leur avais également fait part de notre inquiétude quant au sort qui avait été réservé à nos parents. Jaap avait ramassé toutes les lettres écrites par les enfants et nous avait assurés qu'elles seraient expédiées à qui de droit.

Nous entrions à présent dans la quatrième semaine du mois de mai. Le camp de récupération n'était plus aussi surchargé qu'au début car de nombreux prisonniers de guerre avaient été rapatriés. Vers le milieu de la semaine, Jaap, accompagné du capitaine Samuel Gazan, nous a rendu visite. Samuel Gazan était hollandais et avait rejoint les forces alliées pendant la guerre. Il semblait surpris, mais très heureux de voir que nous avions survécu aux horreurs de Bergen et, lorsqu'il est parti, il nous a promis d'organiser au plus vite notre retour vers la Hollande. Après avoir reconduit le capitaine jusqu'à sa voiture, Jaap est revenu nous trouver.

Nous l'avons littéralement assailli de questions et, patiemment, il s'est efforcé de nous répondre.

— Quand penses-tu que nous pourrons rentrer chez nous, Jaap ?

— Bientôt, je pense, a-t-il répondu en souriant. Je vous tiendrai au courant dès que j'en saurai plus.

Il m'a ébouriffé les cheveux et je me suis collée contre lui. J'avais l'esprit en ébullition maintenant que je savais que nous allions bientôt rentrer à la maison, en laissant derrière nous tout ce qui avait fait notre quotidien. J'ai levé la tête vers Jaap pour lui demander :

— Crois-tu que nous pourrions emmener sœur Luba avec nous ?

— Oui, si elle veut bien venir avec nous, a répondu Jaap.

Nous avons échangé un regard complice puis, sans dire un mot, nous nous sommes levés et sommes allés trouver sœur Luba dans sa chambre. Après la surprise de voir une telle délégation – nous étions suivis de près par Max, Iesy et Louky – pénétrer dans sa chambre, c'est l'inquiétude qui s'est peinte sur son visage car elle sentait bien que quelque chose d'important s'était produit. Iesy lui a alors expliqué que le capitaine Gazan allait s'occuper de notre retour au pays et que nous ne voulions pas la quitter.

— Sœur Luba, vous devez venir en Hollande avec nous, a-t-il dit.

Nous avons tous hoché la tête en signe d'approbation. Elle a été très touchée par cette marque de dévotion et a immédiatement répondu par l'affirmative.

Elle nous a pris dans ses bras, l'un après l'autre. Nous étions fous de bonheur. Nous allions rentrer chez nous et la femme qui était devenue notre seconde mère, et nous avait sauvés d'une mort certaine à Bergen-Belsen, venait avec nous.

Les jours passaient à une vitesse incroyable désormais. Inge et Gretel avaient décidé de se joindre à nous et Jaap nous a annoncé qu'il serait peut-être démobilisé fin mai et pourrait également nous accompagner. J'ai été vraiment heureuse quand il nous a fait part de cette nouvelle car je redoutais le moment où nous serions obligés de lui faire nos adieux. Il avait été si bon pour nous depuis notre rencontre que tous les enfants l'adoraient.

Le dernier jour du mois de mai, Jaap nous a dit de nous tenir prêts à partir le matin du 3 juin vers dix heures. Nous y étions. Le moment de laisser tous ces cauchemars et traumatismes derrière nous et de rentrer dans notre pays était enfin arrivé. Tous les enfants ont été informés et l'excitation était à son comble. Iesy et moi avons décidé d'aller faire une dernière promenade dans les bois pour dire au revoir à tous les gentils soldats qui campaient toujours là.

Nous sommes allés d'une tente à l'autre, et les soldats nous souhaitaient bon voyage ainsi qu'un heureux retour. Certains d'entre eux nous ont même donné leur adresse à Londres en nous demandant de leur écrire. Après un dernier au revoir, Iesy et moi sommes retournés vers la maison des enfants. Iesy était un peu déçu car nous n'avions pas eu l'opportunité de saluer oncle Tinus qui était parti en mission.

— Ne t'inquiète pas, ai-je dit. Les autres l'informeront que nous sommes passés lui dire au revoir.

Alors que nous étions sortis de la zone boisée et que nous traversions le champ, j'ai remarqué qu'une ambulance s'était arrêtée devant la porte et que son chauffeur s'était précipité à l'intérieur du bâtiment. La porte arrière de l'ambulance était restée ouverte. Les petits, qui attendaient rarement d'être invités pour entrer quelque part, s'étaient faufilés dans le véhicule. Certains d'entre eux avaient d'ailleurs adopté une position plus que précaire juste à côté de la porte ouverte. Je sentais qu'une catastrophe était sur le point de se produire car je savais que les soldats avaient l'habitude de partir immédiatement après le démarrage du moteur. J'ai traversé le champ au pas de course vers l'ambulance et Iesy, qui partageait mon angoisse, s'est mis à courir avec moi. Je criais aux enfants de rentrer à l'intérieur de l'ambulance.

Du coin de l'œil, j'ai vu le soldat ressortir précipitamment du bâtiment et s'installer au volant sans remarquer les enfants à l'arrière de son véhicule. Hors d'haleine, j'ai enfin atteint l'ambulance, sauté sur le marchepied et crié aux enfants de rentrer complètement à l'intérieur.

Iesy a fait de même en criant aux enfants de s'éloigner de la porte ouverte. Les enfants, qui ont senti l'urgence de la situation au son de nos voix, se sont précipités dans l'habitacle juste à temps.

Le moteur a vrombi et le véhicule est parti d'un seul coup. Le départ a été si brutal qu'Iesy et moi-même sommes tous deux partis vers l'arrière et nous avons tous deux heurté la route avec un bruit sourd. Mes fesses ont touché le sol en premier, puis ma tête a suivi. Je suis restée un moment sonnée, incapable de bouger, puis j'ai réussi à me remettre debout non sans quelques efforts. Iesy avait subi le même sort que moi, mais était un peu plus lent à se relever. C'est alors que je me suis rappelée que le bruit sourd que j'avais entendu au moment de ma chute était le bruit de sa tête qui cognait par terre.

Sœur Luba et sœur Hermina sont arrivées aussitôt car elles avaient entendu le tumulte provoqué par les cris de panique poussés par les enfants lorsque nous étions tombés.

Le conducteur s'était immédiatement arrêté. Il a fait le tour de son véhicule et a ainsi remarqué pour la première fois tous les enfants à l'arrière. Sœur Hermina a aidé Iesy à se remettre sur pied en lui demandant comment il se sentait. Il semblait encore sonné par l'accident que nous venions justement d'éviter aux enfants. Le conducteur m'a demandé si je me sentais bien.

J'ai dû me contenter de hocher la tête pour lui répondre car j'étais incapable de prononcer un mot. La douleur endurée lorsque mes fesses ont touché le sol avait été très vive. Le choc s'était répercuté le long de ma colonne vertébrale, et mon coccyx était si douloureux que j'arrivais à peine à bouger, mais lorsque je le frottais doucement, la souffrance devenait un peu plus supportable. Le chauffeur paraissait si déconfit que je l'ai rassuré, lui affirmant que je me remettrais vite. Il m'a proposé de venir faire un tour dans l'ambulance, mais j'ai décliné son invitation.

Les enfants en revanche étaient partants pour faire le tour du camp dans le véhicule, et ce malgré notre petite mésaventure. Cette fois-ci, sœur Hermina et sœur Hella sont montées avec eux pour s'assurer que d'autres accidents ne se reproduiraient pas. Pendant ce temps-là, Iesy et moi sommes rentrés dans le bâtiment pour nous reposer. Iesy avait une énorme bosse à l'arrière de la tête et sœur Luba a appliqué une serviette mouillée d'eau froide dessus. De mon côté, j'avais toujours très mal aux fesses.

Le jour suivant s'est déroulé rapidement. Nous n'avions pas de bagages à préparer, puisque les seuls effets que nous possédions étaient les vêtements que nous portions. Nous avions tous hâte de quitter cet endroit pour toujours. Sœur Luba nous a envoyés au lit plus tôt que d'habitude ce soir-là.

Je ne parvenais pas à dormir. Mille pensées me traversaient l'esprit et m'empêchaient de trouver le sommeil. Je ne cessais de me répéter que nous rentrions à la maison le lendemain, mais j'étais inquiète du sort de mes parents. Étaient-ils toujours vivants ? J'avais essayé de les retrouver par l'intermédiaire de la Croix-Rouge, mais sans succès. Je me retournais dans tous les sens, mon cœur palpitait et j'étais incapable de me détendre. La nuit me paraissait interminable. Mais lorsque j'ai enfin vu poindre l'aurore, je me suis glissée hors du lit, attentive à ne pas réveiller la jeune Hongroise. Soudain, j'ai pensé à sœur Hermina, qui avait été si bonne avec moi, à sœur Hella et à sa mère, Zosua, et enfin à Helen. Elles étaient toutes chères à mon cœur et aujourd'hui il allait falloir leur dire au revoir. J'avais les larmes aux yeux rien que d'y penser.

Je suis descendue. La maison était très calme mais, en m'approchant de la cuisine, j'ai vu qu'elle était éclairée. La cuisinière, Cookie, était déjà à pied d'œuvre. Elle m'a fait un grand sourire lorsque je suis entrée dans la pièce. Elle travaillait pour l'armée britannique. Elle devait avoir une quarantaine d'années et était forte et robuste. Elle s'était occupée de nous dès notre arrivée, et s'arrangeait toujours pour que nous ayons une nourriture de qualité. C'était presque un miracle que nous soyons tous désormais en si bonne condition après l'épidémie de typhus.

Elle a posé une tasse de thé bien chaud devant moi sur la table et m'a demandé si je préférais mon œuf dur ou sur le plat.

J'ai secoué la tête en lui disant qu'il était trop tôt pour prendre des œufs, et que du pain grillé et de la confiture feraient l'affaire.

— Tu rentres chez toi aujourd'hui, a-t-elle dit, tu dois être contente.

— Je suis tellement heureuse que je n'ai pas réussi à dormir cette nuit. Mais je suis très triste en même temps.

— Ah ! bon pourquoi ça ? a-t-elle demandé, surprise.

— Parce que je vais devoir faire mes adieux à beaucoup de personnes que j'aime et qui tiennent à moi, et je sais que je ne les reverrai jamais.

Elle est venue s'asseoir à table près de moi.

— Hetty, a-t-elle dit. Tu rentres chez toi et j'espère de tout cœur que tu retrouveras ton père et ta mère. Nous nous sommes battus pour construire un monde meilleur. Maintenant à toi de faire en sorte qu'il le soit. Tu m'entends ?

J'ai hoché la tête.

— Maintenant, bois ton thé, a-t-elle ordonné. Je dois m'occuper du petit déjeuner. Parce que dans un moment, ils seront tous là.

J'ai bu mon thé puis, après l'avoir remerciée, je suis retournée dans ma chambre. Ma colocataire hongroise était réveillée lorsque je suis entrée.

— Bonjour, a-t-elle dit. Tu as fait tes bagages ?

— Je n'ai rien à emporter, à part ma veste et mon manteau.

— Tiens, a-t-elle dit en me tendant deux culottes neuves et un carton de cigarettes. Elle a enlevé la taie de mon oreiller pour les fourrer dedans. Mets-y ta veste et tout ce que tu comptes prendre avec toi.

Je lui ai tendu ma veste, la brosse à dents et le dentifrice. Voilà tout ce que je possédais en ce bas monde. La taie d'oreiller avait l'air bien vide.

— Attends, ai-je dit. Il faut que je prenne la douille.

J'ai plongé sous le lit pour la prendre et la mettre également dans mon sac de fortune. J'étais prête à partir. Nous sommes descendues pour voir ce qu'il se passait. Je portais la taie qui était un peu lourde maintenant. En bas, le hall bourdonnait d'agitation. La plupart des enfants étaient habillés et attendaient le départ. Ils se sont attroupés autour de moi et m'ont posé mille questions. Même si nous savions tous que nous rentrions chez nous en Hollande, nous étions inquiets car la plupart d'entre nous se souvenaient des moments terribles que nous avions passés avant d'avoir été emmenés par les SS. Nous quittions également le foyer auquel nous nous étions habitués. Alors, je les ai rassurés en leur disant que c'était merveilleux de rentrer chez nous.

— Et souvenez-vous, ai-je ajouté, que sœur Luba vient avec nous.

J'ai réussi à apaiser leurs peurs, et bientôt l'excitation a été à son comble. Le départ était prévu pour dix heures. Inge et Gretel sont arrivées vers huit heures et demie. Elles non plus n'emportaient rien d'autre que les vêtements qu'elles avaient sur elles.

Jaap était arrivé à huit heures et m'a annoncé qu'il venait avec nous.

Quelle bonne surprise ! Je l'ai pris dans mes bras et lui ai demandé si tout avait été arrangé avec l'armée. Il m'a assuré qu'il n'y avait aucun problème et qu'il pouvait rentrer chez lui avec nous.

Depuis la Libération, Jaap m'était devenu très cher et il était aussi un ami pour tous les enfants. Il était gentil avec eux et ils lui faisaient confiance. Lorsqu'ils ont su que le jeune homme rentrait avec nous, les enfants ont été ravis et se sont attroupés autour de lui.

L'entrée était désormais pleine à craquer. Toutes les sœurs étaient présentes : Hermina, Hella et sa mère, Maria, Helen, Zosua, ainsi que quelques infirmières anglaises et la cuisinière. Elles étaient toutes là pour passer quelques minutes supplémentaires avec nous.

Sœur Luba et sœur Hermina étaient proches l'une de l'autre. Les yeux de Hermina étaient pleins de larmes, alors qu'elle parlait doucement à sa compagne, Luba. À ses pieds se trouvait un énorme sac de l'armée qu'elle avait rempli de farine, de sucre et de quelques tranches de pain. La cuisinière avait préparé de nombreux sandwiches que nous pourrions manger sur la route. Puis soudain, les camions sont arrivés. Un à un, les enfants sont passés devant les sœurs et les ont remerciées de tous les soins qu'elles leur avaient prodigués. Lorsque mon tour est venu, j'ai exprimé toute ma gratitude et embrassé sœur Hella et sa mère, ainsi que toutes les autres sœurs jusqu'à sœur Hermina. J'ai blotti ma tête contre son ventre tout en la tenant par la taille, je ne voulais pas la laisser partir. Je versais de grosses larmes d'amertume : la douleur engendrée par la séparation imminente avec cette femme formidable était plus que je ne pouvais en supporter. J'ai levé mon visage marqué par le chagrin vers elle. Sœur Hermina s'est penchée vers moi et m'a dit : « Ma chère petite Hetty, porte-toi bien. Je t'aime fort. » Elle m'a donné un baiser et je l'ai serrée encore plus fort dans mes bras, puis j'ai fourni un effort surhumain pour relâcher mon étreinte et me suis dirigée vers les camions.

Sœur Luba et moi avons été les dernières à monter dans le second camion. Gretel et Inge étaient déjà à bord avec les enfants. Le capitaine Gazan et Jaap étaient responsables du premier camion. Les chauffeurs ont mis le contact et les véhicules se sont ébranlés. Toutes les sœurs et les infirmières étaient sorties pour nous faire signe : « Au revoir, au revoir ! *Auf wiedersehen* ! » avons-nous crié jusqu'à ce que le petit groupe ne soit plus visible. Nous étions enfin sur le chemin de la maison.

À quatorze heures le 3 juin 1945, nous sommes arrivés à l'aérodrome de Nüneberg. Nous sommes restés serrés les uns contre les autres à observer les avions atterrir et décoller. Il n'y avait qu'une seule piste et l'unique bâtiment était un hangar en tôle galvanisée. Le capitaine Gazan y est entré pour demander à quelle heure l'avion serait disponible pour notre retour en Hollande. Il est revenu au bout d'un quart d'heure en nous annonçant que nous partirions avec le prochain avion qui arriverait.

Vers quatorze heures trente, quelques soldats nous ont conduits vers l'avion en question. Les hélices de ses deux moteurs tournaient au ralenti, tandis que la queue de l'avion reposait sur le sol. Sur son flanc, un grand cercle rouge, bleu et blanc avait été peint. Une porte à l'arrière de l'appareil était ouverte et des petites marches permettaient d'y monter. Nous les avons gravies et sommes montés dans l'avion. Il y avait de longs bancs dépourvus de ceinture de chaque côté de la coque. Cet avion militaire ne comportait rien de superflu. Personne n'a eu peur lorsque les moteurs se sont mis à rugir et que nous avons décollé. L'intérieur de l'appareil n'avait été ni insonorisé ni pressurisé. Le bruit des moteurs était assourdissant et nous étions obligés de crier pour nous entendre. L'avion a rapidement atteint son altitude de croisière et les secousses se sont alors arrêtées.

En survolant l'Allemagne, nous avons pu constater les ravages causés par les bombardiers alliés dans les grandes villes. Nous étions bien contents de voir tout cela, et Robby s'est tourné vers moi en montrant la fenêtre du doigt en répétant : « *Schön, schön.* » J'ai hoché la tête et l'ai tiré vers moi. Il s'est blotti contre moi en mettant sa petite main dans la mienne.

Même si le bruit du moteur était très fort, quelques enfants avaient réussi à s'endormir. Nous étions partis depuis plus d'une heure et nous avions tous hâte d'arriver à bon port. Environ une heure et demie plus tard, les moteurs ont ralenti et nous avons entamé notre descente. C'est là que les problèmes ont commencé. La plupart des enfants se sont mis à pleurer car ils avaient très mal aux oreilles. L'un des membres de l'équipage nous a conseillé d'ouvrir la bouche en grand et d'avaler de l'air, mais rien n'y faisait. Nous avons placé nos mains sur nos oreilles en espérant atténuer un peu le phénomène.

Le pilote de l'appareil nous a informés que nous allions bientôt arriver et que nous devions tous nous asseoir pendant la procédure d'atterrissage. Il s'adressait en priorité aux enfants qui étaient venus le voir pendant le vol car il n'y avait pas de séparation entre la cabine de pilotage et le reste de l'appareil. Les petits garçons avaient été très intéressés par tous les cadrans.

Quelques minutes plus tard, nous avons atterri à Eindhoven. Des volontaires sont venus nous aider à descendre de l'avion et à poser enfin le pied sur le sol néerlandais.

Chapitre 12

Nous avons été conduits à l'intérieur d'un bâtiment vers une longue table, où un groupe d'hommes et de femmes enregistraient notre arrivée. Lorsque mon tour est arrivé, je me suis assise sur une chaise. Max et Jacky se tenaient debout à mes côtés. La dame qui s'est occupée de moi m'a demandé mon nom, ma date de naissance ainsi que ma dernière adresse à Amsterdam avant notre déportation. Elle a également demandé quel était le nom de mes parents et dans quel camp nous avions été envoyés. Elle a pris note de toutes ces informations, puis a inscrit quelque chose sur une carte blanche et m'a dit d'aller voir le docteur qui se trouvait un peu plus loin. J'ai attendu que Max et Jacky récupèrent aussi leurs cartes de rapatriement et nous avons rejoint le médecin ensemble. Une infirmière nous a demandé de nous mettre torse nu et, l'un après l'autre, nous avons été placés devant une machine à rayons X pour dépister des traces éventuelles de tuberculose dans nos poumons, ou d'autres maladies.

Tout allait très vite. Le médecin donnait son diagnostic et l'infirmière l'inscrivait sur notre carte.

Un autre docteur a vérifié nos gorges, nos oreilles et nos mains. L'infirmière écrivait tout. Dieu merci ! Max, Jacky et moi n'avions aucune trace de tuberculose. Quelques membres de notre groupe n'ont pas été aussi chanceux et ont immédiatement été mis à l'écart.

Lorsque le tour de sœur Luba est arrivé, il était évident que son cas allait poser des problèmes. Nous n'avions pas une seule seconde pensé à sa nationalité. Elle était polonaise et n'avait aucun droit de venir en Hollande. Nous avions tellement envie de rentrer chez nous avec elle que cela ne nous était même pas venu à l'esprit. J'ai volé au secours de sœur Luba car, bien sûr, elle ne parlait pas néerlandais, et j'ai expliqué à la personne qui lui faisait passer l'entretien qu'elle devait absolument rester avec nous. Elle était notre seconde mère à tous et cela nous était bien égal qu'elle soit polonaise, chinoise ou russe. Elle nous avait sauvé la vie et nous voulions qu'elle reste avec nous.

Toute l'équipe administrative trouvait la situation très embarrassante. Les enfants faisaient bloc autour de sœur Luba, en insistant pour qu'elle ait le droit de rester. Finalement, un grand homme vêtu d'une gabardine est entré, et toute l'équipe lui a demandé ce qu'il convenait faire. Il a jeté un regard aux visages perturbés des enfants et a autorisé sœur Luba à rester avec nous. Quel soulagement ! Nous avons alors tous quitté la pièce pour embarquer dans un camion qui nous attendait à l'extérieur. Le véhicule a traversé Eindhoven en direction d'un bâtiment qui ressemblait à une école.

Nous sommes entrés dans une grande pièce, où des matelas de paille avaient été disposés sur le sol avec des couvertures grises de l'armée. Des toilettes se trouvaient à l'extérieur juste en face du « dortoir ». C'était une petite pièce, qui ressemblait à une cuisine dépourvue d'équipement, il n'y avait ni tables, ni chaises pour s'asseoir. L'endroit était sinistre et gris. Lorsque sœur Luba a vu dans quelles conditions nous étions accueillis, elle s'est immédiatement inquiétée. Elle se demandait pourquoi le capitaine Gazan nous avait fait quitter notre confortable habitation dans le camp de récupération pour cet horrible endroit. Même à Bergen-Belsen, elle avait toujours fait en sorte que l'on puisse dormir dans un lit et, aujourd'hui, de retour chez nous, il nous fallait dormir par terre. C'était intolérable ! Sa bouche formait ce rictus si particulier qui indiquait qu'elle était en colère.

La nouvelle de l'arrivée d'enfants de Bergen-Belsen à Eindhoven s'était répandue comme une traînée de poudre, et une multitude de personnes sont venues nous rendre visite. Il y avait des gens partout et les enfants discutaient avec eux.

Les gens d'Eindhoven nous ont alors ouvert leurs cœurs et leurs foyers. Ils ont hébergé chez eux la plupart des enfants. L'équipe de rapatriement s'est chargée de noter les allées et venues de chacun. Seuls quelques enfants sont restés avec sœur Luba. Notre groupe habituel – Max, Jacky, Iesy, Louky, Gerry, Maurice et moi – n'avons même pas envisagé une seconde de nous éloigner d'elle.

Alors que la nuit tombait, nous nous sommes mis à l'aise sur les matelas de paille dans ce sinistre dortoir. Henneke et Sid étaient collés à Inge car leur nouvel entourage les effrayait. Henneke ne cessait de pleurer, tandis que son frère, Sid, tentait de la réconforter. Au bout d'un moment, la petite a fini par s'endormir. Personne ne nous avait apporté à manger et ce n'est que grâce aux sandwiches de notre chère Cookie que nous avons pu manger à notre faim ce soir-là.

Le lendemain matin, nous nous sommes réveillés à l'aube pour découvrir que les autorités hollandaises nous avaient enfermés pour la nuit. Inge est sortie par la fenêtre afin de savoir exactement où nous nous trouvions et chercher de l'aide. Nous avons patienté jusqu'à ce que quelqu'un vienne nous ouvrir la porte et nous apporter du lait et des sandwiches. Le repas a été frugal. Nous ne pouvions même pas nous faire une tasse du thé que Cookie avait mis dans le sac car nous n'avions aucun moyen de faire bouillir de l'eau.

À dix heures ce matin-là, l'homme en gabardine est revenu nous voir. Il était accompagné d'un militaire haut gradé qui m'a posé beaucoup de questions sur sœur Luba. Puis il est allé s'entretenir directement avec elle en allemand. Il a semblé satisfait et est reparti peu après. « L'homme à la gabardine », comme je l'appelais, est resté un peu plus longtemps avec nous. Il nous a dit qu'il était chef d'équipe et qu'il s'appelait le Dr J. van Waldre de Bordes. Il nous a posé de nombreuses questions à propos de Bergen-Belsen et nous a dit combien il était heureux que nous soyons de retour en Hollande sains et saufs.

Je lui ai demandé quand nous irions à Amsterdam, et il m'a répondu que la ville n'était pas encore ouverte au rapatriement. La maladie était partout et il n'y avait pas assez de nourriture disponible. Il allait falloir faire preuve de patience. Le matin, d'autres personnes sont venues à l'école pour ramener des enfants chez eux. Jacky est parti avec un couple à Den Bosch, une petite ville des environs. Au milieu de cette confusion, Inge est venue me voir et m'a dit :

— Hetty, j'ai trouvé quelqu'un qui va me déposer à Amsterdam et je pars immédiatement avec Gretel et le capitaine Gazan.

J'étais sous le choc.

— Pourquoi, Inge ? Je ne veux pas que tu partes ! ai-je crié. Je me rendais compte à cet instant combien je tenais à elle. S'il te plaît, Inge, ne t'en va pas, l'ai-je suppliée.

— Je dois y aller, Hetty. Je veux savoir si ma petite fille est toujours saine et sauve chez mon médecin à Amsterdam.

Elle s'est dirigée ensuite vers le camion.

Lorsque le véhicule a démarré, les larmes coulaient abondamment sur mon visage et mon cœur se brisait tandis qu'Inge me faisait signe par la fenêtre ouverte.

Jaap est passé nous voir plus tard dans la matinée. Lui aussi m'a annoncé qu'il partait rejoindre sa famille à Arnhem. J'ai été très triste de devoir dire au revoir à cet ami, qui avait conquis nos cœurs comme aucun autre libérateur ne l'avait fait. Je savais que jamais plus je ne le reverrais, mais je savais aussi que je me souviendrais de lui pour toujours.

Sœur Luba n'était pas contente. Elle était agitée et n'approuvait pas du tout la manière dont nous traitaient les autorités qui nous laissaient livrés à nous-mêmes. Aucune nourriture décente ne nous était parvenue. Nous n'avions pas non plus la possibilité de nous laver. L'endroit où nous dormions était répugnant car infesté de puces et de poux. Nous en étions à nouveau couverts. La situation ne nous choquait pas car nous avions connu bien pire, mais sœur Luba était furieuse et ne pouvait excuser ces conditions de vie qui allaient à l'encontre de toutes les règles élémentaires d'hygiène. Elle était également contrariée car l'une des raisons pour lesquelles elle était venue en Hollande était pour être auprès de nous. Maintenant que les enfants étaient hébergés à droite et à gauche, elle n'avait plus de raison d'être ici.

Je l'ai entendue parler dans la petite pièce avec Iesy et Max qui protestaient énergiquement à propos de quelque chose. Ma curiosité aiguisée, je suis allée les trouver. Au moment où je suis entrée dans la pièce, j'ai vu les visages décomposés de Max et Iesy. Je les ai regardés d'un air interrogateur et Iesy a explosé :

— Elle veut retourner à Bergen-Belsen. Parle-lui s'il te plaît, dis-lui que nous ne voulons pas qu'elle parte !

Mon cœur s'est serré.

— Non, sœur Luba, ai-je dit. Vous ne devez pas partir. Vous devez rester avec nous.

Pourtant je voyais bien sur son visage que je ne pourrais pas la faire changer d'avis. Nous étions désespérés. Perdre sœur Luba signifiait pour nous perdre notre sentiment de sécurité. Toutes les personnes qui avaient joué un rôle décisif dans nos vies ces huit derniers mois étaient parties. Toutes les sœurs de Bergen-Belsen, Inge, Jaap, et maintenant Luba. Notre univers s'effondrait. Sœur Luba voulait partir car elle se sentait inutile.

Lorsque le Dr van Waldre de Bordes est venu nous voir plus tard dans l'après-midi, nous lui avons appris la triste nouvelle et nous l'avons imploré de la faire changer d'avis. Il s'est avancé vers elle et lui a tendu une copie de la lettre qu'il avait envoyée au commandant en chef des forces de sécurité des Pays-Bas, dans laquelle il lui demandait pour sœur Luba la permission de rester en Hollande car elle avait sauvé la vie de plus de quarante enfants à Bergen-Belsen.

Sœur Luba a pris la lettre mais a insisté pour rentrer à Bergen-Belsen. Pendant une heure, il a essayé de la persuader de rester et a tenté de trouver la raison pour laquelle elle voulait partir. Sœur Luba lui a alors fait part de sa déception concernant la manière dont nous avions été traités depuis notre retour. Elle a ajouté que nous n'avions plus besoin d'elle maintenant que les enfants étaient placés chez l'habitant, exception faite du petit groupe qui ne voulait pas la quitter. Il lui a promis de lui trouver une belle maison dans laquelle nous pourrions tous nous installer pour la semaine d'après, mais rien n'y a fait. Lorsqu'il est parti, il lui avait promis qu'il allait arranger son retour vers Bergen-Belsen.

Deux jours plus tard, sœur Luba est partie. Nous l'avons accompagnée dans le camion qui l'a transportée vers l'aéroport, où un fonctionnaire qui l'attendait depuis un petit moment la pressait de se dépêcher. L'avion était prêt à décoller, les adieux ont donc été brefs et douloureux. Elle nous a donné un baiser et une accolade à chacun, puis elle s'est empressée de monter dans l'appareil. Nous sommes restés abasourdis en regardant décoller l'avion qui emportait avec lui la femme qui, à Bergen-Belsen, était devenue notre mère. Nous nous sentions orphelins. Personne n'a prononcé un seul mot sur le chemin de retour, chacun perdu dans les méandres de ses pensées. C'était la fin d'une époque et le début d'un futur incertain. Aucun de nous ne savait si nos parents avaient survécu.

Le jour suivant, Max et moi avons décidé de nous rendre à Nuhnen. Nous avions appris par la Croix-Rouge que la sœur de notre père, tante Jet, s'était cachée dans ce petit village pendant l'occupation allemande, en compagnie de deux amis, Sal et Kay. Max avait demandé au médecin de lui donner un peu d'argent pour payer le trajet en bus. Iesy a décidé de venir avec nous car la perspective de traîner à l'école toute la journée ne le réjouissait pas, surtout maintenant que sœur Luba n'était plus parmi nous.

Nous avons dû changer de bus un certain nombre de fois avant d'arriver au village. Nous nous demandions comment faire pour trouver quelqu'un sans adresse et par où il fallait commencer. Un homme est venu vers nous à bicyclette et Max lui a fait signe de s'arrêter. Nous lui avons demandé s'il savait dans quelle maison notre tante Jet, Sal et Kay B. avaient trouvé refuge pendant la guerre. Il a immédiatement su de qui nous parlions et il nous a désigné une maison à deux pas de là. Il s'agissait d'une grande ferme. Une femme nous a aperçus et s'est approchée en nous demandant si elle pouvait nous aider.

— Nous sommes à la recherche de notre tante, Jetty Werkendam. Nous pensons qu'elle a trouvé refuge ici, a répondu Max.

— Effectivement, a dit la femme. Jetty, Kay et Sal sont restés chez nous pendant un an, mais ils sont partis et sont allés à Bruxelles chez le frère de Jetty, Abraham.

Cela a été une grande déception pour nous, même si nous étions heureux d'apprendre que notre oncle Appy était toujours vivant. J'avais attendu avec impatience mes retrouvailles avec ma tante préférée. Il ne nous était pas venu à l'esprit que tante Jet quitterait le village peu après la Libération en 1944.

Nous n'avions aucune raison de nous attarder plus longtemps ; nous sommes donc retournés à l'arrêt de bus.

Après avoir goûté au plaisir de nous déplacer à travers le pays sans restriction, nous avons attrapé le virus du voyage. Max et moi avons décidé d'aller à Den Bosch pour voir Jacky. Cela faisait près d'une semaine que nous ne l'avions pas vu et nous étions inquiets. Munis du nom et de l'adresse des gens qui l'avaient pris en charge, Max et moi sommes partis lui rendre une visite surprise.

Den Bosch était une ville agréable avec un tram qui parcourait la rue principale. Nous avons demandé notre chemin à des passants.

Lorsque nous sommes arrivés à l'adresse en question, nous avons appuyé sur le bouton de la sonnette du premier étage. La porte s'est ouverte par l'entremise de quelqu'un qui tirait une longue corde, et en haut des escaliers se tenait une femme qui nous a demandé qui nous étions.

— Est-ce la maison où mon frère Jacky est hébergé ? ai-je demandé tout en cherchant à discerner quelque chose dans la cage d'escalier à peine éclairée.

— Oui, Jacky est avec nous. Vous êtes Hetty et Max, son frère et sa sœur ? a demandé la femme tout en descendant quelques marches.

Nous avons hoché la tête.

— Entrez, je vous en prie.

Ainsi, Max et moi avons grimpé les escaliers et sommes entrés dans un appartement impeccablement tenu qui respirait la propreté ; le mobilier était si lustré qu'il renvoyait notre reflet. La femme nous a conduits dans la cuisine où un homme d'âge mûr lisait le journal, assis à la table.

— Regarde qui nous avons ici, papa, a dit la femme. Je te présente Hetty et Max, la famille de Jacky.

L'homme s'est levé de sa chaise et nous a serré la main pour nous accueillir.

— Vous êtes venus voir Jacky, mais il n'est pas à la maison pour le moment. Notre voisin l'a emmené faire quelques courses, il y a un petit moment. Mais il ne devrait pas tarder maintenant. Je vous en prie, asseyez-vous, maman va vous faire une tasse de thé.

Il nous a montré deux chaises et j'ai été heureuse de pouvoir me reposer un peu. Je me fatiguais encore très rapidement. La femme a posé une bouilloire sur le poêle. Puis en un éclair, la table a été dressée, avec une belle nappe, de jolies tasses et un plateau de sandwiches. Ce dernier était d'ailleurs le bienvenu car notre voyage depuis Eindhoven nous avait donné faim. Quels gens merveilleux ils étaient ! Ils nous accueillaient avec tellement de gentillesse. Si seulement ma grand-mère Hetty et mon grand-père étaient tombés sur des gens comme eux au lieu des traîtres qui les avaient vendus, ils seraient sûrement encore en vie aujourd'hui, pensais-je.

L'arrivée de Jacky a interrompu mes divagations. Il avait l'air en bonne forme. Il avait pris du poids et ses vêtements étaient propres. Il était heureux de nous voir. Nous lui avons annoncé le départ de sœur Luba, mais Jacky, qui n'avait jamais montré ses émotions, s'est contenté de hausser les épaules et de dire : « Bah ! si c'est ce qu'elle voulait, grand bien lui fasse. » Puis il a changé de sujet et nous a demandé quand nous irions à Amsterdam.

— Bientôt, j'espère, ai-je répondu.

— Ne vous inquiétez pas, nous ferons en sorte que Jacky ne manque pas le départ, a dit le père.

Il était temps pour Max et moi de repartir, car nous voulions être de retour avant la tombée de la nuit. Nous avons fait nos adieux et « maman » et Jacky nous ont raccompagnés jusqu'à l'arrêt de bus pour s'assurer que nous prenions bien la bonne direction.

Les jours qui ont suivi se sont écoulés très lentement. Notre petit groupe, le dernier à être resté à l'école, partait à la découverte d'Eindhoven tous les matins et ne rentrait que le soir. Iesy, Max et moi restions ensemble. Le médecin nous rendait visite tous les jours pour prendre de nos nouvelles. Chaque fois, nous lui demandions quand nous pourrions aller à Amsterdam.

Puis un matin, il nous a annoncé la nouvelle tant attendue : notre départ pour Amsterdam était prévu deux jours plus tard. Tous les enfants devaient revenir de leurs familles d'accueil, et tout a été parfaitement orchestré car le matin de notre départ tous les enfants étaient présents sauf ceux qui étaient à l'hôpital ou qui n'habitaient pas Amsterdam.

Lorsque le bus est parti, les gens qui avaient accueilli les enfants dans leurs foyers et dans leurs cœurs étaient là pour leur dire au revoir.

Le voyage vers Amsterdam nous a pris des heures. Tous les ponts de Hollande avaient été détruits, soit par les bombardements des forces alliées, soit par l'armée allemande qui battait en retraite. Et pour traverser les fleuves, toute la circulation devait se faire par bateau. Cela nous a retardés de plusieurs heures, mais nous avons finalement atteint Amsterdam. Il était environ seize heures lorsque le bus est entré dans l'avenue Henry-Polak et s'est arrêté devant l'hôpital juif, que mes grands-parents avaient fui pendant une rafle allemande. Les portes de l'hôpital étaient closes et il n'y avait qu'une petite dizaine de personnes pour nous accueillir. Six étaient venues pour récupérer des enfants de leur famille et les quatre autres appartenaient à la Résistance hollandaise, qui avait fait un travail admirable au cours de l'occupation. Le chauffeur du bus a tendu une liste avec nos noms à l'une des femmes.

Certains des enfants ont reconnu des membres de leur famille et se sont précipités à leur rencontre. Ces retrouvailles étaient très émouvantes. Robby, qui commençait à paniquer, s'accrochait à moi. Je l'ai pris dans mes bras. Un couple de personnes âgées s'est dirigé vers moi en me demandant s'il s'agissait de Robby Englander.

— Oui, ai-je dit. C'est bien Robby.

— Nous sommes ses grands-parents, m'a appris la dame.

Mon cœur s'est arrêté quand j'ai compris que je devais leur rendre Robby. Sentant qu'il était sur le point de me quitter, Robby a passé ses petits bras autour de mon cou, manquant de peu de m'étrangler. Il a enfoncé sa tête dans mon épaule et s'est mis à pleurer. Sa grand-mère avait l'air abasourdi et a tendu ses bras vers Robby, dont les cris ont empiré. J'ai demandé aux grands-parents de Robby de patienter encore quelques minutes, le temps que je le calme. Je me suis un peu éloignée et lui ai parlé doucement. Je lui ai dit que ces personnes étaient ses grands-parents et qu'elles l'aimaient autant que moi.

— Il ne faut pas avoir peur, mon ange, ai-je dit à Robby. Sèche tes larmes et va les rejoindre. Je viendrai bientôt te rendre visite.

Robby s'est calmé. Il me faisait confiance et croyait ce que je lui disais. Lentement, je me suis dirigée vers ses grands-parents. Je me suis doucement dégagée de son emprise et, avant de le pousser vers sa grand-mère, je lui ai dit que je l'aimais et lui ai donné un baiser.

Pendant un court instant, j'ai cru qu'il allait protester, mais finalement il a abandonné et est allé dans les bras de sa grand-mère, pour son plus grand bonheur.

La plupart des enfants étaient déjà partis, soit avec un membre de la Résistance, soit avec un membre de leur famille. Maurice est venu me dire que Phoebe et lui partaient avec leur tante Anna.

— Au revoir Hetty, a dit Maurice. Je pars bientôt pour l'Angleterre pour rejoindre mon oncle.

J'ai hoché la tête. Maurice m'en avait déjà parlé de nombreuses fois auparavant. Nous savions tous deux qu'à partir de cet instant, nos vies prendraient des chemins séparés. J'ai mis ma main dans la sienne et ai déposé un baiser sur sa joue.

— Au revoir Maurice, ai-je dit. Écris-moi s'il te plaît.

Il a fait signe qu'il le ferait. Nos regards se sont croisés, il a fait demi-tour et est parti avec Phoebe et sa tante. Après environ une heure, il ne restait plus que Max, Iesy, Jacky et moi. Tous les autres enfants avaient trouvé refuge quelque part. La responsable s'appelait Miep ; elle a demandé à Iesy s'il avait quelque part où aller.

— Oui. J'ai l'adresse de mon oncle dans le sud d'Amsterdam.

— Bien, mon amie va t'y conduire à bicyclette. Hetty as-tu quelque part où aller ?

— Oui, je dois me rendre chez la famille Pomstra. Ils vivent près du parc du Président-Steyn.

Max et Jacky m'ont interrompue pour dire que Miep voulait les ramener chez elle, mais ils refusaient d'y aller sans moi. Elle leur a assuré qu'elle m'hébergerait également. Mes frères étaient soulagés et ravis. Miep a ensuite ramassé tous ses papiers et les a rangés dans son sac. Iesy était parti avec l'amie de Miep. Nos adieux ont été rapides. Comme à son habitude, Iesy s'est montré très démonstratif, il m'a embrassée sur les deux joues. Puis il est monté à l'arrière de la bicyclette et a disparu au coin de la rue.

Ainsi, notre groupe soudé avait été complètement désintégré à notre arrivée à Amsterdam.

Miep était prête à partir. Nous avons chargé sur la bicyclette les sacs de l'armée que sœur Luba avait laissés derrière elle ainsi que la taie d'oreiller contenant toutes mes possessions, et nous avons marché en direction de la maison de Miep. Il était près de dix-neuf heures lorsque nous sommes arrivés. Elle vivait au bord de l'Amstel, près du théâtre Carree. D'un pas las, nous avons grimpé les quelques marches qui menaient au premier étage et sommes entrés dans un appartement lugubre.

L'amie de Miep est arrivée peu de temps après nous. Elle avait laissé Iesy chez son oncle. Nous nous sommes installés dans la pièce principale qui surplombait le fleuve. Miep et son amie étaient parties à l'arrière de l'appartement et, lorsqu'elles sont revenues, elles nous ont apporté de l'eau et du pain. Miep s'est excusée de ne pas pouvoir nous offrir de thé, mais il y avait encore pénurie de thé et de nourriture à Amsterdam.

— Mais nous avons du thé pour vous, dans le sac de l'armée, ai-je dit.

Nous avons versé du sucre dans une petite casserole et mis du thé dans une tasse. L'amie de Miep est revenue de la cuisine un quart d'heure plus tard avec des tasses de thé sucré et fumant.

Nous étions très fatigués car la journée avait été longue. Je ne cessais de répéter à Miep que je devais aller voir la famille Pomstra. Maintenant que j'étais si proche d'eux, j'avais hâte de les retrouver.

Miep nous a alors expliqué qu'il y avait un couvre-feu comme à l'époque de l'occupation allemande : personne n'avait le droit de circuler dans les rues de vingt heures à six heures. Pourtant elle, qui avait été un membre très actif de la Résistance, avait l'autorisation de sortir après le couvre-feu. Elle a dit à son amie qu'elle allait donc me conduire jusque chez les Pomstra à l'arrière de sa bicyclette.

Peu de temps après le début du couvre-feu, nous avons roulé dans les rues désertes d'Amsterdam. Elle avait fixé un oreiller sur le porte-bagages pour me rendre le trajet un peu plus confortable. Le vélo avait des roues en bois et la promenade était plutôt risquée. Certaines rues avaient été bitumées, le trajet était donc moins douloureux, mais elles demeuraient rares. Nous avons été arrêtées par une patrouille de police, mais nous avons pu tranquillement poursuivre notre chemin lorsque Miep a montré son identification.

J'ai du mal à décrire les émotions que j'ai ressenties lorsque nous sommes passées dans la rue Wiebout. Je l'avais parcourue tant de fois pour rentrer de l'école avec mes amies, elles dont les vies s'étaient arrêtées si brutalement. Il faisait encore jour, alors j'ai pu voir les trous que les gens avaient creusés à la recherche de charbon pendant l'hiver. Lorsque nous sommes passées devant l'usine de moutarde, j'ai su que nous étions presque arrivées. Quand nous sommes entrées dans le parc du Président-Steyn, je lui ai dit :

— Nous y sommes. La maison est sur la gauche au numéro sept.

Miep a ralenti et j'ai examiné la rangée de maisons, avec leurs rideaux blancs bien propres. Mes yeux se sont arrêtés sur l'appartement des Pomstra et, comme par magie, Mme Pomstra est apparue à la fenêtre. Elle m'a vue et m'a reconnue au bout de quelques instants. Je suis descendue de la bicyclette que Miep a pris soin de bien attacher avant d'appuyer sur la sonnette de l'appartement des Pomstra. La porte s'est ouverte et nous avons grimpé les escaliers.

Mon cœur battait très fort. Je me demandais quel accueil ils me réserveraient et s'ils allaient être heureux de me revoir. Nous avions presque atteint le sommet des marches et je pouvais voir Mme Pomstra qui nous attendait.

— Est-ce bien toi Hetty ? a-t-elle demandé.

— Oui.

— Et tes frères ?

— Ils vont bien, ils sont chez Miep pour le moment.

J'atteignais le haut des escaliers quand elle a dit la chose suivante :

— Comme c'est merveilleux que vous soyez tous vivants, car vos parents ont survécu eux aussi.

J'ai fait un pas en arrière sous le choc de cette nouvelle et, heureusement, Miep est intervenue, m'empêchant de tomber à la renverse dans les escaliers. J'ai regardé Mme Pomstra en lui disant :

— Je ne vous crois pas, vous mentez.

— Non. Entre un instant, je vais te montrer les lettres que tes parents nous ont envoyées.

Elle a posé ses mains sur mes épaules et m'a embrassée sur les deux joues avant de me conduire à l'intérieur.

Miep s'est présentée. Je me suis assise sur une chaise. J'essayais de contrôler mes tremblements lorsque Mme Pomstra a posé trois lettres devant moi. J'ai reconnu celle que j'avais envoyée par l'intermédiaire de la Croix-Rouge et j'ai reconnu l'écriture de mon père et de ma mère sur les deux autres. J'ai d'abord pris la lettre de ma mère.

Chère famille Pomstra,

Je suis à Malmö en Suède et je ne sais pas où sont mon mari et mes enfants. Je pense qu'ils sont morts et que je suis seule au monde.

Elle poursuivait la lettre sur le même ton, croyant être la seule survivante. Puis j'ai ouvert la lettre de mon père. Au contraire de celle de ma mère, sa lettre n'était pas adressée aux Pomstra, mais à nous, sa famille :

Mes chers femme et enfants, je suis vivant, je suis vivant et je suis sûr que vous l'êtes aussi.

J'ai éclaté en sanglots car toutes ces années de traumatismes, de privations, d'horreurs et de répression revenaient à la surface alors que je lisais ces mots de mon père si merveilleusement optimiste. Il avait gardé tout ce temps une foi inébranlable en notre survie à tous, et la guerre s'était enfin terminée.

Épilogue

Il y avait une vie après Bergen-Belsen.

Les Pomstra nous ont accueillis chez eux. Leur appartement, qui n'avait que deux chambres, était trop petit avec l'arrivée de trois enfants supplémentaires. Leurs voisins ont donc préparé une chambre sous les toits, avec un lit propre et confortable. Max, Jacky et moi le partagions sans aucun problème.

Nous avons dû nous habituer au style de vie des Pomstra. Cela signifiait notamment rester assis bien droit à table après s'être lavé les mains. M. Pomstra nous faisait participer aux grâces et, après chaque repas, il nous lisait un passage de la Bible avant de nous autoriser à quitter la table.

La nourriture était encore rare à Amsterdam. Le sac de l'armée contenant du sucre et de la farine s'est révélé bien utile. Mme Pomstra parvenait à se procurer des pommes de terre grâce aux tickets de rationnement supplémentaires que le gouvernement nous avait donnés. Tous les matins, je pelais environ quatre kilos de patates. Mme Pomstra m'avait appris à les éplucher le plus finement possible.

Max se rendait à la gare centrale tous les jours. Il passait ses journées là-bas. Il arrivait tôt le matin et repartait tard le soir. Sur place, il lisait les listes de noms des gens qui revenaient des camps allemands. Tous les soirs, il rentrait déçu, mais le jour suivant il retrouvait l'espoir que notre père et notre mère nous reviendraient.

Puis, au cours de la première semaine du mois de juillet, alors que je rentrais d'une visite chez une amie, Mme Pomstra m'a annoncé que mon père était arrivé à la gare centrale ce matin-là et que les médecins l'avaient examiné et envoyé à l'hôpital. Nous avons pris le tram toutes les deux pour aller lui rendre visite. Elle m'a expliqué que Max et Jacky avaient vu mon père ce matin à la gare, puis plus tard à l'hôpital.

Une infirmière nous a conduites jusque dans la chambre où mon père était alité, soutenu par des oreillers. Je me suis précipitée vers lui et ai mis mes bras autour de sa silhouette si mince. Il avait tellement maigri. Des larmes de joie ont alors rempli mes yeux et il ne cessait de me répéter à quel point j'avais grandi. Nous avons tous deux pleuré. Nous étions soulagés, car nous savions que notre épreuve était terminée, mais nous restions sans voix.

Lorsque nous avons retrouvé nos esprits, mon père m'a raconté que le jour où il nous avait quittés, le 4 décembre 1944, il avait été transporté avec quatre cents hommes vers le camp de Sachsenhausen, mais qu'après quelques jours, lui et un autre homme avaient été séparés du groupe des diamantaires. Papa avait demandé à oncle Max de se porter volontaire pour venir avec lui, mais il avait refusé. Cette décision lui a été fatale car il est mort à Bergen-Belsen.

Mon père avait été envoyé dans un camp près de Berlin, où il avait travaillé dans une usine de câbles Siemens.

Lorsque la guerre avait été sur le point de se terminer, les Allemands avaient entraîné l'intégralité du camp dans une « marche de la mort ». Mon père avait dû marcher de Berlin à Mecklenburg-Schwerin, qui se trouvait à deux cents kilomètres au nord-ouest.

Au début de la marche, il avait rencontré Gary B., un jeune homme qu'il avait employé avant la déportation à Amsterdam. La marche a été fatale à la plupart de ceux qui souffraient déjà de la faim. Lorsque les prisonniers ne pouvaient plus continuer ou qu'ils tombaient sur le bas-côté, les SS les abattaient sans pitié.

Le deuxième jour, mon père avait dit à Gary :

— Je n'en peux plus, tout est fini pour moi, je vais sortir des rangs. Pourras-tu dire à ma femme et à mes enfants que je les aimais ?

— Non, M. Werkendam, lui avait-il répondu. Ne faites pas ça. Pensez à votre femme et à vos enfants. Allez, appuyez-vous sur moi. Nous allons nous en sortir ensemble, vous verrez.

Gary avait convaincu mon père de continuer. Il s'était alors reposé sur le jeune homme durant une dizaine de pas quand, juste devant lui, il avait trouvé une grosse branche au pied d'un arbre. Il l'avait ramassée et s'était appuyé dessus pendant sept longues journées avant d'être enfin libéré par l'armée américaine.

Le 3 juin 1945, il avait lui aussi pris un avion, mais en partance pour Bruxelles, et nous nous étions manqués d'à peine deux heures à l'aérodrome.

Environ une semaine avant de revenir à Amsterdam, il avait rencontré sa nièce, Doortje. Elle avait été à Auschwitz et avait transité par Bruxelles dans l'espoir de retrouver des membres de sa famille. Elle avait annoncé à mon père que ses trois enfants étaient de retour à Amsterdam.

— Qu'en est-il de ma femme ? avait-il demandé.

— Je n'en sais rien.

— Est-ce qu'elle est morte ?

— Je n'en sais rien, avait-elle répété.

À partir de ce moment-là, mon père ne s'était plus accordé une seconde de répit et il était parti pour Amsterdam par le premier train disponible afin de nous retrouver au plus vite.

Il était en piteux état. Ses jambes étaient couvertes de bleus, mais, après quelques jours à l'hôpital, rien ne pouvait plus le retenir et il est venu nous rejoindre chez les Pomstra.

N'étant pas homme à rester inactif très longtemps, mon père avait réussi à convaincre M. Pomstra de lui trouver une bicyclette afin de pouvoir accompagner mon frère Max à la gare centrale pour voir si ma mère était revenue avec l'un des nombreux bateaux qui arrivaient tous les jours de Suède. Les premiers jours, il avait besoin d'aide pour monter et descendre du vélo et, pour arrêter l'engin, il devait passer ses deux bras autour du réverbère devant la porte d'entrée. Au bout d'une semaine, sa santé s'était améliorée et il était capable de monter et descendre seul de son destrier.

Les mois ont passé et chaque jour mon père et Max revenaient de la gare centrale sans nouvelle de ma mère. Nous savions qu'elle était en Suède, mais le réseau de communication était dans un état déplorable dans l'Europe d'après-guerre.

Nous avons dû patienter trois mois interminables avant de revoir maman. Quelle joie, quel bonheur cela a été pour nous de la retrouver ! Elle avait pris beaucoup de poids car les Suédois avaient gavé tous les anciens prisonniers. Nous nous suspendions à elle et la touchions toutes les cinq minutes. Mon père était au septième ciel, maintenant que toute sa famille était réunie autour de lui.

Le 5 décembre 1944, ma mère avait été transportée vers le camp de concentration de Beendorf. Là-bas, elle avait été mise au travail dans les mines de sel pour fabriquer des instruments de pilotage automatique pour les avions allemands. Puis elle avait été libérée et envoyée en Suède avec le reste des femmes du groupe des diamantaires car un officier nazi de haut rang (Himmler) les avait échangées contre une caisse de vodka à un diplomate suédois, le comte Volker Bernard Dotte.

Les Pomstra étaient des gens merveilleux. Leur maison était pleine, et nous avons certainement dû les gêner de temps en temps, mais ils n'ont jamais montré le moindre signe d'agacement. Leur hospitalité a été inégalable et leur gentillesse nous a aidés à soigner un peu de notre douleur d'avoir perdu des membres de notre famille proche.

Ma mère était allée solliciter le maire d'Amsterdam afin qu'il nous aide à trouver un logement. Notre ancienne maison à côté de chez les Pomstra était occupée par une autre famille. Après avoir longtemps patienté, nous avons pu bénéficier d'un appartement entièrement meublé, que le gouvernement avait confisqué à un ancien nazi hollandais. Est-il possible d'exprimer notre bonheur d'avoir une maison à nous et de pouvoir aller nous coucher le soir sans peur des rafles nocturnes ?

Amsterdam était une ville morte, témoins le commerce inexistant et tous les magasins barricadés. Très lentement, les choses ont commencé à changer. Des magasins réouvraient leurs portes, ici et là, dans le quartier des affaires.

Mon père a décidé de ne pas retourner sur les marchés mais d'ouvrir un grand magasin de mode dans le centre-ville. Le fils de la société *Polak & Fils*, son principal fournisseur d'avant-guerre, était revenu et avait trouvé d'innombrables piles de tissu dans ses magasins, apparemment amassées par le liquidateur allemand de l'affaire. C'était une véritable bénédiction. Notre commerce a rapidement prospéré car mes parents confectionnaient des vêtements dont la population hollandaise avait cruellement manqués pendant plusieurs années.

J'étais retournée à l'école, mais il était devenu clair pour moi, de même que pour mes frères, qu'étudier n'était plus une option envisageable pour nous. Nous étions encore trop affectés mentalement pour pouvoir nous concentrer sur le programme. Nous parlions très lentement tous les cinq, et ce n'est que des années plus tard que, ayant récupéré suffisamment de facultés intellectuelles, nous avons retrouvé une élocution normale.

Tante Jet m'a proposée de m'apprendre à travailler les diamants. Elle était l'une des meilleures sur le marché et mon père m'a conseillée d'accepter son offre. J'ai suivi son apprentissage pendant deux ans et je pense que j'étais même devenue assez douée, mais le travail à l'usine ne m'attirait pas. Je devais rester toute la journée enfermée entre quatre murs et j'avais besoin d'être à l'air libre. J'ai convaincu mon père de me laisser rejoindre le monde de la mode et de l'aider au magasin. La nuit j'étudiais le stylisme. J'adorais travailler à la confection des beaux vêtements que nous vendions.

Les années ont passé rapidement et, lorsque Max a été appelé pour faire son service militaire en 1951, il a décidé de partir pour l'Australie. Il était tombé amoureux d'une fille qui avait émigré au mois de février, et dès avril, il était dans le bateau pour Sydney. Il n'a même pas attendu d'assister à mon mariage, qui a été célébré le 17 mai 1951.

Six mois plus tard, Jacky avait lui aussi pris la mer pour rejoindre Max en Australie.

Ma fille, Julia Louise Maja (« Maja » correspond aux premières syllabes de Max et Jacky), est née le 10 février 1952. Puis le malheur nous a frappés car mon jeune et merveilleux mari est tombé malade et ne s'en est jamais remis.

Quatre mois après la naissance de Julia, mes parents ont décidé à leur tour d'émigrer pour l'Australie car la situation politique à Berlin les inquiétait, et ils pensaient qu'une autre guerre était imminente. Je ne pouvais pas les suivre en raison de la maladie de mon époux.

Cela a pris deux longues années au gouvernement australien pour accepter ma venue. Puisque j'étais alors mère célibataire, j'ai dû signer un papier stipulant que je ne ferai jamais la moindre demande d'aide.

En 1972, j'ai été récompensée par le prix de la meilleure immigrante de l'année. Lorsque j'ai demandé pourquoi, on m'a répondu que j'étais arrivée en Australie avec une petite fille sans jamais demander la moindre aide sociale et que j'étais une entrepreneuse.

Cinquante ans après notre libération, « les enfants », ainsi que nous nous surnommions nous-mêmes, sont venus des quatre coins du monde pour être une fois de plus avec la femme qui leur avait si courageusement sauvé la vie à Bergen-Belsen.

Luba Frederick, alors âgée de soixante-seize ans, allait recevoir la plus prestigieuse décoration de la reine Béatrice des Pays-Bas pour services humanitaires dans des circonstances difficiles.

Trente et un « enfants » ont assisté à la cérémonie et nos larmes coulaient à flots alors que nous nous serrions dans les bras les uns des autres après toutes ces années.

Même si nous avions tous vieilli de cinquante ans et avions chacun eu notre propre expérience de la vie, après si longtemps, nous nous sommes rapidement reconnus et avons à nouveau formé, en à peine une demi-heure, le même groupe, aussi soudé qu'à Bergen.

Le 15 avril 1995, le jour anniversaire de la libération de Bergen-Belsen, dans l'hôtel de ville d'Amsterdam, sœur Luba a été décorée par le député-maire au nom de la reine Béatrice. Lorsqu'il a épinglé la médaille d'argent, tous ses « enfants », ainsi que le reste de l'assistance, se sont levés pour lui rendre hommage.

Le maire a déclamé : « Cette reconnaissance vous était due de longue date », avant de la remercier au nom de tout le peuple hollandais pour la bravoure dont elle avait fait preuve.

Nous avons ensuite passé quelques jours ensemble à Amsterdam avant de nous dire à nouveau au revoir.

Le souvenir de ces retrouvailles restera à jamais gravé dans mon cœur.

Une commémoration du cinquantième anniversaire de la Libération se tenait également à Bergen. D'anciens prisonniers sont venus du monde entier pour rendre hommage à ceux qui avaient souffert et succombé à cause des tortures infligées par les nazis.

Je n'avais aucunement l'intention d'y retourner un jour, mais lorsque « mon petit » Robby m'a demandé de l'y accompagner, car il se déplaçait désormais en fauteuil roulant après avoir perdu une jambe à la suite de son séjour à Bergen, je n'ai pas pu refuser. De plus, Maurice souhaitait se rendre sur la tombe de Leni et je pensais pouvoir l'aider à la retrouver.

Je me suis donc retrouvée dans le bus à destination de l'endroit qui hantait encore certaines de mes nuits. Les hommes et les femmes présents dans le véhicule venaient principalement des États-Unis et du Canada. J'étais la seule à venir d'Australie.

Le bus s'est arrêté et une voix a annoncé que nous étions arrivés à Bergen-Belsen. Le silence qui régnait dans le véhicule était impressionnant. Personne n'a bougé, nous retenions tous notre souffle car il s'agissait alors du moment de vérité, celui où nous allions à nouveau franchir les portes de Bergen-Belsen. Pourtant, le chauffeur a changé de direction et après avoir roulé cinq minutes, j'ai compris que nous nous trouvions dans le camp de récupération. Les bâtiments n'avaient pas changé, en dehors du fait qu'il n'y avait personne alentour. Tout était propre et vide.

Après quelques minutes, nous avons quitté le camp et nous nous sommes rendus dans le petit cimetière où Leni avait été enterrée avec dix-sept mille autres personnes mortes peu après la Libération des suites de malnutrition et du typhus, et avec soixante-dix médecins et infirmières qui avaient contracté cette terrible maladie en faisant leur devoir.

Alors que je descendais du bus, j'ai remarqué la présence d'un officier anglais, qui arborait de multiples décorations, et d'un petit homme vêtu de noir qui attendaient près de la porte. Je me suis dirigée vers eux.

J'ai demandé à l'officier s'il avait été l'un des libérateurs de Bergen-Belsen.

— Non, a-t-il alors répondu. Mais ce monsieur ici présent était l'un d'eux, c'est le jeune homme que vous avez sûrement vu assis sur le bulldozer qui poussait les cadavres dans les charniers. Les images sont souvent passées à la télévision.

Il s'appelait Frank Chapman et avant qu'il n'ait pu prononcer le moindre mot, j'ai passé mes bras autour de son cou et l'ai remercié des années plus tard de m'avoir libérée. Je n'avais pas eu l'occasion de le faire à l'époque car j'étais trop faible pour sortir de mon lit et rencontrer nos libérateurs.

Puis Frank m'a montré du doigt la seule personne dans cette foule que je n'avais pas oubliée. Son profil était gravé dans mon esprit et, lorsque je l'ai vu après toutes ces années, je l'ai pris dans mes bras de la même manière que Frank. J'ai remercié et embrassé, cinquante ans après, Dick Williams, le jeune et fier soldat qui avait été le premier à pénétrer dans le camp le 13 avril 1945 avec un drapeau blanc.

Plus tard ce jour-là, un déjeuner a été organisé par l'armée britannique, qui possède toujours à ce jour les quarante kilomètres carrés de terre livrés par les généraux allemands en avril 1945. Au cours de ce repas, j'ai revu pour la première fois Helen et Zosua, qui avaient aidé Luba à s'occuper de nous.

La commémoration solennelle du 26 avril 1995 s'est déroulée à l'endroit qui avait été un jour le camp de concentration de Bergen-Belsen. Aujourd'hui le camp n'existe plus, seuls restent les charniers silencieux qui racontent la terrible histoire de ce qu'il s'est produit là-bas au cours du régime barbare des nazis.

J'étais très réservée sur le fait d'entrer à nouveau dans Bergen-Belsen, mais aussi surprenant que cela puisse paraître, je n'ai pas revécu toutes les atrocités comme je l'avais imaginé. Au lieu de cela, c'était un peu comme si tous ces corps qui reposaient là me disaient : « NOUS SOMMES EN PAIX MAINTENANT. »

Photographies
1932-1995

Hetty, dix-huit mois, en visite avec son père chez ses grands-parents, à Anvers en Belgique, 1932.
Oma Hetty, grand-père Zadok et oncle Abraham.

Une journée sur la plage de Zandvoort avec Oma Hetty et ses quatre sœurs en juillet 1935. Hetty porte un pyjama long, très en vogue à l'époque, fait pour elle par sa grand-mère.

1937, Hetty a sept ans. Ainsi vêtue, elle s'apprête à passer son diplôme de natation. En effet, en Hollande, les enfants devaient nager, entièrement habillés, sur une distance de vingt-cinq mètres afin d'obtenir ce diplôme. La plupart des enfants portaient des déguisements pour l'occasion. Hetty s'était habillée en ballerine rose, et a gagné le prix du plus beau costume de poupée rose.

Oma Hetty était une femme très intelligente, elle avait soif de connaissances et lisait beaucoup. Ici, en vacances à Bergen aan Zee, en 1938.

Max, Hetty et Jack, école du Président-Brandt, 1941.

Tante Henriette Werkendam (Jetty).

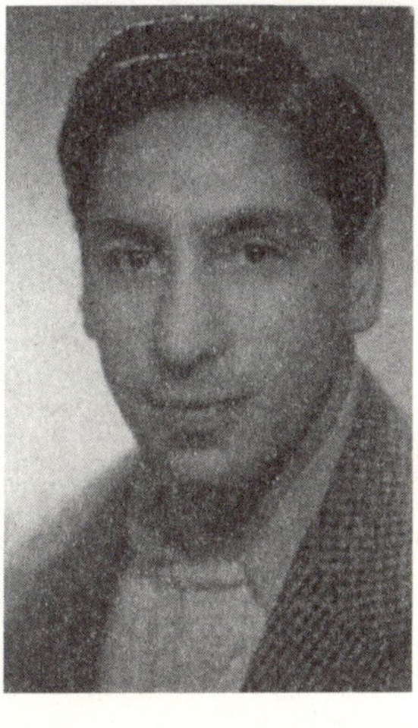

Oncle Max Werkendam. Il est mort le 30 mai 1945, dans le camp de récupération, après la Libération.

Les cousins de Hetty, Millicent et Max. Ils ont été pris avec leurs parents Phillip et Branka van Kamerik dans le dernier convoi vers Auschwitz en septembre 1944. À leur arrivée, ils ont été directement envoyés dans les chambres à gaz.

Blondy (Greetje Dresden), la partenaire de Hetty dans ses cours de danse rythmique. Blondy est morte à Auschwitz.

Camarades d'école de Hetty, parc du Président-Steyn, Amsterdam, 1941. De gauche à droite : Beppy Gerritsen, Beppy Achtsteribbe, Marietje van der Bijl et la petite Hansje Gerritsen. Toutes ont été déportées et gazées à Auschwitz. À l'étage supérieur du bâtiment en arrière-plan se trouvait l'appartement de la famille Pomstra.

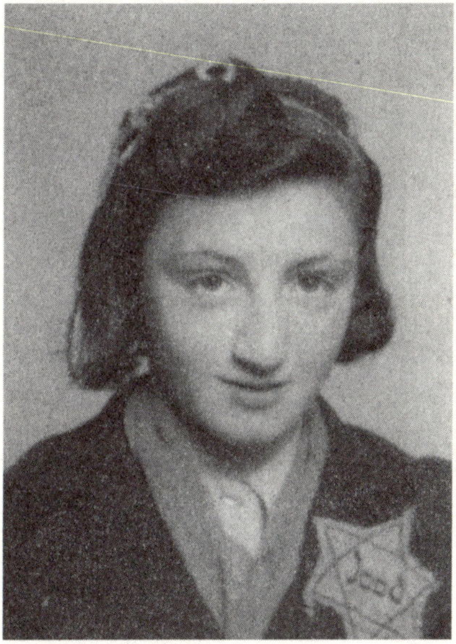

Sonia Santiel, une amie de Hetty. Elle fut parmi les premiers à être déportés à Auschwitz, où elle est morte.

Herman, l'ami de cœur de Hetty. Il est mort à Treblinka.

Leni et Maurice, photo d'école, 1941.

La maison des enfants, baraquement 211 (avec l'aimable autorisation des archives du musée impérial britannique de la Guerre).

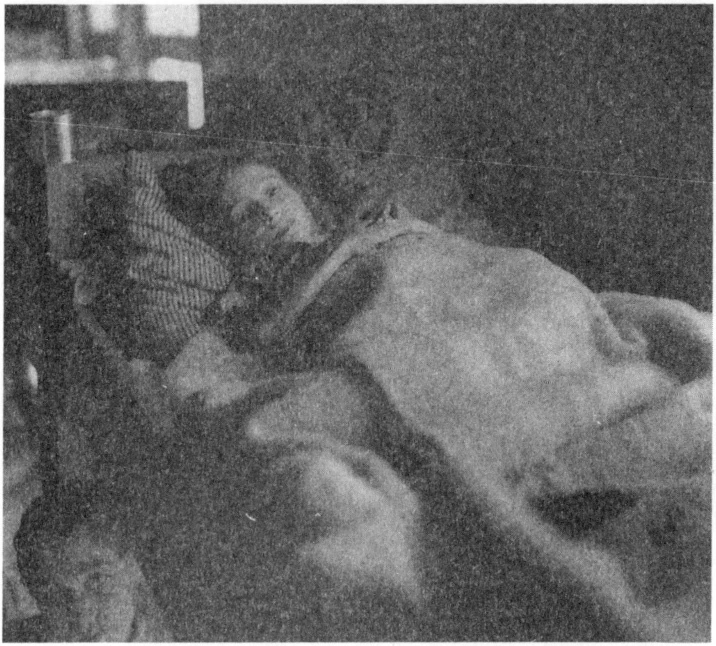

Leni, le lendemain de la Libération. Son bras montre l'état d'amaigrissement de son corps. On aperçoit également Jacky, assis sur le lit du dessous (avec l'aimable autorisation des archives du musée impérial britannique de la Guerre).

Dick Williams, le jeune soldat britannique qui fut le premier à entrer dans Bergen-Belsen avec un drapeau blanc, le vendredi 13 avril 1945.

Le charnier devant la maison des enfants. Le lit de Hetty se trouvait derrière la deuxième fenêtre ouverte, en partant de la gauche (avec l'aimable autorisation des archives du musée impérial britannique de la Guerre).

Les SS déplaçant les corps, sous l'œil des prisonniers libérés (avec l'aimable autorisation des archives du musée impérial britannique de la Guerre).

Josef Kramer, commandant de Birkenau-Auschwitz et de Bergen-Belsen, arrêté et enchaîné. Condamné à la pendaison par le tribunal de Lunebourg, 1945 (avec l'aimable autorisation des archives du musée impérial britannique de la Guerre).

Les SS Aufscherinnen *(gardiennes) après leur arrestation ; elles n'étaient pas affamées. Le brassard blanc qu'elles arborent ici était le signe de reddition à l'armée britannique (avec l'aimable autorisation des archives du musée impérial britannique de la Guerre).*

Les prisonniers Irma Grese et Josef Kramer, les « bêtes de Belsen », privés de leurs uniformes, attendant leur procès à Lunebourg, en 1945 (avec l'aimable autorisation des archives du musée impérial britannique de la Guerre).

Sœur Hermina distribue des chocolats et des vitamines aux enfants, tandis que sœur Hella la regarde, mai 1945 (avec l'aimable autorisation des archives du musée impérial britannique de la Guerre).

Sœur Luba pousse Mieke sur la balançoire que les soldats anglais ont construite pour les enfants. La jeune Hongroise, qui partageait la chambre de Hetty dans le camp de récupération, ainsi que deux Polonaises assistent à la scène, mai 1945 (avec l'aimable autorisation des archives du musée impérial britannique de la Guerre).

Les libérateurs ont emmené les enfants faire un pique-nique dans les landes du Lunebourg, mai 1945 (avec l'aimable autorisation de H. Winfield, un libérateur canadien).

Louky, huit ans, immédiatement après la guerre.

Robby, 1946.

Hetty, seize ans, 1946.

Jack, Hetty et Max, 1950.

La famille Werkendam en vacances sur la Côte d'Azur, à Nice, en 1949.

Photo de famille, la veille du départ de Max pour l'Australie, avril 1951.

Réunion pour la commémoration du cinquantième anniversaire de la Libération à Amsterdam, le 15 avril 1995. Luba pose avec certains de ses « enfants ». Bram, Mala, Bella, Luba, Hetty (toutes deux au centre de la photo), Robby, Lia, Sieg, Ronny, Siena, Stella, Gary, Iesy, Louky, Max, Maurice, sœur Hella, Mieke.

Jack (Iesy) et ses deux fils dans la synagogue portugaise à Amsterdam, avril 1995, pendant une visite des « enfants » lors de leurs retrouvailles.

Luba, « l'ange de Bergen-Belsen », après avoir reçu la médaille du Mérite pour service rendu à la nation de la reine Béatrice des Pays-Bas, Amsterdam, 15 avril 1995.

Après la commémoration solennelle à Bergen-Belsen, le 26 avril 1995. De gauche à droite : Hetty, Bella, Bram, Ivan Lefkovits, Max (le frère de Hetty) et Dick Williams, le premier libérateur à être entré dans Bergen-Belsen.

Le monument érigé à Bergen-Belsen le 15 avril 1946 par les anciens prisonniers. « Earth conceal not the blood shed on thee » (« Que la terre ne serve pas à dissimuler le sang qui a coulé ici »).

Liste 1.

Transportliste des abgehenden Transportes

vom 5. Dezember 1944

29 — No 35 — (28)

Lfd. No.	Kartei No.	Name:	Vorname	Geburtsdatum:	Geburtsort:
1	34	Abram	Ronald	22.10.30	Amsterdam
2	521	Cohen	Samuel	27. 6.37	"
3	508	Cohen	Maurice	20. 8.32	"
4	532	Cohensius	Gerrit	4. 8.31	"
5	2374	van Praag	Gerrit	4. 4.42	"
6	610	Degen	Simon	16. 6.39	"
7	608	Degen	Marcus	8. 4.41	"
8	751	van Embden	Levie	22. 9.35	"
9	755	Engelander	Andree Robert	2. 7.41	"
10	953	de Goede	Philip	16.11.43	Westerbork
11	1035	Groen	Elias	26. 6.35	Amsterdam
12	1464	Kleerekoper	Marcus	15. 6.35	A "
13	7005	Kleerekoper	Lion	4. 4.43	"
14	1736	Lehmann	Oscar	19. 7.33	"
[illegible]	1863	Lopes Cardozo	Donald	27. 7.43	"
[illegible]	1867	Lopes Cardozo	Judy M.	17. 1.34	"
17	1888	Maandag	Simon	24. 8.37	"
18	1985	Mendes Monteiro	Sammy	19. 2.37	Heerlen
19	2115	Nester	Emanuel	5. 9.31	Amsterdam
20	2340	Polak	Jacob	29. 5.39	"
21	2409	Rabbie	Maurice	15. 3.32	"
22	2516	Rijxman	Abraham	10.12.28	"
23	1648	Lakmaker	Gerhard	31.10.34	"
24	2773	Slap	Robert Henri	20. 9.30	"
25	3277	Veening	Ronald S.	25. 9.42	"
26	3326	Werkendam	Samuel M.	22. 7.31	"
27	3327	Werkendam	Zadok Ph.	12. 4.33	"
28	3	Aandagt	Greta	13. 9.28	"
29	283	Blits	Napette	6. 4.29	"
30	513	Cohen	Roosje	21. 1.28	"
31	531	Cohen Rodrigues	Rachel	4. 4.30	"
32	561	Coster	Sylvia	17. 6.27	"
33	606	Degen	Estella Mia	8. 7.42	"
[illegible]	1026	le Grand	Flora	8. 1.35	"
[illegible]	1027	le Grand	Fira	29. 1.39	"
36	1036	Groen	Esther	31.12.30	"
37	1110	Hamburger	Ellie	20. 4.29	"
38	1732	Lehmann	Connie	27. 6.30	"
39	1733	Lehmann	Erika	7. 9.30	Hamburg
40	1737	Lehmann	Toni	11. 5.29	Amsterdam
41	1869	Lopes Cardozo	Mirjam	15. 1.38	"
42	1888	Maandag	Hendrika	30.12.38	"
43	2299	Pinkhof	Helena Adele	14.10.38	"
44	2334	Polak	Henrika	5. 3.31	"
45	2323 × 2352	Polak	Sarah	29. 8.38	"
46	2396	Prins	Schoontje	5. 7.29	"
47	2410	Rabbie	Phoebe	228.12.32	"
48	2407	Rabbie	Helena	8. 9.33	"
49	2515	Rijxman	Isabella D.	26. 4.31	"
50	2771	Slap	Margareta	26. 7.37	Antwerpen
51	3187	Vos	Alida T.	7. 2.33	Amsterdam
52	3201	Vos	Paula	23. 2.29	"
53	3190	Vos	Clara	2. 6.28	"
54	3322	Werkendam	Ester	24. 2.30	Antwerpen
55	6860 – 6859	Hegedus gesch. Blits	Klara	14. 7.14	Budapest
56	6793	Blits	Robert	4. 3.40	Amsterdam
57	529	Cohen Rodrigues	Isaac	27.12.30	"

Kinder - Überstellung

La liste des enfants, établie par les Allemands lorsqu'ils les ont séparés de leurs parents. Hetty est le numéro 54 et ses frères, les numéros 26 et 27.

Annexe

Traduction des entretiens de la BBC enregistrés en allemand entre Patrick Gordon-Walker et Hetty Werkendam après la libération.

Enregistré à Bergen-Belsen, le 18 avril 1945.

Comment t'appelles-tu ?
Hetty Werkendam.

Et quel âge as-tu ?
Quinze ans.

Depuis combien de temps es-tu ici dans le camp de Bergen-Belsen ?
Quatorze mois.

Est-ce que tes parents sont arrivés ici avec toi ?
Oui.

Sont-ils toujours avec toi ?
Non.

Ta mère, par exemple, que lui est-il arrivé ?
Ma mère est partie d'ici dans un camion.

Elle est partie ou elle a été emmenée de force ?
Emmenée de force.

Par les Allemands ?
Oui, les Allemands ont emmené ma mère de force dans un camion.

Et ton père ?
Mon père est parti un jour avant ma mère.

Maintenant, peux-tu me raconter la pire chose que tu aies vue dans ce camp ?
C'était le jour où papa portait deux écharpes autour du cou. Les Allemands sont arrivés et ont dit : « Ah, ah ! deux écharpes autour du cou, nous ne pouvons tolérer cela, viens ici. » Ensuite, ils ont attrapé les écharpes par les extrémités, puis ils l'ont soulevé avec la ferme intention de le pendre avec ses propres écharpes.

Enregistré le 21 avril 1945.

Dis-moi comment tu t'appelles ?
Hetty Werkendam.

Et quel âge as-tu ?
Quinze ans.

Depuis combien de temps es-tu dans ce camp ?
Quatorze mois.

Est-ce que tes parents sont ici avec toi ?
J'ai passé dix mois avec mes parents ici.

Qu'est-ce que tes parents devaient faire quand ils étaient ici ?
Mon père travaillait dans l'usine de chaussures et ma mère dans l'arrière-cuisine.

À quelle heure ta mère devait-elle se lever le matin pour aller travailler ?
À trois heures du matin.

Pourquoi si tôt ?
Si tôt parce que, à midi mon père (elle se reprend). Pour que ma mère puisse donner sa nourriture à mon père à midi. Mon père avait tellement faim que ma mère se levait tôt pour récupérer de la nourriture supplémentaire en cuisine. Voilà pourquoi ma mère se levait à trois heures du matin et rentrait à vingt heures, alors qu'il faisait déjà noir.

Vous n'aviez donc pas assez à manger ?
Non. Nous avions terriblement faim et nous étions vingt-cinq à racler le fond des récipients de nourriture.

Te rappelles-tu du nom des nazis et des SS qui étaient dans ce camp ?
Oui.

Peux-tu nous donner un exemple ?
Herr Müller. Euh... (elle hésite).

Et qu'a fait Herr Müller ?
Il a frappé des gens. Quand il venait dans le baraquement, il faisait l'inspection de nos armoires et quand il trouvait un peu de soupe que les gens gardaient pour manger le soir, il prenait l'assiette et la lançait à travers le baraquement. Il leur prenait leurs vêtements et leur jetait au visage.

Et d'autres SS ?

Lubbe. C'est lui qui était chargé de l'appel et qui nous a laissés debout dans la neige pendant plus de neuf heures.

Il vous a laissés debout dans la neige ?

Oui et il y avait de jeunes enfants avec nous âgés d'à peine trois ans.

Achevé d'imprimer par N.I.I.A.G.
en octobre 2007
pour le compte de France Loisirs, Paris

N° d'éditeur : 50029
Dépôt légal : août 2007

Imprimé en Italie